DIEDERICHS
GELBE REIHE

Henri Le Saux · Swami Abhishiktananda

DER WEG ZUM ANDEREN UFER

Die Spiritualität der Upanishaden

Eugen Diederichs Verlag

Titel der Originalausgabe:
Initiation à la Spiritualité des Upanishads »Vers l'Autre Rive«
Aus dem Französischen übersetzt von Bettina Bäumer

CIP-Kurztitelaufnahme der Deutschen Bibliothek
Le Saux, Henri:
Der Weg zum anderen Ufer:
d. Spiritualität d. Upanishaden/Henri Le Saux.
[Aus d. Franz. Übers. von Bettina Bäumer].
– 1. Aufl. – Düsseldorf, Köln: Diederichs, 1980.
(Diederichs' Gelbe Reihe; Bd. 26)
Einheitssacht.: Initiation à la spiritualité des Upanishads
»Vers l'autre rive« ‹dt.›
Auf d. Haupttitels. auch: Swami Abhishiktananda.
ISBN 3-424-00626-2

Erste Auflage 1980

Umschlaggestaltung: Eberhard May
Satz: Lichtsatz Heinrich Fanslau, Düsseldorf
Druck- und Bindearbeiten: Wagner, Nördlingen
ISBN 3-424-00626-2

Einführung

Das ganze Leben von Dom Henri Le Saux, dem Benediktinermönch, der in Indien unter dem Namen Swami Abhishiktananda bekannt ist, war ein Weg zu dem »anderen Ufer« – ein anderer Name für Gott –, zu jenem Ufer, dem er sich immer mehr nähern durfte, bis zu dem Tag, als er, von einem schweren Herzinfarkt niedergeworfen, am Straßenrand in Rishikesh, am Fuß des Himalaya lag, wo er es endgültig erreichte. Einen Monat später schrieb er an einen Freund: »Ich habe dabei die existentielle Entdeckung gemacht, daß Leben und Tod nur verschiedene Situationen sind und daß das ›Ich‹, das Erwachen weder an sie gebunden, noch durch sie begrenzt ist.« Mit anderen Worten, er hat erfahren, was Ruysbroeck, der flämische Mystiker des 14. Jahrhunderts, »die Erfahrung des ewigen Lebens« nannte.

Die verschiedenen Texte, die in diesem Band vereinigt sind[1], haben ihre gemeinsame Mitte in dieser Erfahrung des Erwachens auf einer neuen Ebene des Bewußtseins, der Nicht-Dualität, und sie sind ein Ausdruck der eigenen Erfahrung des Autors. Sie gestatten uns, seiner geistigen Entwicklung nachzuspüren, deren Ausdruck sich in dem Maße abklärt, in dem sie sich entfaltet und ihrem Ziel, dem »anderen Ufer« näher kommt, da wo das Wort seinen Ursprung erreicht und zum Schweigen wird. Über seine Schriften sagte er: »Alles ist Biographie, alles kommt aus der Erfahrung dieser Spannung: der Gegenüberstellung von Christentum und Vedānta, die seit den Höhlen von Arunachala die Mitte meines Lebens ist, aber alles wurde von der Vernunft durchdacht, im Licht einer doppelten Kultur.«[2]

Tatsächlich ist es diese »Spannung«, die den Ausgangspunkt seines außergewöhnlichen inneren Weges während eines Vierteljahrhunderts bildete, d. h. die ganze Zeit, die er in Indien verlebte, von seiner Ankunft im Jahr 1948 bis zu seinem Tod im Jahr 1973.

Um die ganze Tragweite des Denkens von Henri Le Saux zu begreifen, ist es wichtig, seine Schriften nicht von seiner Persönlichkeit zu trennen und von den besonderen Umständen, in denen sich sein Leben abgespielt hat. Deshalb halten wir es für sinnvoll, in großen Zügen die wichtigsten Etappen seines Lebens aufzuzeigen, um das geistige Klima zu beleuchten, in dem die verschiedenen in diesem Band vereinigten Schriften entstanden sind.
Der christliche Mönch, Pater Henri Le Saux, hat in Indien als Hindu-Sannyāsī[3] gelebt. Er liebte es, diese beiden Vorstellungen von dem monastischen Leben, die christliche und die hinduistische, miteinander in Verbindung zu bringen:

> »Der wandernde indische Sannyāsī ist in Wahrheit dem wandernden Jünger des Evangeliums nahe verwandt.« Wenn man tatsächlich »den Auftrag ernst nimmt, den Jesus seinen Aposteln gab«, als er sie aussandte das Reich Gottes zu verkünden ..., so handelt es sich um nichts weniger als: »Alles zu verkaufen was man besitzt; nichts für das Morgen anzusammeln, wie die Vögel des Himmels; sein Feld, sein Haus, seine Familie zu verlassen, nichts für unterwegs mitzunehmen, weder einen Sack noch Brot noch Geld noch zwei Kleider, und zu essen, was einem vorgesetzt wird ...«
> »Der wandernde indische Sannyāsī ist ebenso sorglos und frei von allen Bindungen an Dinge, Orte oder Menschen, er bewegt sich überall wie ein Fremder und ist doch überall zu Hause, frei und unabhängig in der Absolutheit seiner Entblößung.«[4]

In demselben Werk (p. 72) schreibt er, womit er sein eigenes Suchen charakterisiert:

> »Man muß das grundlegende Problem angehen, das die Bestimmung des Menschen betrifft und das alle anderen in sich enthält ...: Sich der Wirklichkeit bewußt werden, die man ist.«

An anderer Stelle verdeutlicht er diesen Gedanken: »Der Christ muß versuchen, im Tiefsten seiner selbst, gleichzeitig die Erfahrung der Nichtdualität des Seins zu machen, die der Grund der vedantischen Erfahrung ist, und die Erfahrung der göttlichen Sohnschaft, der unaussprechlichen Nichtdualität von Vater und Sohn, in der Einheit des Geistes, die die Erfahrung des christlichen Glaubens konstituiert.«[5]

Henri Le Saux wurde am 30. August 1910 in der Bretagne, in Saint Briac, geboren; er war der Älteste einer Familie mit acht Kindern. Väterlicherseits stammte er von einer Familie von Seeleuten ab, die Familie seiner Mutter stammte aus Österreich und hatte sich im Elsaß niedergelassen, 1871 hatte sie sich zu Frankreich bekannt und zog in die Bretagne, wo der Großvater Staatsbeamter war. Seine Eltern hatten einen Lebensmittelhandel. Ein Onkel mütterlicherseits war Priester der »Missions Etrangères« und starb 1940 als Märtyrer in China.

Schon als junger Mensch drückte Henri Le Saux den Wunsch aus, Priester zu werden. Er trat zuerst in das »Kleine Seminar« ein und dann in das »Große Seminar« von Rennes, wo er als ausgezeichneter Schüler bekannt war. Seine Oberen wollten ihn nach Rom schicken für weitere Studien der Theologie, aber er weigerte sich, da er die Berufung zum monastischen Leben verspürte.

1924 wäre seine Mutter fast an der Geburt eines Kindes gestorben, das nicht überlebte. Henri, der damals vierzehn Jahre alt war, gelobte, dem Herrn nie etwas zu verweigern, »selbst in die entferntesten Missionen zu gehen«, wenn seine Mutter genesen würde. Und sie erholte sich.

Im Alter von neunzehn Jahren trat er in die Benediktinerabtei von Kergonan ein, wo er 1935 am Tag der Himmelfahrt die Gelübde ablegte. Im selben Jahr wurde er, einige Tage vor Weihnachten, in der Kathedrale von Vannes zum Priester geweiht. Bald darauf wurde er zum Zeremoniar ernannt und er übernahm diese Aufgabe mit großer Begeisterung, da er die Liturgie und den gregorianischen Gesang leidenschaftlich

liebte. Von Indien schrieb er später an seine Schwester, die benediktinische Nonne: »Siehst Du, ich habe den gregorianischen Gesang wie selten einer geliebt, aber jetzt habe ich die Melodie entdeckt, die alles übertrifft, ich verliere mich im Schweigen des OM.«[6] Dies hinderte ihn nicht daran, bis in die letzten Jahre seines Lebens stark betroffen zu sein, wenn er etwa zufällig bei Freunden Aufnahmen von gregorianischem Gesang hörte. Abgesehen von dieser Aufgabe als Zeremonienmeister war er auch Bibliothekar.
1939 wurde er in der Lorraine eingezogen und 1940 wurde er mit seinem ganzen Regiment in der Mayenne Kriegsgefangener. Es gelang ihm zu flüchten, indem er sich in einem Getreidefeld versteckte, schließlich gelangte er nach Fougères, wo ihm ein Automechaniker eine blaue Arbeitsuniform und ein Fahrrad gab, was ihm ermöglichte, in der darauffolgenden Nacht zu seinen Eltern in Saint-Briac zu gelangen, und von dort zu seiner Abtei zurückzukehren. Als diese beschlagnahmt wurde, nahmen die Mönche zunächst in der Kartause von Amay Zuflucht und schließlich in einem Schloß in der Nähe von Vitré. Als der Krieg zu Ende war, wurde Pater Le Saux mit einer kleinen Gruppe von Mönchen nach Kergonan geschickt, wo sie mit der Renovierung der Gebäude beauftragt wurden, die sehr unter der Besatzung gelitten hatten.
Seine erste Schrift entstand 1942, mit dem Titel »Liebe und Weisheit« (»Amour et Sagesse«), und sie war seiner Mutter gewidmet. Dieser Traktat über die Trinität und die Eucharistie ist schon durchsetzt von Zitaten hinduistischer Dichter und jedes Kapitel endet mit der heiligen Silbe OM. Im Vorwort liest man:

> »Diese Seiten sind einfache persönliche und oft sehr persönliche Überlegungen über die wunderbaren Aspekte der göttlichen Liebe und Weisheit ... sie bewegen sich in aufeinanderfolgenden Sprüngen in alle Richtungen auf die unaussprechliche Wirklichkeit zu, die wir umfassen möchten ... Gewiß hat keiner von uns

das Wort des Lebens mit seinen Augen gesehen, aber welchem gläubigen Christen hat es nicht schon einmal das Herz bewegt? Wer ihn mit von Liebe brennendem Herzen in der Schrift oder im Gebet gesucht hat, ist er nicht wenigstens seinen Spuren begegnet, hat er nicht wenigstens seine Fußspuren geküßt? Die Bücher, die nicht davon Zeugnis ablegen, haben keinen Wert ... Ich habe hier nur meine eigene Erfahrung niedergelegt und habe es nicht für nötig erachtet zu wiederholen, was man überall finden kann ...«.

Wir haben hier ein echtes Porträt unseres Autors: Sein »brennendes Herz« auf der Suche nach Gott und die klare Aussage, daß alles, was auf dem Papier seinen Niederschlag findet, einzig und allein der Ausdruck seiner persönlichen Erfahrung ist.

Ist es andererseits nicht erstaunlich, daß die Trinität den Gegenstand sowohl seiner ersten Schrift bildet, wie auch der letzten Eintragung in sein geistliches Tagebuch im September 1973, die mit den geheimnisvollen Worten schließt:

»Die Trinität wird nur in der Erfahrung des Advaita (der Nichtdualität) begriffen. Jesus hat diese zerreißende und erfüllende Erfahrung der Nichtdualität (mit dem Vater) gelebt, eine Erfahrung, die sich in einem Glanz, in einem Licht, in einer Herrlichkeit offenbart, die alles übersteigt, die einem alles entreißt, die über alles hinausführt: Gabe der Weisheit, tiefe Wesenseinheit (connaturalité), Explosion, der sich keiner entziehen kann, der ›gespürt‹ hat ...«.

Ist dieser letzte Satz nicht wie die Erfüllung dessen, was er 1942 geschrieben hatte:

»Die Weisheit ist der Glanz der Liebe, der Geist die Erfüllung der Liebe, Glückseligkeit, der Vater die Quelle der Liebe ... Ich wäre so glücklich, wenn ich diese tiefe

Einheit von allem in der Liebe deutlich machen könnte.«

Um dieselbe Zeit kam er durch einen Zeitschriftenartikel mit Abbé Monchanin in Kontakt, jenem Pionier des echten Dialoges mit dem Hinduismus, der seit einigen Jahren in Südindien lebte und dort ein Leben führte, das »dem Verständnis und dem Dienst an Indien gewidmet war, geleitet von dem einzigen Wunsch, das Christentum in der Lebensweise, in dem Gebet und der Kontemplation, die der indischen Kultur entsprechen, zu inkarnieren.«[7]
Dieser Kontakt verstärkte mehr denn je den Ruf, den er schon seit einiger Zeit vernahm, nach Indien zu gehen. Er eröffnete ihn seinem Abt, der ihm kein Hindernis in den Weg legte, der es aber für sinnvoll hielt, ihm eine gewisse Wartezeit aufzuerlegen. So begann er im darauffolgenden Jahr mit dem Studium des Sanskrit und des Tamil und lebte streng vegetarisch, um sich auf den »großen Aufbruch« vorzubereiten.
Im Juli 1948 verläßt Henri Le Saux die Abtei von Kergonan und kommt am 15. August in Indien an. Er sollte sein neues Vaterland nie wieder verlassen, dessen Nationalität er 1960 offiziell annahm. Während all dieser Jahre blieb er immer in Korrespondenz mit seinem früheren Kloster, sowohl mit dem Abt wie mit einem alten Mönch, dem er geistig nahe stand.
Mit Abbé Monchanin gründete er den Ashram von Shantivanam, den »Wald des Friedens«, in der Nähe von Tiruchirapalli in Tamil Nad[8]. Sie bauten zwei Hütten am Ufer der Kavery, des majestätischen Flusses, der an dieser Stelle ungefähr einen Kilometer breit ist. 1950 feierten sie am Tag des heiligen Benedikt die erste feierliche Messe in der Kapelle, die sie nach dem Vorbild südindischer Tempel errichtet hatten. In dieser Einsamkeit schrieben sie gemeinsam ein Buch, das damals Aufsehen erregte – wir sind im Jahr 1956 – »Die Eremiten von Saccidānanda«, d. h. dessen, der Sein, Erkenntnis und Seligkeit ist, nach der Definition, die der Vedānta von Gott gibt.

Der Untertitel des Buches lautete: »Ein Versuch zur christlichen Integration der monastischen Überlieferung Indiens.«[9] Bei ihrer Ankunft in Shantivanam nahmen die beiden Eremiten indische Namen an: Henri Le Saux nannte sich Swami Abhishikteshvarānanda (später abgekürzt in Abhishiktananda), was bedeutet »die Seligkeit des gesalbten Herrn«. Sie nahmen auch das orangefarbene Gewand der Sannyāsīs, der Hindumönche an.
Nach seiner Ankunft in Indien besuchte Henri Le Saux mit Abbé Monchanin im Januar 1949 Tiruvannamalai, um dort einem der bedeutendsten Weisen des gegenwärtigen Indien zu begegnen: Sri Ramana Maharshi. Diese Begegnung sollte ein tiefes und nachhaltendes Echo auf seinem weiteren spirituellen Weg haben. In »Souvenirs d'Arunachala«[10] beschreibt er dieses erste *darśana*[11] mit den folgenden Worten:

> »Noch bevor mein Denken ihn erkennen konnte, und vor allem, bevor es sich ausdrücken konnte, hatte irgendetwas in mir die innere Ausstrahlung dieses Weisen im Tiefsten meiner selbst wahrgenommen. Unbekannte Harmonien erwachten in meinem Herzen ... In diesem Weisen von Arunachala und in dieser Zeit erschien mir der einzige Weise des ewigen Indien, es war die ununterbrochene Folge ihrer Weisen, ihrer Entsagenden, ihrer Seher, es war als würde die Seele Indiens selbst bis in Innerste meiner Seele eindringen und mit ihr in geheimnisvolle Gemeinschaft treten. Es war wie ein Anruf, der alles zerriß, der alles aufbrach und einen Abgrund öffnete.«

In den Jahren zwischen 1952 und 1956 kehrte Henri Le Saux oft nach Tiruvannamalai zurück, nicht mehr um Ramana Maharshi zu begegnen, der 1950 gestorben war, sondern um lange Perioden in verschiedenen Höhlen des heiligen Berges Arunachala zu verbringen. Es waren dies Zeiten des »Eintauchens« in das Hindu-Milieu, die eine entscheidende Etappe auf seinem Fortschreiten zum »anderen Ufer« bedeuteten.

Tatsächlich ereignete sich dort, im Schweigen und in der Einsamkeit des eremitischen Lebens der erste große innere Durchbruch, die grundlegende Erfahrung, deren Echo wir in seinem geistlichen Tagebuch[12] mit den Daten 14. und 17. Juli 1952 finden:

»... Die Erkenntnis dieser alldurchdringenden Gegenwart Gottes in meinem Tun wie in meinem Sein, wie in allen Dingen ... Satori, die Erleuchtung, ist die wahre Taufe, diese neue Vision seiner selbst und der Welt, nicht eine intellektuelle Erkenntnis, sondern eine abgrundtiefe, erdbebenartige Verwandlung des Seins.«

Zwanzig Jahre später schrieb er: »Nichts Neues seit Arunachala. Aber der »mind« [Gedanken und Gefühle] entdeckt, daß er immer mehr versunken ist, so sind es Stufen.« (Brief an M. C. 1.2.73).

Im Lauf seiner Einkehrzeiten schrieb er 1952 und 1953 »Guhāntara« (das Wort bedeutet: der in der Höhle wohnt, sowohl in der äußeren Höhle wie im Grund seines Herzens), ein Text aus dem wir zwei Kapitel publizieren: »Die Gnade Indiens« und »Die Quelle der inneren Erfahrung«, in der Version, die der Autor selbst für eine mögliche Publikation revidiert hatte. In derselben Schrift »Guhāntara« faßt er gewissermaßen seine Situation zusammen:

»Der christliche Sannyāsī wird sich staunend bewußt, daß er durch sein Sich-Verbergen in den Höhlen des Arunachala in das Herz des Hinduismus selbst eingedrungen ist, und indem er den Gipfel des Arunachala erstieg, hat er das höchste Ideal des Hinduismus selbst als Christ verwirklicht.«

»In sich selbst hinabtauchen in die Tiefe seiner selbst, sein eigenes Ich vergessen. Sich verlieren im AHAM (Ich) Gottes, das im Ursprung meines Seins ist und des Bewußtseins, daß ich bin ... nicht ich erreiche den Grund, der Grund selbst offenbart sich, indem er die-

> ses »Ich« vernichtet. Ich kann nur untergehen, aber wenn ich untergehe erwache ich: *resurrexi et adhuc tecum sum.*«[13]

Im Dezember 1955 wird Henri Le Saux bei einem anderen Weisen eingeführt, der spirituell Sri Ramana Maharshi sehr nahe stand, Sri Gñānānanda, der in einem Ashram nicht weit von Tiruvannamalai lebte und der gewissermaßen seine Initiation in die vedantische Spiritualität, in die Lehre der Upanishaden besiegeln sollte. Während seines Aufenthaltes in Tapovanam im März 1956 notiert er in seinem Tagebuch: »Ich kann mich der Überzeugung nicht entziehen, daß er mein Guru ist.«[14]

Einige Monate später unternahm Pater Le Saux eine lange und strenge Einkehrzeit in Kumbakonam, um das, was er spirituell von Ramana Maharshi, Gñānānanda und Arunachala empfangen hatte, zu integrieren. Er schloß sich in eine unterirdische Zelle des Mauna Mandir[15] ein und blieb dort 32 Tage vom 6.11. bis zum 8.12. in vollständiger Abgeschlossenheit und totalem Schweigen. Er hatte kein Buch bei sich außer seinem Brevier, seine Nahrung wurde ihm von außen gebracht. Außer der Messe und langen Stunden der Meditation bestand seine Tätigkeit darin, Tagebuch zu schreiben. Er füllte nicht weniger als 235 Seiten in Schulheften mit seiner feinen und engen Schrift. Das Gedicht »Das andere Ufer«, das wir im ersten Teil abdrucken, schrieb er gegen Ende seiner Einkehr. In Bezug auf Ramana Maharshi und Arunachala macht er die folgende Bemerkung:

»Sie sind in mein Fleisch eingegangen, sie sind in die Fasern meines Herzens eingedrungen« (23.11.56).

Wir sind hier am Grund und im Zentrum des inneren Dramas, das ich in der Seele von Pater Le Saux, von Swami Abhishiktananda abspielt – die Zerreißprobe zwischen seiner Treue dem Christentum gegenüber und seinem »Hineingezogensein in die upanishadische Erfahrung« des Advaita, die ihn einige Tage später diesen Schmerzensschrei ausstoßen läßt: »Ich habe Angst, ein Meer der Angst, wohin ich mich auch wende. Und ich fürchte mich davor, meine Ewigkeit um einer Illusion willen zu verlieren. Und doch: nein. Du bist keine Illusion, o Arunachala und die Morgendämmerung, die in rötlichem Glanz auf dem Gipfel meines Herzens erschienen ist, ist keine Täuschung ... Diese Ängste sind wie Pfeile, die bis in den Grund eindringen und die die Seele zu einem reinen Schmerzensschrei machen, zu einem reinen Hilferuf.« (27. und 30. November 1956).

Und zwischen diesen Angstschreien sagt er sich immer wieder: »Christus ist mein Sadguru« (der wahre Guru) und er besingt diese Gegenwart »des inneren Mysteriums, das Jesus den Vater nennt und jene Beziehung im Innern des Mysteriums selbst, die er den Geist nannte ...« (3.12.56).

So war Henri Le Saux während langer Jahre, ohne es nach außen zu zeigen, im Grund seines Herzens ein gequälter, zerrissener Mensch, bis endlich das Licht des Friedens und der Freude in der Abgeklärtheit des endgültigen Erwachens in ihm erschien, zuletzt bei seinem »großen spirituellen Abenteuer«, wie er selbst seinen Herzinfarkt vom Juli 1973 nannte, das ihn für immer ans »andere Ufer« führen sollte.

Jean Sulivan, der ein paar Jahre später einige Zeit in Shantivanam verbrachte, hat ein lebendiges Bild von dem gegeben, den er vertraulich »Abhis« nannte. »Gehorsam und unbezwingbar gehörte er einer neuen Rasse an, der Rasse derer, die nicht revoltieren, die nicht einmal daran denken, die aber niemals nachgeben: Sie vereinigen in der Kreuzigung die Treue zu zwei Realitäten, zu sich selber und zur Kirche, und es ist für sie eine einzige Treue ...« Dieser letzte Satz spiegelt das wieder, was Abhishiktananda von sich selbst sagte: »Ich denke, daß es noch am besten ist, diese beiden Formen eines einzigen »Glaubens« auszuhalten, selbst in der äußersten Spannung, bis die Morgendämmerung aufleuchtet.«

Mit dem Tod von Abbé Monchanin im Jahr 1957 zeichnet sich eine wesentliche Wende im Leben von Swami Abhishikt-

ananda ab. Der monastische Ashram interessiert ihn immer weniger. Entgegen allen Erwartungen hatte sich kein einziger indischer Christ den beiden französischen Mönchen angeschlossen. Obwohl es mehrere Versuche gab, war keiner erfolgreich. Nun wandte er sein Interesse dem Norden zu, der Himalaya zog ihn an. 1959 schließt er sich in einer Pilgerschaft dem ununterbrochenen Strom der Hindu-Pilger an, die jedes Jahr zu Fuß zu den Quellen des Ganges hinaufsteigen. So legte er mehr als 300 km zurück, um zuerst nach Kedarnath, dem Shiva-Heiligtum in einer Höhe von 3600 m zu pilgern und dann nach Badrinath, das Vishnu geweiht ist und etwas weniger hoch liegt.
Nach seiner Rückkehr schrieb er: »Der Himalaya hat mich bezwungen.« Von nun an wird er seine Zeit zwischen dem Süden, dem Ashram von Shantivanam, den er weiterhin aufrecht erhielt, und dem Norden teilen, wo er sich 1968 endgültig niederlassen sollte, als die Nachfolge für Shantivanam gesichert war.
Er ließ sich im Herzen des Himalaya nieder, in Uttarkashi, der Stadt der Mönche und der letzten großen Etappe auf der Pilgerschaft zu der wichtigsten Quelle des Ganges, der von Gangotri. Im Jahr 1962, zwei Jahre nachdem er die indische Nationalität erworben hatte, baute er sich am Ufer des Ganges eine kleine Einsiedelei von ein paar Quadratmetern mit einem niedrigen Dachboden, den er über eine Leiter erreichte und wo er nicht einmal aufrecht stehen konnte. Dort feierte Swami Abhishiktananda jeden Morgen die Eucharistie, im Angesicht des heiligen Flusses, den er durch eine Dachluke am Boden sehen konnte.
Die sechziger Jahre brachten viele Publikationen, »Sagesse hindoue, mystique chrétienne« erschien 1965, gefolgt von »La rencontre de l'hindouisme et du christianisme« (1966) und von »Une messe aux sources du Gange« (1967). In Indien veröffentlichte er auf Englisch »Prayer« (1967) und »The Church in India« (1969). Er mußte bis 1971 auf das Erscheinen der französischen Version der kleinen Kostbarkeit über

das wahre Gebet, »Prayer«, warten, das unter dem Titel »Éveil à soi, éveil à Dieu« herauskam.
An einen Freund schreibt er 1968 die folgenden Zeilen, die gewissermaßen seine Suche zusammenfassen: »Was mich als der universale Wert der hinduistischen Erfahrung interessiert ist genau genommen dies: die Wahrheit jenseits des *eidos* wiederzufinden, nicht Gefangener des Begriffs zu bleiben. Gewiß hat der Begriff seinen Wert, aber er ist nicht absolut, er ist gebunden an die Entwicklung des menschlichen Bewußtseins, das ist gerade das ganze Problem, das die Theologie bewegt. Die Gefahr besteht darin, in den Relativismus zu verfallen. Es scheint mir, daß die existentielle Erkenntnis jenseits der begrifflichen Erkenntnis es möglich machen würde, die Relativität anzunehmen, ohne die Wirklichkeit zu beeinträchtigen. Ich sage nicht, daß die Hindu-Philosophie größer ist als die griechische, sie ergänzen sich vielmehr. Sollte nicht die abendländische Erfahrung und ihre Verbegrifflichung durch diese überbegriffliche oder vielmehr jenseits des Intellekts liegende Erfahrung erneuert werden? Das allein interessiert mich hier. Diese Erfahrung am Ort ihres Ursprungs wiederzufinden, vor ihrer Verbegrifflichung ... Was für eine Erneuerung seiner Geisterfahrung, wenn der Christ diese kleine Quelle jenseits von allem entdeckt hat ...
Wie Sie bleibe auch ich griechisch, wie immer es scheinen mag, meine Intelligenz, die von der Scholastik geformt wurde, erschrickt gerade vor dem Problem, das die Hindu-Erfahrung der christlichen Theologie stellt, ein Problem, bei dem man tastet, das einen manchmal an den Rand bringt. Und doch, wenn das Christentum jenseits der kulturellen Welt des Mittelmeerraumes eindringen will, muß es der unbestreitbaren spirituellen Erfahrung des Hinduismus und des Buddhismus begegnen ...«
»Es wäre notwendig, daß die Christen, ausgehend von dem, was uns Indien gibt, im Neuen Testament direkt die Werte der Innerlichkeit und der Nichtdualität wiederentdecken und sie ihren Brüdern weitergeben, unabhängig von dem exoti-

schen Apparat, den wir hier nicht vermeiden können.« (Brief an O. B.)

Trotz der großen Distanzen und der mühsamen, langsamen und unbequemen Transportmittel, durchquerte Pater Le Saux in all diesen Jahren Indien vom Norden zum Süden und vom Osten zum Westen, um den vielen Einladungen zu folgen, die von allen Seiten an ihn ergingen, um Exerzitien zu halten (vor allem in mehreren Karmeln) und um aktiv an den verschiedenen Tätigkeiten der Kirche Indiens teilzunehmen in ihrer Bemühung, die Beschlüsse des II. Vaticanums an die besondere Situation Indiens anzupassen, was zu dem Treffen des nationalen Seminars der Kirche Indiens im Jahr 1969 führen sollte. Er widmete sich besonders der Erneuerung der Spiritualität und ihres Ausdruckes in der Liturgie, in dem Bemühen, sie mehr in der indischen Tradition zu verwurzeln, anstelle der Nachahmung lateinischer und westlicher Formen, die von dem spontanen Ausdruck der indischen Seele so weit entfernt sind. Darüber hinaus hielt er viele Vorträge bei den Jesuiten in Delhi, Madras und Poona.

Schließlich nahm er auch aktiv an mehreren ökumenischen Treffen teil, sowohl von Christen verschiedener Konfessionen, die daran interessiert waren, ihre Kenntnis der Hindu-Spiritualität zu vertiefen, als auch von Hindus und Christen[16]. Er besuchte auch verschiedene christliche Ashrams, mit denen er eine tiefe Verbindung hatte.

So führte Henri Le Saux außerhalb der Zeiten eremitischen Lebens im Herzen des Himalaya auch ein intensives aktives Leben, wodurch er einen tiefen Einfluß ausübte auf zahlreiche Gruppen, die verschiedenen geistigen Strömungen angehörten, sowohl in Indien wie außerhalb Indiens. Tatsächlich erreichte sein Einfluß auch Europa und Amerika, sowohl durch seine Bücher wie durch die große Korrespondenz, die er mit vielen Menschen führte, mit seiner Familie, mit Priestern und Freunden.

Darüber hinaus mußte er jedesmal »in die Ebene hinuntersteigen«, wenn er ausländische Besucher empfangen wollte,

weil Uttarkashi wegen der Nähe der chinesischen Grenze eine verbotene Zone für Nicht-Inder war.
Man muß den Zustand der Straße im hohen Gebirge, die von Uttarkashi in die Ebene hinabführt, gesehen haben, mit ihren häufigen Erdrutschen und Felsabstürzen, mit ihren scharfen Kurven, die sich über ca. 200 Kilometer über Abgründe von mehreren hundert Metern hinziehen, um zu verstehen, was diese häufigen Reisen in Autobussen, die die Möglichkeiten einer europäischen Phantasie übersteigen, für Pater Le Saux bedeutet haben müssen ...
Wenn er die Ebene erreicht hatte, mußte er seine Reise fortsetzen, auf den harten Bänken der dritten Klasse in überfüllten Zügen, wo er auf langen Fahrten oft dreißig, vierzig oder sogar fünfzig Stunden aushalten mußte. Swami Abhishiktananda war lange Jahre dieser für eine europäische Konstitution harten Askese ausgesetzt, einer Askese, die auf die Dauer seine physischen Kräfte verbrauchte und seine Gesundheit schädigte.
Jedesmal wenn er nach Uttarkashi zurückkehrte, freute er sich, sein »Adlernest« wiederzufinden und die schweigende Gesellschaft der Sādhus[17], seiner Nachbarn. »Ich brauche wieder diese Einsamkeit, die am Ufer des Ganges so schön ist, nach der Bereicherung durch die menschlichen Kontakte der vergangenen Wochen«, schrieb er nach einer langen Reise durch ganz Indien.
Das Jahr 1971 bedeutet eine neue und wichtige Etappe auf seinem spirituellen Weg: Es kommen echte Schüler zu ihm, zwei junge Hindus und ein junger Europäer, von dem er sagen wird: »Ich habe in M. C. einen wahren vollkommenen Schüler gefunden. Mit ihm und zwei jungen Hindus mache ich vom anderen Ende her die Erfahrung, was ein Guru ist.«[18]
Swami Abhishiktananda hat die »geistliche Vaterschaft« entdeckt, er ist nun untrennbar von seinen *chelas* (Schülern). Noch häufiger als vorher verläßt er seine Einsiedelei im Himalaya, um mit diesem »wahren Schüler« zu sein und ihm seine Unterweisung zu geben, entweder in der heiligen Stadt

Hardwar, in Rishikesh oder in einem kleinen Ashram in der Einsamkeit des Dschungels oberhalb von Rishikesh.
In demselben Jahr 1971 verfaßte er »Einführung in die Upanishaden«, die das vorletzte Kapitel dieses Bandes ausmacht.
Er umgab seine Schüler nicht nur mit einer väterlichen, sondern auch mit einer fast mütterlichen Fürsorge, wie es die Ratschläge beweisen, die er M. C. vor seiner Pilgerschaft nach Amarnath, einem Heiligtum im hohen Gebirge in Kashmir, erteilt: »Hast du genügend mitgenommen, um dich zuzudecken?« und bei einer anderen Gelegenheit: »Vermeide die Anspannung in der geistigen Arbeit und iß soviel du Appetit hast, die Quantität muß die Qualität ersetzen.«
Keine Einzelheit des Lebens entging ihm, er ging nichts aus dem Weg, sondern nahm an allem Anteil, aber dabei blieb er immer vollkommen frei. In einem Brief vom April 1973 an M. C. finden sich diese Zeilen: »Ich habe einen Primus (einen Petroleumofen) gekauft, der gut funktioniert und ausgezeichnete *chapattis* (Fladenbrot) kocht. Heute morgen habe ich am Ganges große Wäsche gewaschen.« Und im darauffolgenden Brief ruft er aus:
»Alles geht gut. Mein Pfirsichbaum ist voller Früchte, die Rosen blühen ... Ich habe eben die Eucharistie gefeiert.« Es ist derselbe Mensch, der sich für alles interessiert, der dreizehn Jahre vorher seiner Schwester, die Nonne ist, geschrieben hatte: »Ich werde dir meine Versuchung beichten: Ich habe mit dem Schweizer Botschafter zu Mittag gegessen, man hat mir natürlich Reis und Gemüse serviert, während eine Fleischplatte die Runde machte. Das war noch nichts! Aber auf dem Tisch standen zwei sehr anziehende Flaschen Châteauneuf du Pape ... Ich habe entschlossen zu mir gesagt, daß ich mich begnügen werde, sie anzusehen und nur indirekt zu genießen.«
Man kann auch feststellen, daß unserem Swami der Humor nicht fehlte, ein manchmal bissiger Humor, wie dieser Ausspruch von 1956: »Die Kirche rühmt sich, den Geist zu besitzen, gewiß ... aber im Käfig ...«

Im Mai 1972 verbringt er mit seinem Schüler ungefähr einen Monat in einem kleinen einsamen Ashram oberhalb von Rishikesh. Die Zeit ist der meditativen Lektüre der Upanishaden gewidmet. Dieses Studium führt zu einer Erfahrung, die sich daraus entfaltet oder vielmehr explodiert. Es handelt sich gewiß immer um dieselbe und einzige Erfahrung, die aber mit jedemmal abgründiger und verzehrender wird. »Es gibt ein unendliches Fortschreiten dieser inneren Ebenen«, schreibt er selbst. »Diese Tage sind von einer außergewöhnlichen Fülle, obwohl sie mich physisch zerstören; der ganze Grund der Seele wird aufgewühlt, wie die Wellen den Grund des Ozeans aufwühlen und bewegen.« Und er schließt mit dieser bewegenden Aussage: »Ich weiß jetzt, daß die Upanishad[19] wahr ist. Wie es in der Chāndogya Upanishad heißt, ist es das Eingehen in das höchste Licht, den Ātman, die Seligkeit, Brahman.«
Im Juni 1972, kaum einen Monat nach der »blendenden Erfahrung« der Wahrheit der Upanishad, erleidet er während der Feier der Messe einen ersten Anfall von Atemnot, die ihn nicht mehr verlassen sollte und die im folgenden Jahr zu einem Herzinfarkt führte, der ihn das Leben kostete. »Die Erinnerung an diese Erfahrung war an jenem Morgen so stark«, schreibt er an M. C. am 16. Juni, »daß mir eine Atemnot blieb, die noch bis Mittag andauert.« Und er fügte hinzu: »Loben wir für alles den Herrn, der im Grund unserer selbst uns gegenüber ist; das ganze Geheimnis des von-Angesicht-zu-Angesicht und der Innerlichkeit.«
Zu Beginn des Jahres 1973, als er eingeladen war, an dem »Kongress der christlichen Mönche angesichts der asiatischen Religionen« teilzunehmen, aber aus gesundheitlichen Gründen unfähig war die Reise zu unternehmen, verfaßte er zwei wichtige Artikel: Der erste hat den Titel »Die Gotteserfahrung in den Religionen des Ostens« und der Zweite »Die Upanishaden und die Advaita-Erfahrung«, der auf Französisch unveröffentlicht blieb und der den Anfang des III. Kapitels dieses Bandes bildet.

Wir können nun kurz die letzte Etappe dieses außergewöhnlichen Aufstieges zu Gott nachzeichnen, der das Leben von Henri Le Saux kennzeichnete, und zwar von April bis Juli 1973.
In den Monaten April–Mai schrieb er auf Englisch »Sannyāsa oder der Ruf in die Wüste«[20] als Vorbereitung für die ökumenische Mönchsweihe von M. C., die am 30. Juni am Ufer des Ganges stattfand. Sie wurde gemeinsam von Pater Le Saux, dem christlichen Mönch, und Swami Chidanandaji, dem Hindumönch, verliehen. So verwirklichte sich für M. C., mit seinem neuen Namen Ajātānanda, »der Eintritt in die zweifache monastische Tradition, die christliche und die hinduistische, in der Einheit des Geistes.«
Diese im Ritual so schlichte Zeremonie von einer tiefen Symbolik hat Pater Le Saux zuinnerst betroffen. Schon das vertiefte Studium der Sannyāsa-Upanishaden, das ihr vorausging, war für ihn der Anlaß zu einer Art »Lebenserneuerung«: »Es bleibt die Tatsache, daß dieses Studium der Forderungen des Sannyāsa ein harter Schlag für mich war, selbst wenn dies kaum etwas an meinem Leben ändert. Es erinnert mich an den Schock des Königs Josias, als die Priester in einem Winkel des Tempels ein altes Manuskript des Deuteronomiums fanden, das ganz vergessen zu sein schien. Der König ließ sich den Text vorlesen und als er sich der Forderungen bewußt wurde, die an einen Vertreter des »auserwählten Volkes« gestellt werden, war er davon völlig niedergeschmettert!«

Einige Tage später schrieb er an den neugeweihten »Swami« ein langes Gedicht, daraus eine Strophe:

»Dieser Morgen des 30. Juni
war zu schön ...
Deine dīkṣā[21] ließ mich erschauern
bis in den Grund des Seins
und hat mich mir selbst entzogen.
Ich bin verloren in den unendlichen Räumen

wo ich nichts mehr weiß,
wo ich mich vergebens suche!
OM!«

Die Tage, die dem Herzinfarkt vom 14. Juli unmittelbar vorausgingen, verbrachte Swami Abhishiktananda mit Ajatananda auf Wanderschaft am Ufer des Ganges und bei einem kleinen Shivatempel in der Wildnis. Von dieser Zeit schreibt Ajatananda, daß es Tage waren, in denen Swami Abhishiktananda in sich selbst »immer tiefere Abgründe« sich auftun sah. »Der Durchbruch des Geistes entriß ihn sich selbst und leuchtete aus jeder Pore seines *śarīram* ...[22] Es war eine innere Apokalypse, die zu bestimmten Augenblicken nach außen in einer Verklärung in Herrlichkeit durchbrach.«[23] Diese innere Erfahrung erreichte ihren Höhepunkt, als ihn plötzlich ein schwerer Herzinfarkt auf der Straße im Basar von Rishikesh zu Boden warf. In seinen eigenen Worten war es »ein außergewöhnliches spirituelles Abenteuer«. Körperlich niedergeworfen, aber in geistiger Klarheit erlangte er mit vollem Bewußtsein das Große Erwachen. »Indem er in seinen Ursprung eindrang, erkannte er in der Verborgenheit seiner selbst das Geheimnis Gottes und seiner Epiphanie.«
Nun konnte er den Vers der Śvetāśvatara Upanishad, den er so sehr liebte, mit vollem Recht wiederholen: *vedāham puruṣam mahāntam* ...

»Ich kenne ihn, den großen *puruṣa*[24]
von der Farbe der Sonne
jenseits der Finsternis.
Wer Ihn kennt
übersteigt den Tod.
Kein anderer Weg führt zum Ziel!«

(III. 8)

Als er wieder fähig war zu sprechen, waren seine ersten Worte: »Es ist schön, ich kann dir nicht sagen, wie schön es ist! Einfach die Augen öffnen, da wo man ist.«

Ende August schrieb er an einen Freund: »Der Herzinfarkt war nur der Hintergrund für eine wunderbare spirituelle Zeit. Ich habe nur eine Erinnerung an die zwei Wochen, die ich im Bett verbrachte, und zwar eine intensive Freude. Es war eine schöne Überraschung, aber eine einzigartige spirituelle Erfahrung, die existentielle Entdeckung, daß Leben und Tod nur verschiedene Situationen sind.«
In einem Brief an O. B. vom 15. August 1973 heißt es: »Ich habe den Gral gefunden! Und der Gral ist weder fern noch nahe, er ist jenseits von allen Orten ... Ein Aufflug, ein Erwachen ... und die Suche ist erfüllt ...«.
Henri Le Saux hatte endlich jenes »Erwachen zur Wirklichkeit in der Nichtdualität des Geistes« erfahren, jenen Zustand, den Heinrich Seuse folgendermaßen beschreibt:

»Und darum werden einem gelassenen Menschen, dessen Vater Gott allein ist und in dem nichts Zeitliches geboren wird, nach seinem Eigenwillen die Augen aufgetan, daß er sich selbst erkennt, sein seliges Leben beginnt und eins mit Gott ist, denn da sind alle Dinge eines in dem Einen.«[25]

Sobald es sein Zustand erlaubte, brachte man ihn nach Indore, in die Klinik der Franziskanerinnen, die ihn bis zum Ende mit ebensoviel Liebe wie Verständnis pflegten. In dieser Umgebung eines Krankenhauses macht er in seinen eigenen Worten »eine Erfahrung physischer und geistiger Entblößung, die eine unvergleichliche Reinigung ist, der ›Grund‹ seiner Selbst muß erreicht werden ...«
Alle, die ihn in den Monaten vor seinem *mahā-prasthāna*, seinem »großen Abschied« am 7. Dezember 1973, gesehen haben – und ich selbst hatte dieses Glück – bezeugen übereinstimmend die Transparenz seines ganzen Wesens für das innere Mysterium, für die göttliche Gegenwart, die außergewöhnliche Ausstrahlung seines Lächelns, seines Gesichtes, das von Licht erfüllt war und vor allem der einzigartige Ausdruck seiner großen, staunenden Augen, die denjenigen alles sagten, die zu hören verstanden ...

Der Pilger des Anderen Ufers hatte das Ziel erreicht, sein ganzes Wesen war jetzt in Harmonie, geeint und im Frieden. In vollkommener Treue zu Christus, seinem Sadguru und ganz versunken in seinem »Grund«, war er zu seinem Ursprung zurückgekehrt. Seine christliche Erfahrung und die Erfahrung der Upanishaden waren in ihrer einzigen Quelle zusammengeflossen.
Er war nun selber in dem Zustand des Weisen, von dem er zehn Jahre früher gesprochen hatte, als er bei dem ökumenischen Treffen in Nagpur die ersten Verse der Īśa Upanishad kommentierte:

»Er hatte den großen Sprung nach vorne getan, der den Menschen an das andere Ufer seiner selbst führt. Er hatte die wahre Mitte des Selbst im Zentrum der Welt entdeckt, in dem Prinzip, in dem die Welt ihren Ursprung hat.«[26]

Odette Baumer-Despeigne

I. Das andere Ufer

oder die nicht-duale Dimension der Gotteserfahrung

»Sie fanden ihn am anderen Ufer.«

(Joh. 6.25)

»Der Aufstieg zur Quelle, die Überfahrt zum anderen Ufer«, alles Bilder, die uns von unseren Vätern überliefert wurden, um den Menschen durch die Symbole zu den innersten Wirklichkeiten hinzuführen.
Die Rückkehr zum Ursprung, das Erlangen der Vollendung.
Das Leben ist nur ein Aufstieg, das Leben ist nur ein Durchgang, ein Pascha.
Nur soviel Zeit, um den Fuß auf die Erde zu setzen. Immer wieder aufbrechen. Jenseits.
Der Mensch lebt nur, indem er sich selbst übersteigt.
Er gewinnt sich nur, indem er sich verliert.
Deshalb ist im hinduistischen Mythos Śiva der große Befreier, weil er der große Zerstörer ist, der auf den Totenverbrennungsplätzen tanzt und eine Kette von Totenschädeln trägt, Symbol des Todes, der alles zertrennt. Er, Śiva, der Gütige, wie er in den Upanishaden[1] betrachtet wird, Śiva, die Liebe, Anbé śiva, wie ihn Tirumular, der Tamil-Heilige besingt.
Er ist derjenige, der von allem entblößt, der nichts bestehen läßt, was nicht IST, der ständig alles Werden übersteigen wird.
Er ist die Zeit, die den Menschen und das Universum in einem unerbittlichen Kreislauf davonträgt, der den vergänglichen Augenblick vernichtet, um den nachfolgenden entstehen zu lassen.
Er ist derjenige, der verhindert, daß man am Leben hängenbleibt, daß der Mensch sich an den flüchtigen Augenblick klammert.

Er ist derjenige, der alle Anhänglichkeit zertrennt und alle Bindungen loslöst,
alle Bindungen, die den Menschen an dieses Ufer fesseln, wo er vorgibt, sich so wohlzufühlen.
Śiva ist derjenige, der vom Augenblick befreit und den Menschen in die Gegenwart versetzt.
Denn ist nicht in Wirklichkeit das Sein immer gegenwärtig?
Der Ursprung ist nicht in einer überholten Vergangenheit, sondern im Jetzt. Und ist das andere Ufer nicht schon erreicht?
Ist nicht die Stimme erklungen, die die Toten ins Leben ruft (Joh. 5, 25),
ist nicht die Stunde gekommen, daß der Mensch Gott im Geist und in der Wahrheit anbete? (Joh. 4, 23).
Der Mensch quält sich auf der Suche nach Gott und nach sich selbst. Und allzu oft versäumt er leider sowohl Gott wie sich selbst.
Er sucht Gott in einem Winkel des Raumes. Und Gott erfüllt den ganzen Raum und er ist außerhalb des Raumes.
Er sucht Gott in einem Punkt der Zeit, in einer Vergangenheit, die vorüber ist, in einer Zukunft, die einmal sein wird.
Aber Gott ist außerhalb aller Zeit, und die Ewigkeit ist in jedem Augenblick der Zeit gegenwärtig.
»Der kleinste Abgrund«[2]: Man muß gerade so weit springen wie es nötig ist, in der Gefahr, das Ziel zu verpassen und sich noch weiter zu entfernen, auf ein »anderes Ufer« hin, das nicht das wahre ist.
Gott ist ganz nahe. Eben deshalb versäumt ihn der Mensch ständig.
Er macht ihn zu einem Gegenstand, und Gott entzieht sich ihm.
Er macht ihn zu einem Gedanken. Aber der Gedanke geht an Gott vorbei.
So war Maria Magdalena zu sehr damit beschäftigt, an Jesus zu denken, um ihn in dem Gärtner des Kalvarienberges zu erkennen.

Und auch Kleophas war zu sehr mit der Erinnerung an Jesus beschäftigt, um zu erkennen, daß er selbst der Wanderer nach Emmaus war, bis zu dem Moment, als sich Jesus zu erkennen gab.
Aber selig sind, die ihn mit einem Mal erkennen, sagte er zu Thomas!
Wer ihn in sich erkannt hat, hat ihn in allem erkannt.
Wer ihn in der Kirche erkannt hat, hat ihn in allen Vorbereitungen auf die Kirche erkannt.
Dem Reinen ist alles rein. Und derjenige, der eines Tages vom Geist angerührt wurde, wird in allem unweigerlich an den Geist erinnert.
Nicht, daß er nicht empfänglich wäre für die verschiedenen Stufen der Ausstrahlung des verklärten Herrn.
Er weiß, daß das volle Licht auf Erden nur leuchtete, als sich auf ihr derjenige inkarnierte, in dem der Vater im Anfang sprach: *Fiat Lux*, es werde Licht!
Und er weiß auch, daß der Geist den Menschen nur nach der Auferstehung des Herrn in Fülle gegeben wurde.
Und doch kann er nicht anders, als in jedem Zeichen und überall Denjenigen zu erkennen und anzubeten, der damit bezeichnet wird.
Sein Glaube überbrückt das Ungenügen des Zeichens. Oder vielmehr, in seinem Glauben erlangt das Zeichen seine Wahrheit.
Wer zu Mittag direkt in die Sonne blickt, kann danach nichts anderes mehr sehen als das blendende Sonnenlicht. Und sind nicht alle Farben nur eine Widerspiegelung des Sonnenlichtes? Selbst das Schwarz, das sich dem Licht verweigert, ist noch ein Zeichen der Sonne, denn ohne die Sonne und das Licht könnte es nicht sein und niemand könnte es sehen.
Der Herr ist überall ausgebreitet. »Sein Lauf erstreckt sich vom Aufgang zum Niedergang« (Psalm 19,6).
Überall ist Er, Er allein. Und doch, Er, der im Grund von allem ist, ist von allem getrennt.
Aber das Erkennen der Allgegenwart des Herrn und seines

Geistes befreit uns nicht von der dringenden Aufgabe, seine Auferstehung zu verkünden und die Botschaft weiterzutragen, »daß wir seine Herrlichkeit geschaut haben, die Herrlichkeit des einzigen Sohnes des Vaters, voller Gnade und Wahrheit!« (Joh. 1,14).
Christus ist das Ziel des Universums. Wenn der Mensch die Aufgabe hat, mit all seiner Intelligenz und all seinen physischen Kräften an der Entfaltung des Universums und an der körperlichen und geistigen Entwicklung seiner Brüder mitzuarbeiten, so hat er nicht weniger die Aufgabe, mit all seinen Kräften und mit allen Gnaden, die er empfangen hat, an der Vollendung des Universums in Christus und an dem immer herrlicheren Kommen Christi in jeder Seele und in jedem Menschenherzen mitzuwirken.
Niemand hat etwas für sich empfangen, das er nicht mit seinen Brüdern teilen sollte.
Die Kirche besitzt nicht die Eucharistie, sie ist im Dienst der Eucharistie. Und sie gibt sie nur, damit die Welt durch die Eucharistie von dem Zeichen zu der Wirklichkeit geführt werde, die zu sein sie berufen ist.
Und der Gläubige kommuniziert nur als Liturge der Schöpfung.
Der Christ hat daher die Aufgabe, seinem Bruder die Herrlichkeit weiterzugeben, die er als Anteil empfangen hat. Diese Herrlichkeit ist in ihm trächtig von ihrer Erscheinung. Sie leuchtet in ihm nur in dem Maß, in dem sie nach außen ausstrahlt.
Aber damit der Christ seinem Bruder – hier dem Hindu – seine Botschaft mitteilen und ihn an dieser Herrlichkeit teilnehmen lassen kann, muß er diesen Bruder da suchen, ihm da begegnen, wo er schon ist, wohin er vom Geist geführt wurde und ihn erwartet:

im Grund der Höhle von Arunachala[3],
am anderen Ufer seiner selbst,
an der Quelle!

Nur da vermag er seinem Bruder zu sagen, daß im Innersten der Höhle von Arunachala das Herz Christi ist,
und daß die Quelle der Schoß des Vaters ist,
das andere Ufer
wo ihn Jesus erwartet.

(1955?)

Das andere Ufer

»Mit der Silbe OM[4] als Boot,
überquert er den Raum des Herzens
und gelangt ans andere Ufer,
in den innersten Raum,
der sich ihm offenbart ...
und so tritt er ein in die Wohnung Brahmans.«[5]

Maitrī Up. 6,28

»... an dem fernsten Ufer des Jenseits.«

Kaṭha Up. 3,1

»... so zeigte ihm der ehrwürdige Sanatkumāra
das Ufer jenseits der Finsternis.«

Chānd. Up. 7,26,2

»... Die Grundlage von allem, von unvorstellbarer Form, von der Farbe der Sonne,
jenseits der Finsternis.«

Bhagavad Gītā 8,9

»Vom Nichtsein führe mich zum Sein,
von der Finsternis führe mich zum Licht,
vom Tod führe mich zur Unsterblichkeit.«

Bṛ. Up. 1,3,28

Alle Werke, die der Mensch vollbringt, tut er, um ans andere Ufer zu gelangen,
ob er es weiß oder ob er nicht daran denkt.

Er geht hinüber im Traum, in der Welt der Mythen und der Symbole,
in der Welt der Zeichen, die Träger der Wirklichkeit sind.
So überquerten die Hebräer das Rote Meer und die Wüste – auch sie ein Meer – und den Jordan, den Moses selbst nicht überqueren sollte ...
Der Mensch geht hinüber zum anderen Ufer seines Herzens im großen Sakrament des Universums und der Menschheit.
Jeder Mensch, dem er begegnet und jedes Wesen, das er trifft ist sein Fährmann,
und alles, was er in den Ereignissen der Welt erlebt, in der Geschichte der Menschen und in seiner eigenen Geschichte, außen wie innen, in seinen Gedanken,
es ist das Hinübergehen zum anderen Ufer seiner selbst, in den Tiefen seiner selbst, unerreichbar seinem eigenen Bewußtsein.

> Denn »Er ist« anders als das Selbst,
> anders als alles, was ihm von seinem Selbst erscheint,
> anders als alles, was er über sein Selbst denkt,
> anders als alles, was er von sich selbst erreicht,
> und diese Klarheit zerreißt ihn,
> da sie wie ein Blitz die Abgründe seines Seins erhellt,
> und sie auftut, indem sie sie spaltet.

Es ist eine Tiefe, eine Weite und eine Höhe – was bedeuten die Worte, in denen die Gelehrten die inneren Geheimnisse einschließen wollen,
denn niemand wird sie verstehen, der sich nicht selbst in ihnen erkennt
und der nicht irgendwann selbst in seinem Innern die beseligende Agonie erfahren hat ...
Der Abstieg in die Tiefe, wo man nichts mehr sieht, nicht einmal sich selbst!
Wenn man aus dem Abgrund wieder aufsteigt zu dem Licht und sich »selbst« wiederfindet:

Ostern!
»Ich bin erwacht und bin nun bei Dir«
resurrexi et adhuc tecum sum[6].
Denn Er ist anders als das Selbst,
und doch, wenn Er ist, ist er nicht in der Tiefe des Selbst?
Und die Menschen vergnügen sich, sorgen sich,
und die Menschen führen Kriege,
sie lieben sich, sie machen Geld, und die Gelehrten diskutieren und die Gesetzgeber machen Gesetze ...
Ich habe mich überall unter dem Himmelsgewölbe umgesehen und habe nichts als Eitelkeit gesehen, sagte Quohelet.
Der Abstieg in die Hölle und der Aufstieg am Ostermorgen – denn man muß in den Grund des Abgrundes hinabsteigen, um am anderen Ufer zu erwachen, an jenem Ufer, das kein »anderes« kennt.
Dieser »Andere« im Grund meiner selbst, der keinen anderen sich gegenüber hat, das Sein, das Selbst.

Aber das andere Ufer muß man allein erreichen,

nackt von der Nacktheit des Steines,
nackt von der Nacktheit des Wurmes,
nackt von der Nacktheit seiner selbst.

Das Werk wurde begonnen im Sakrament des Universums, es setzte sich fort im Sakrament der Menschen und vollendete sich im Sakrament der Kirche.
Und mit der Kraft dieses letzten Sakramentes tauchte der Mensch ein in den Abgrund

durch seinen Glauben.
Aber dort ließ er alles zurück,
alles was ihn bekleidete, alles was ihn schmückte,
alles was ihn vor sich selbst verbarg,
indem es ihn verschönerte oder verschleierte.
Alles wurde ihm entrissen,
selbst sein Leib im Tod,
selbst die Freude, sich von Gott geliebt zu wissen,

Deus meus ut quid me dereliquisti?
Vater, warum hast du mich verlassen?
Verlassen von den Menschen und verlassen von Gott,
allein mit sich,
allein, unendlich allein.

Da entdeckte er die Einsamkeit des Alleinigen, die Einsamkeit des Seins, und die Freude des Seins und den Frieden des Seins und die Freiheit des Seins.
Er erwachte: es gab keinen Abgrund mehr und auch keinen Fluß mehr, es gab keine Ufer mehr,
Arunachala war verschwunden,
er war.

Und so gelangte er ans andere Ufer.
In jenem Grund seiner selbst
wo man ist,
bevor irgendein Fundament gegraben wurde,
bevor irgendetwas erbaut wurde
von der Hand oder vom Geist des Menschen,
und tiefer als alles was vom Menschen gegraben wurde,
tiefer als das Auftauchen des Wunsches und ihm vorausliegend,
tiefer als das Auftauchen des Symboles, des Bildes oder des Begriffes und ihnen vorausliegend,
allein mit sich, im Ursprung des eigenen Seins,
allein mit dem Absoluten,
allein von der Einsamkeit des Alleinigen,
dem namenlosen *kevala,*
dort, wo die Seele aus den Händen ihres Schöpfers kommt, wo sie außerhalb und doch in Ihm zum Sein erwacht,
daß Er allein IST.

(Geschrieben im Dezember 1956 am Ende einer Einkehrzeit von 32 Tagen in vollkommenem Schweigen im Mauna Mandir in Kumbakonam.)

II. Innerlichkeit

In dieser *guhā,* diesem Innern,
da, wo man ist allein vor Gott;
da, wo man ist allein mit Gott;
da, wo man ist allein in Gott;
da, wo man ist allein von Gott;
da, wo allein Der ist, der ist ...[1]

Ein *jñānī,* ein Weiser, ist der, der zu seiner Quelle vorgedrungen ist und im Geheimnis seines Innern das Mysterium Gottes in seiner Epiphanie erkannt hat.[2]
Der *jñānī* realisiert nichts Neues und entdeckt nicht Neues, er sieht einfach die Realität in all ihrem Glanz. Sein Blick dringt zum Wesen der Dinge vor und entdeckt dort Jahwe-Brahman:
Den, der ist.

Tagebuch, 12.11.66

Die Gnade Indiens (Auszug aus Guhāntara)[3]

Die Gnade Indiens ist eine Gnade der Innerlichkeit. In dem Maß, in dem man selbst im Innern lebt, ist man imstande, Indien zu verstehen und seinerseits von Indien gehört und verstanden zu werden. Umgekehrt, in dem Maß in dem man in das Geheimnis Indiens eindringt, entdeckt man sich selbst, in seinem Innern, dringt man immer tiefer in den Abgrund seiner selbst ein. Keine Botschaft aus dem Westen, nicht einmal die, deren Überlieferung vom Logos Gottes ausgegangen ist, wird je ein tiefes Echo in der Seele Indiens wachrufen, wenn sie nicht unter dem Gesichtspunkt des »Innen« dargeboten wird.

Gewiß kann Indien auch sehr »im Äußeren« leben. Sein Kult nimmt oft sehr äußerliche, manchmal sogar grobsinnliche Formen an. In solchen Fällen ist man darüber verwundert, daß innerlich gereinigte und vertiefte Menschen an solchen Äußerungen teilnehmen. Aber dieses innere Leben und dieser äußere Kult sind eben immer nur *līlā*, Spiel, das göttliche Spiel des Herrn in seiner Schöpfung und mit seiner Schöpfung. Indien vermag das nie ganz ernst zu nehmen. Oder vielmehr, wenn es mit Überzeugung und dem notwendigen Ernst an dem Spiel teilnimmt, bleibt es sich immer bewußt, daß es sich innerhalb von Zeit und Raum abspielt und so keinen endgültigen Wert hat.

Für den echten Hindu ist der Hinduismus undenkbar ohne eine Öffnung nach oben, ohne diese wesentliche Ausrichtung auf das transzendente Mysterium in dem er sich selbst übersteigt und zugleich vollendet. Und beruht nicht die einzigartige Größe des Hinduismus gerade auf dem Gespür dafür, daß er seine Vollendung nur in dem Schritt über sich hinaus erreicht, was seinen Geist in seiner Tiefe und in seiner Wirklichkeit weit mehr kennzeichnet als der Aberglaube und die Entartungen, worin er manchmal zu versinken droht, und zeugt das nicht von der tiefen Wahrheit, die in der Ursprungsintuition der Seher beschlossen liegt, von denen er ausgegangen ist?

Wenn Indien sich vor einem Götterbild niederwirft, weiß es, daß das Götterbild nur Stein oder Metall ist, es weiß aber auch, daß es dieser Durchgangsstation bedarf, um weiter vorzudringen. Wenn es seine Purāṇas, die traditionellen Mythen, liest, ist es durch deren Göttergeschichten nicht verwirrt. Selbst Brahmā, Viṣṇu, Śiva[4], ganz zu schweigen von den anderen Mūrtis oder Göttergestalten, existieren nur auf der Ebene der *māyā,* der Ebene der Manifestation des Herrn. Sie bestehen nur, solange das menschliche Denken und Fühlen besteht, im Leben des Einzelnen ebenso wie in der Geschichte des Universums. Jenseits hiervon ist das Brahman, das Reale und Absolute an sich, die einzige Wahrheit *(satyam),* die kein Kultakt je erreichen oder berühren, keine Askese für sich gewinnen, kein Gedanke entdecken kann.

Der spirituelle Hindu ist der, der das weiß, der *tadvid.* Aber das zu wissen bedeutet nicht einfach, es in den heiligen Schriften gelesen zu haben, oder es von den Lippen seines Guru[5] gehört zu haben noch auch imstande zu sein, gelehrt darüber zu reden. Ein wirklich geistlicher Mensch ist nur der, der diese wesentliche Überzeugung in sein Leben integriert hat und entschlossen ist, sich um jeden Preis von dieser Welt der *māyā* zu befreien. Man denke an die Perle im Evangelium; gibt man, um sie zu erwerben, auch alles her, so hat man doch im Vergleich zu ihrem Wert noch nichts gegeben. Gewiß, man fühlt sich ganz wohl in dieser Welt der *māyā.* Man verfügt über einen, für die normalen Seelenbedürfnisse geeigneten Kult, eine verlockende religiöse Bildwelt, eine Moral von vernünftiger und wohltemperierter Strenge, schließlich die Aussicht auf einen angenehmen Aufenthalt im Himmel der Götter, dem *svarga,* und gar die Aussicht, ungezählte Male auf diese Erde zurückzukehren, wenn man es wünscht. Aber der, der verstanden hat, kann sich damit nicht zufrieden geben. Er hat nur einen Wunsch, nämlich den, da herauszukommen. Dieser Wunsch brennt ihn wie ein Feuer. Er muß um jeden Preis seinen Weg zu der Wirklichkeit finden, in dem *kevala*, der endgültigen Vereinzelung, über alle Riten hinaus, über alle Symbolik und Mythologie hinaus, ja über alle im Veda[6] artikulierten und überlieferten Lehren hinaus. Ein steiler Weg ist das, ein Weg durch Nacht und Entbehrung hin zu immer abgründigeren Tiefen im Schoß des eigenen Seins:

> »denn das Ziel des Nicht-Offenbaren
> ist für Sterbliche nur schwer zu erreichen.«
>
> Bhagavad Gītā XII, 5

Bisher hatte die Seele Gott unter den vielfältigen überlieferten Formen, die in den Götterbildern der Tempel materielle Gestalt annehmen, angebetet, doch auch unter den Formen der Naturgewalten, der Sonne als Quelle von Licht und Leben, des fast immateriellen Raumes, *ākāśa*, des *prāṇa*, der zugleich Lufthauch und Lebenshauch ist. Jetzt geht ihr auf, daß Gott, das göttliche Mysterium vor allem und wesentlich Der ist – *tad* – der im Tiefsten ihrer selbst, am Ort ihres Entspringens jenseits der Zeit wohnt, als das Selbst ihres Selbst, *anima animae meae*. Das, was im Innersten eines jeden geschaffenen Wesens seinen Sitz hat, in Menschen, Tieren, Pflanzen, Sonne, Sternen ... Die eine Wirklichkeit, die eine jede ihrer Manifestationen trägt.

> »Dieser Ātman[7], dieses Selbst, ist der Ort aller Wesen.«
>
> (Bṛ. Up. 1,4,16)

> »In der Tat, das Selbst soll man anschauen, das Selbst hören, das Selbst denken, über das Selbst meditieren, o Maitreyī[8].
> Nur indem man das Selbst anschaut, hört, denkt und bewußt erfährt, erkennt man alles, was ist.«
>
> Bṛ. Up. 2,4,5

> »Es ist das Unsterbliche, es ist Brahman, es ist alles.«
>
> Bṛ. Up. 2,5,1

In diesem Augenblick begegnet die Seele Gott, und »erkennt« sie ihn – in einem inneren Zustand, der ebenso unaussprechlich und unbeschreiblich ist wie der Gott selbst, den sie entdeckt, oder vielmehr wie die Lehrer des Vedānta sagen, dessen transzendente Nichtdualität mit ihr selbst sie erkennt: *tat tvam asi:*

»das bist du.«

> »Dies ist der vierte Zustand (*turya,* der transzendente, mystische Zustand), dessen Wesen die Erfahrung seines eigenen Selbst ist, die alle Verschiedenheit aufhebt, die friedvoll, selig, ohne Zweiheit ist (*śāntam, śivam, advaitam*).«
>
> Māṇḍ. Up. 7

> Von diesem Selbst gibt es nur negative Aussagen, *neti, neti:*
>
> »Der Ātman ist nicht so und nicht so,
> er ist unfaßbar, denn man kann ihn nicht fassen;
> er ist unzerstörbar, denn er kann nicht zerstört werden;
> er ist ohne Anhaften, denn er haftet sich an nichts;
> er ist frei von Banden, unerreichbar für alle Beunruhigung und alles Leiden.«
>
> Bṛ. Up. 4,5,15

Die indische Mystik interessiert sich nicht für ein Jenseits außerhalb der Sphäre des Universums, für einen mehr oder weniger räumlich vorgestellten Himmel, wo ein Gott-König umgeben von einem Hofstaat von Engeln und Heiligen herrscht und von da aus nach Belieben in unsere Welt eingreift. Der Hindu stellt den wirklichen Gott ins Zentrum dieser Sphäre, des Universums – wenn das Wort ›stellen‹ hier erlaubt ist – in einem Jenseits, das im Gegensatz zu einem von außen erreichbaren, nur durch das Innere hindurch erreichbar und nichtsdestoweniger unaussprechlich ist. Für den spirituellen Hindu ist der wirkliche Gott aller Attribute, aller Vielheit der Formen (*rūpa*) und aller Namen (*nāma*) bloß:

sanmātra, reines Sein, *cinmātra,* reines Bewußtsein, *ānandamātra,* reine und wesenhafte Freude, der lebendige Gott, dessen Leben aufgrund seiner Einfachheit und Nähe dem Blick unseres Geistes unzugänglich ist.
Der Weise, den Indien hervorgebracht hat, lebt in der Gegenwart, er kümmert sich nicht um eine Selbstverwirklichung in einer unvorhersehbaren Zukunft. Ihm geht es um die Selbstverwirklichung in seiner ewigen Gegenwart, um die Entdeckung seines eigenen Seins in der Ewigkeit des gegenwärtigen Augenblicks.
Die Darbietung der christlichen Botschaft muß notwendigerweise vor allem diese fundamentale Gegebenheit der religiösen Intuition Indiens integrieren, wenn sie wirksam sein soll. Wir sprechen hier von der Intuition und nicht von ihren philosophischen oder theologischen Verbegrifflichungen, noch weniger von den pantheistischen Abwegen, auf die sie manchmal gerät. Sonst wird die christliche Botschaft den Hindus unvermeidlich als der niederen Ebene des *nāmarūpa,* der Welt der Namen und Formen, der Welt der Manifestation, der *māyā*[9] zugehörig erscheinen, mag sie ihren eigenen Vertretern auch noch so erhaben und wunderbar vorkommen. Sie wird sofort auf der Ebene der mythologischen Erzählungen der Purāṇas eingestuft werden. Der von ihr angebotene Kult wird auf eine Ebene mit den unzähligen Kulten, die Indien bereits kennt, gestellt werden. Ohne Zweifel wird man ihr auf ihrer eigenen Stufe eine unleugbare vorläufige Nützlichkeit zubilligen, wenigstens für die Angehörigen der Kultur, innerhalb derer sie sich entwickelt hat, so z. B. für die Menschen des Westens. Aber ihr auf der Ebene der Wirklichkeit und des Absoluten einen Wert, d. h. einen eigentlichen Heilswert zuzuschreiben, daran wird nie jemand denken. Noch weniger könnte sie als einzigartiges und wirksames Hilfsmittel für die Suche nach dieser Wirklichkeit gelten. Gewiß, die Werte des Innern fehlen in der Religion Christi nicht. Müßte man nicht vielmehr sagen, daß sie das Wesentliche an ihr darstellen? Bestand die Offenbarung Jesu nicht im

Wesentlichen in der Verinnerlichung der messianischen Erwartung des jüdischen Volkes?

– »Herr wirst Du in dieser Zeit für Israel das Reich wieder herstellen?

– Euch gebührt es nicht, Zeit oder Stunde zu wissen, die der Vater nach seiner eigenen Macht festgesetzt hat.« (Apg. 1,6,7). Belastet euch nicht mit so viel unnützen Sorgen; eins allein zählt: ihr werdet den Geist empfangen ...

– »Wer aber mich liebt, wird von meinem Vater geliebt werden, und ich werde ihn lieben und mich ihm offenbaren.« (Joh. 14,21).

– »Wenn jemand mich liebt, wird er mein Wort halten, und mein Vater wird ihn lieben, und wir werden zu ihm kommen und Wohnung bei ihm nehmen.« (Joh. 14, 23).

Diese Werte des Innern sind, Gott sei Dank, im Christentum nicht einfach latent geblieben. Durch die Jahrhunderte geht eine lange Reihe von Mystikern – von Seelen, die im Grund wohnten – von denen ein jeder seine einmalige Erfahrung mit den Mitteln ausgedrückt hat, die seine persönliche Bildung und die Kultur in der er lebte, ihm zur Verfügung stellten. Dazu kamen die Theologen. Wenn auch sie durch die göttliche Gnade in das Innere eindrangen, gelang es ihnen, soweit das Menschen möglich ist, dem Mysterium des Grundes in ihren Lehrgebäuden Raum zu gewähren. Man denke hier besonders an einen Cyrill, einen Augustinus und viele andere. Es gibt sogar mehr als einen unter ihnen, dessen Sprache, von seinen Zeitgenossen oft unverstanden, hier[10] ein Echo der Bewunderung wachrufen würde, so z. B. Johannes Scotus Eriugena, das Genie der Karolingerzeit und Zeitgenosse von Meister Śaṅkara[11], die rheinischen und flämischen Mystiker des Spätmittelalters, Ruysbroeck, Tauler, Meister Eckhart,

wie es auch um die gewagten Formulierungen bestellt sein-mag, durch die er seinen Zuhörerinnen das Unsagbare, Unfaßbare nahe zu bringen versuchte.
Diese Erfahrungen und ihre Formulierungen sind im Christentum durchaus bekannt. Sie haben vielleicht in der religiösen Entwicklung der gesamten Christenheit, einschließlich derer, die im Priester- oder Ordensleben speziell Gott geweiht sind, nicht den Einfluß gewonnen, den sie in der geistigen Entwicklung ausüben sollten, auf der intellektuellen, moralischen, theologischen oder mystischen Ebene. Der westliche Rationalismus ist immer mehr oder weniger mißtrauisch – und ängstlich – gewesen gegenüber dem Mysterium des Jenseits, besonders gegenüber dem der Innerlichkeit. Der Mittelmeermensch hat zuviel Geschmack gefunden an seiner Humanität und seinem Erdendasein, um nicht vor dem Sprung in den Abgrund zurückzuschrecken, ..., jedoch wird Gott dort allein gefunden, jenseits der wesenhaften Leere. Er fürchtet zu sehr den Verlust seiner selbst, seines Denkaktes, dessen, was er sich als seine Individualität vorstellt, der Begrenzungen und zufälligen Bestimmungen, mit denen er sich identifiziert. Dennoch findet und rettet man seine Seele nur, indem man bereit ist sie zu verlieren, wie Jesus im Evangelium sagt.
Indien kennt nicht diese Ängste am Rande des Abgrundes der Gottheit. Dafür setzt es diese Welt, die Materie, das Denken, das individuelle Bewußtsein selbst, das Denken und Leib trägt und ihnen unlöslich verhaftet bleibt, zu niedrig an. Eine Haltung, die gewiß nicht ohne Gefahren ist – aber hat es je eine Eroberung ohne Wagnisse gegeben? Was gewinnt der, der nie etwas wagt? Der Mensch hätte noch nicht das Entwicklungsstadium des Neandertalers erreicht, wenn er nie gewagt hätte, etwas aufs Spiel zu setzen. Und die Kirche selbst, wäre sie – menschlich gesprochen – ohne den Wagemut des Stephanus, des Petrus und des Paulus nicht dazu verurteilt gewesen, auf den engen Kreis der Judenchristen von Jerusalem beschränkt zu bleiben? Heute zweifelt niemand

daran, daß ihre Wagnisse von der göttlichen Vorsehung eingegeben waren. Aber damals, waren da alle gleicherweise davon überzeugt?
Indien erwartet von den christlichen Mystikern und Theologen eine Darstellung des Christentums, die die Werte des Innern betont. Sie allein werden den Hindus, die ehrlich Gott suchen, die Botschaft begehrenswert und annehmbar machen.
Dann wird auch Indien gern in das *Innere Jesu* eindringen, wie man in Frankreich zur Zeit des »grand siècle« sagte, in sein heiliges Herz, den Ort der Einheit Gottes, des Vaters Jesu, und der Menschen, seiner Brüder, in dem einen Geist.

Die Quelle der inneren Erfahrung (Auszug aus Guhāntara)[1]

Sobald die Seele die ersten Schritte der Einkehr nach Innen getan hat, begegnet sie den Zeichen des inwendig anwesenden Gottes, seinem Bild, seinem Boten, wie das Alte Testament sagen würde.
Und die Seele glaubt bisweilen die Verheißungen, die Jesus bei Johannes macht, schon in sich verwirklicht zu haben:

> »Mein Vater wird ihn lieben, und wir werden kommen und Wohnung bei ihm nehmen ... Ich werde kommen und Mahl mit dir halten.«

Für den Hindu ist das das Stadium des Saguṇa-Brahman[2], des »Gottes mit Eigenschaften«, der intensiven inneren Hingabe, der Bhakti, der Spiele Śivas, der in seiner Liebe seinen Verehrern erscheint, auch der Spiele der Gopīs (der Hirtenmädchen) und des göttlichen Gopāla[3], der Seelen und ihres Geliebten.

Schließlich kommt ein Tag, da der Gast immer innerlicher wird und von innen her die Seele ihrerseits verinnerlicht. Es ist das ein Eindringen in sich, das allmählich den Charakter eines schwindelerregenden Abstiegs in eine unterirdische Höhle, eines Verschlungenwerdens im Abgrund, annimmt. Die Seele verliert den Boden unter den Füßen. Etwas Ähnliches muß wohl im Augenblick des Todes vor sich gehen, wenn die Seele spürt, wie alles sich von ihr zurückzieht und wie sie sich von allem zurückzieht. Dann ist es als habe die Seele, als habe das Selbst keinen tragenden Grund mehr. Das ist wie ein Versinken in ein Selbst, so tief, so umnachtend und doch zugleich so einfach, so klar, das wesenhafte und ursprüngliche Selbst, und folglich weiß die Seele nicht mehr, wohin greifen, woran sich halten. Sie fühlt sich hinweggetragen gewissermaßen in ein ontologisches Jenseits ihrer selbst, wo sogar ihr Gefühl, getrennt zu existieren, schwindet.[4]
Das ist die Erfahrung des *kevala,* des Absoluten, des All-eins-Seins, die Erfahrung der unendlichen Einsamkeit Gottes, nicht der Einsamkeit mit Gott, noch der Einsamkeit in Gott, des »allein bei dem Alleinen«, des »Allein mit dem All-einen«[5], sondern des All-einen in seinem unendlichen und wesentlichen All-eins-sein. Es ist die Einsamkeit Gottes selbst.
Es ist die Erfahrung des *ekam eva advitīyam,* des Einen ohne ein Zweites, dessen, für den es keinen anderen gibt, die Erfahrung der Einheit, in der die Unterscheidung zwischen dem Erkennenden und dem Erkannten, dem Liebenden und dem Geliebten keinen Platz mehr hat ... die Nacht, von der Johannes vom Kreuz singt, Nacht der Glückseligkeit und Nacht der Agonie.

Genau in diesem Punkt scheint die fundamentale mystische Intuition der Rishis Indiens zu liegen: diese Erfahrung des Advaita, der Nicht-Zweiheit des menschlichen Selbst und des höchsten Selbst, des Ātman und des Brahman.[6] Von solcher Art ist diese Erfahrung, daß der menschliche Geist, wenn er versucht, sie zu reflektieren und auf einen Begriff zu bringen, in seinem Begreifen erfährt, wie sie sich vor seinem Blick in nichts auflöst.

> Das Brahman erschien den *devas*[7], erzählt die Kena Upanishad, aber diese erkannten es nicht. Sie fragten einander: »Was ist *Das* da?« Sie wandten sich an Indra: »Du, der Größte unter uns, versuche zu entdecken, was *Das* ist.« Indra eilte auf *Das* zu, und es entschwand ...

Daß es in der Verbegrifflichung dieser Erfahrung Irrtümer gibt, daß auf dem Wege zu ihr Illusionen lauern, daß Bhaktas diese Realisation mit pathologischen Trancezuständen verwechseln, daß Yogis die durch Übung bewirkte Unterdrükkung des diskursiven Denkens schon für den unaussprechlichen Zustand selbst halten, – kann das alles die Größe des Ideals, das von der alten geistlichen Tradition des Hinduismus den Gott Suchenden und Freunden Gottes angeboten wird, vergessen lassen?
In der Terminologie der hinduistischen Mystik heißt diese Erfahrung *samādhi*. Solange sie noch vorübergehend und mit der Aufhebung der Sinnestätigkeit verbunden ist, handelt es sich um *nirvikalpa samādhi.* Wenn sie zu einer bleibenden, ganz »natürlichen« Erfahrung geworden ist, heißt sie *sahaja-samādhi,* d. h. der konnaturale (wörtlich, der mitgeborene), ursprüngliche Zustand, in dem es keine Geburt und keinen Tod gibt.
Dieser Zustand ist mit dem Sein selbst identisch. Er ist Friede, Todlosigkeit, Furchtlosigkeit, Alterslosigkeit. Er ist der höchste Zustand, der jenseitige Zustand, das *turīya* der Māṇḍūkya Upanishad.[8]
Wer in *sahaja* eingetreten ist, ist ein *jīvanmukta,* ein Befreiter, ein Lebendig-Erlöster geworden. Obwohl er noch im Fleische weilt, hat er alle Bande des Fleisches, ja selbst alle Bande des Denkens und des Verstandes zerrissen, er entgeht aller Knechtschaft. Von nun an ist er sich voll bewußt, daß

sein Sein sich in seinem »Seelenfunken«, dem Ātman, dem Selbst, vollzieht, unzugänglich für jegliche Begrenzung durch die Zeit und die Lebensumstände.
Besteht nicht analog, nach Paulus, die Stellung des Christen in dieser Welt darin, daß er schon in diesem Leben ein Auferstandener ist, mag das auch noch so paradox klingen? Sind wir nicht durch unsere Taufe schon »in Christus auferstanden«[9], und »vom Tode befreit«?[10] Ist nicht ein jeder von uns, in dem Maß, in dem wir von uns aus weder Hindernisse in den Weg legen noch uns verweigern, zur vollen Entfaltung des neuen Seins der vorweggenommenen Auferstehung berufen, die man »verwandelnde Vereinigung« nennt?
Die gesamte hinduistische Tradition verherrlicht diesen Zustand des Lebendigerlösten *(jīvanmukta)*. Weilt dieser auch noch aufgrund seines *karma* bzw. Schicksals oder im Dienst einer gottgewollten Sendung in dieser Welt, so lebt er doch in ihr so, als gehöre er nicht mehr wirklich dazu. Oder vielmehr, er ist in ihr wie Gott selbst, überall gegenwärtig, bis auf den Grund eines jeden Dinges, aber zugleich frei und souverän, Herr von allem, über allem weilend.

> »Frei von Egoismus und Selbstsucht,
> gleichmütig in Leid und Freude und geduldig ...
> stets zufrieden, selbstbezähmt und unerschütterlichen Entschlusses ...
> frei von Freude und Zorn, Furcht und Aufregung ...,
> der nichts erwartet, ... weder trauert noch begehrt, ...
> der gegenüber Feind und Freund sich gleich verhält,
> auch gegenüber guter und schlechter Nachrede,
> der in Kälte und Hitze, Freude und Schmerz derselbe bleibt, ...
> frei von Anhänglichkeit ...,
> Der Tadel und Lob für gleich hält,
> der schweigsam ist, der sich mit allem begnügt ...[11]
> Wenn die Seele nicht mehr an äußeren Berührungen haftet,

findet man jenes Glück, das im Selbst ist[12].
Der das Glück in sich findet, seine Freude in sich findet
und ebenso sein Licht nur in sich findet,
dieser Yogin wird göttlich und gelangt zur Seligkeit
Gottes (*brahma-nirvāṇa*).«[13]

In Īśvara, den höchsten Herrn, den Herrn der Welt, eingegangen, ist er selbst in gewisser Weise Herr der Welt geworden. Sein äußeres Verhalten ist nur noch die äußerlich an ihm sich vollziehende Manifestation des Geistes, in den er eingegangen ist. Welcher Christ dächte hier nicht an bestimmte Sätze des heiligen Paulus:

»Wer dem Herrn anhangt, wird ein Geist mit ihm.«
1. Kor. 6,17.

»Alle, die vom Geist Gottes angetrieben werden, sind Söhne Gottes.« Röm. 8,14.

Er hat gewissermaßen die Grenzen seines Leibes, seines Denkens und selbst seines individualisierenden Bewußtseins überschritten. Wer in der Tat gespürt hat, daß er ist, wer die Erfahrung des Seins gemacht hat, wie könnte der sich noch in den Grenzen aufhalten und zurückhalten, innerhalb derer das Sein sich in ihm manifestiert? Er betrachtet, sagt ferner die Bhagavad-Gītā, den Ātman aller Wesen als seinen eigenen Ātman, das Selbst eines jeden Wesens als sein eigenes: Ist Gott nicht überall in Sich?

»Er, dessen Selbst durch Yoga in Einklang gebracht ist,
sieht das Selbst in allen Wesen wohnen
und alle Wesen im Selbst;
überall sieht er dasselbe.[14]
Wer mich überall sieht und alles in mir sieht, ...
lebt in mir, auf welche Weise er auch immer tätig sein
mag.«[15]

Gemäß dem gewagten Bild der Tradition hat er die Knoten des Herzens, *hṛdaya-granthi,* zu trennen, die Knoten durch welche sich das Selbst, das innerste Ich, auf der Ebene der Sinne und des Verstandes an die verschiedenen Manifestationen seines Seins gebunden hat.

> »Wenn alle Knoten des Herzens zerreißen, wird der Sterbliche unsterblich.«[16]
> »Wenn der Weise das Gute und das Böse abwirft, gelangt er ohne Makel zur höchsten Einheit.«[17]
> »Ist das Selbst erkannt in seiner Einzigkeit,
> im Innern wie im Äußern,
> ebenso klar, wie der Unwissende die Welt erkennt,
> so ist der Knoten des Herzens zertrennt.«
>
> heißt es in der Sri Ramana Gita.

Der physische Tod wird für ihn nicht mehr denselben Sinn haben wie für die Sterblichen, denn er ist nicht mehr sterblich[18]. Sein Leib wird zweifellos sein *prārabdha karma,* den Restbestand der Folgen der Handlungen eines früheren Lebens zu Ende führen, das heißt, seine Bewegung wird weitergehen wie eine Maschine nach Abschalten des Motors noch eine zeitlang weiter läuft. Sein Leib wird – wenn man in Anpassung an die üblichen Kategorien der menschlichen Sprache noch von »sein« sprechen kann – danach aufhören zu leben. Aber er wird nicht sterben. Was könnte Sterben noch für ihn bedeuten? Er wird einfach aus einem *jīvanmukta,* einem Befreiten im Leibe, zu einem *videhamukta,* einem Befreiten ohne Leib. Er wird für immer bleiben was er für ewig ist.[19] Außerhalb der Offenbarung des Herrn Jesus war es, wie uns scheint, schwer, tiefer in das innerste Geheimnis Gottes und des Menschen einzudringen, als die Rishis[20] Indiens taten. Selbst wenn man Fälle des Scheiterns, der Illusion und des Hochmutes zugibt, so bleibt doch gültig, daß viele Spirituelle Indiens in den Grund ihrer selbst, mitten in dieses Geheimnis, eingedrungen sind, daß sie den Ort des Seins jenseits von Erkennen und Nichterkennen, *na-prajñā, na-aprajñā,* jenseits von Denken und Nichtdenken, erreicht haben.

Wer kann da Einlaß gewähren außer Gott selbst? Denn es ist der Ort Gottes, die Seinsebene, die sich der Teilhabe entzieht, zu der wir uns aber dennoch durch die Offenbarung gerufen wissen. Keiner kann Gott schauen, außer dem Sohn Gottes der selbst Gott ist, und die, denen er an seiner Gottessohnschaft Anteil gegeben hat. Zweifellos konnten solche Höhepunkte nur mit Hilfe einer freien Gnadengabe des Herrn erreicht werden, der sich der Rishis der Vorzeit bedient hat, um der geistlichen Dynamik Indiens für immer ihre Orientierung zu geben und der weiterhin insgeheim alle die an sich zieht, zum Selbst zieht, die sich auf den Spuren jener ehrlich und mit ganzer Seele auf die Suche nach dem Einen begeben: *kevala-brahma-mātra.* Denkt man nicht unwillkürlich: Hier ist der Geist Gottes schon am Werk, *subministrans* (Phil. 1,19), indem er mit seinen »unaussprechlichen Seufzern« nach der Erfüllung des göttlichen Mysteriums, der Offenbarung der Gottessohnschaft, in diesen Seelen ruft ...
»Der Geist, der alles erfüllt und alles zerstreut mit Kraft und Milde«, wie die Weisheitsüberlieferung der Bibel sagt (Weish. 8),
»der reine Geist, der sich in allem ausbreitet und im Herzen aller Wesen wohnt«, gemäß der Vedāntatradition (Śaṅkara, Upadeśasāhasrī II, 1).
Um weiter fortzuschreiten, konnte die rein innerliche Offenbarung des Geistes nicht genügen. »Er wird euch alles lehren«, sagt Jesus in der Tat, »aber zuvor wird er euch an alles erinnern, was ich euch gesagt habe.« (Joh. 14,26). Zuvor muß man von Christus die höchste Offenbarung vernommen haben: die Offenbarung des Vaters, »den keiner gesehen hat, es sei denn der, der im Schoß des Vaters ist« und der auf Erden erschienen ist, um von ihm zu uns zu sprechen. (Joh. 1,18). Die christliche Überlieferung hält daran fest, daß es keine mystische Vermählung (den höchsten mystischen Zustand) gibt ohne ein Bewußtwerden des Mysteriums der göttlichen Personen. Trotz ihrer unleugbaren Ähnlichkeiten und Verwandtschaft wäre es darum voreilig, den Zustand des *jīvan-*

mukta und den der verwandelnden Vereinigung als gleichwertig zu betrachten. Die mystische Erfahrung des Christen muß auf ihrem Höhepunkt hinausgehen über das *kevala*, die Abgeschiedenheit des Seins, über das *ekam eva advitīyam*, die Nicht-Zweiheit des Seins. Sie ist »trans-advaitisch«, wenn man so sagen darf.

Der Christ, der in sich selbst hinabgestiegen ist bis zum Grund und zur Quelle seines Seins, fühlt und entdeckt zunächst seine geheimnisvolle »Einheit« mit Gott, nicht anders als der Advaitin, sein Bruder. Aber jenseits hiervon, in jenem äußersten Augenblick, der ihm die Ewigkeit eröffnet, erkennt er sich als ausgehend vom Vater im eingeborenen Sohn. Auf der Schwelle seines All-ein-seins im göttlichen Alleinsein erwacht er zu einer Neuheit, die zugleich jenseits und innerlich ist. »Der Herr sprach zu mir: Mein Sohn bist du; heute habe ich dich gezeugt«, singt der Christ zu Weihnachten mit Christus. »Ich erwache und bin noch immer bei Dir«, singt der Christ von neuem mit Christus zu Ostern. Er erwacht im ewigen Erwachen des Logos zum Vater, geboren von ihm in der Nicht-Zweiheit der Natur und der Nicht-Einheit der Person. Der Geist – Einer in Wesen und Person – hat sich geoffenbart als die aus den Zweien hervorgegangene Einheit, als der Nicht-Zwei, hervorgegangen aus dem Nicht-Einen. Indem er zum Vater zurückführt, schließt er den Kreis der Gottheit, den Kreis des Seins.

Doch wenn die Erfahrung der Nicht-Zweiheit und des Seins schon so unsagbar ist, wer vermöchte dann diese Erfahrung des Jenseits vom Jenseits, diese Auflösung, diese »Spaltung« des unteilbaren Atoms[21] auszudrücken und zu qualifizieren? Da, wo jede Zahl transzendiert ist, wo Nicht-Zweiheit und Nicht-Einheit, *advaita* und *aneka*, einander nicht mehr widersprechen ...

III. Upanishaden

> ... Die Upanishaden sind das wortgewordene Mysterium, nicht eine vorgegebene Lehre, die den Intellekt befriedigt, sondern Lichtblitze.
> Eine Tür für den, der weiß, ein Hindernis für den, der nicht weiß.
>
> Tagebuch, 30.5.1972

Die Upanishaden bilden den abschließenden philosophischen Teil der Veden. Sie überliefern uns die Meditationen der Weisen und die Lehren der Meister über die Grundprobleme des Seins, des Werdens, der Vielzahl der Dinge, über das Leben, das Bewußtsein, den Ursprung, den Grund und das Ziel des Daseins usw.

> »Was ist es, Ehrwürdiger, durch dessen Erkenntnis alles was ist erkannt wird?« Muṇḍ. Up. 1,1,3

Das Wort »Upanishad« muß ursprünglich bedeutet haben: geheimniserfüllte Entsprechungen oder Wechselbeziehungen. Tatsächlich schreitet die Upanishadenlehre für gewöhnlich von Entsprechung zu Entsprechung fort: im Kosmos, im menschlichen Körper und im Geist, bis man schließlich die höchsten »Entsprechungen« entdeckt, die den Schlüssel zu allem bieten, nämlich die vier *mahāvākyas* oder »großen Sätze«, die folgendermaßen lauten:

> *aham brahma-asmi:* Ich bin Brahman. (Bṛ. Up. 1,4,10)
>
> *tat tvam asi:* Das bis Du. (Chānd. Up. 6,8,7)
>
> *ayam ātmā brahma:* Dieser Ātman ist Brahman. (Māṇḍ. Up. 2)
>
> *prajñānam brahma:* Brahman ist Erkenntnis. (Ait. Up. 5,3)[1]

... Die großen Upanishaden sind ein bevorzugtes Moment in der Entwicklung des menschlichen Bewußtseins. Sie lösen sich vom Ritus und von der Magie. Es ist das Erwachen in seiner ganzen Schönheit.
... Die Upanishaden sind ein bevorzugtes Moment in dem Strom des indischen Denkens zwischen der vedisch-brahmanischen Epoche und der Entstehung des Buddhismus[2] und den jüngeren Upanishaden (Maitrī, Śvetāśvatara). Man muß ihre Wahrheit erfahren haben. Keine objektiven Erkenntnisse werden hier vermittelt, sondern eine Reihe von Parabeln, von Entsprechungen, die alles in die Luft sprengen. Der Guru gibt, im Glauben an die Schriften, nur diese Parabeln, diese Zeichen weiter. Die Explosion muß im Herzen des Schülers selbst entstehen. Wenn der Glanz (*tejas*)[3] zu stark ist ...

Brief an M. C. 13.6.1972

... Ich hatte die Gnade, Sri Ramana Maharshi und Sri Gñānānanda[4] zu begegnen, und wirklich habe ich zu ihren Füßen etwas von den Upanishaden verstanden; dieses Buch bleibt versiegelt, wenn man nicht von einem »Erwachten« darin eingeweiht wird. Aber wie kann man darüber sprechen? Es brauchte einen Meister, der durch die umwerfende Konfrontation des Evangeliums mit der advaitischen Erfahrung hindurchgegangen ist und sie überstiegen hat.

Brief an O. B. 24.8.1969

1. Die Upanishaden und die Advaita-Erfahrung[1]

Ich wurde gebeten, eine Art Einführung oder Initiation in das upanishadische Gebet oder »Gebet des Advaita« zu geben. Genau genommen handelt es sich dabei um eine unmögliche Aufgabe, und zwar aus zwei fundamentalen Gründen.
Zunächst gibt es nichts derartiges, was man das »Gebet des

Advaitin« nennen könnte. Da Advaita, die Nichtdualität, den Kern der upanishadischen Lehre[2] ausmacht, bleibt bei dem, der die Wahrheit der Upanishaden erfahren hat, kein Platz mehr für irgendein *Gebet*. Die Entsprechung zu dem, was man im Abendland »Gotteserfahrung« nennt, hat im Kontext der Upanishaden nichts zu tun mit irgendeinem Gottesbegriff. Denn die Dualität, die allein es dem Menschen erlaubt, sich Gott gegenüber zu stellen, ist in der verzehrenden Begegnung mit der Wirklichkeit, dem *sat*, verschwunden.

Der zweite Grund, der denjenigen in Verlegenheit bringt, der über die Upanishaden sprechen soll, ist der folgende: Die upanishadische Lehre kann nicht in Formulierungen, Begriffen oder Thesen eingefangen werden, die mitgeteilt, d. h. gelehrt und gelernt werden können. Die upanishadischen Formulierungen haben keine andere Funktion als zu einer *Erfahrung* zu führen, eine Erfahrung, die weder Gebet noch Meditation oder Kontemplation im üblichen Sinn dieser Begriffe genannt werden kann. Es ist eine Art der Bewußtwerdung, der Mensch wird in einen neuen Bewußtseinszustand erhoben, jenseits der Reichweite seiner Sinne, sowohl seines Gesichts- und Gehörsinnes, wie auch seiner Denkfähigkeit.

> »Dort reicht das Auge nicht hin,
> noch das Wort, noch das Denken.
> Wir wissen nicht, wir verstehen nicht,
> wie man es lehren kann.
>
> Anders als das Bekannte
> und viel mehr jenseits des Unbekannten –
> so haben wir es von den Alten gehört,
> die es uns erklärt haben.« Kena Up. 1,3

Weitergabe und Empfang der Lehre

Die Lehre der Upanishaden ist ein Geheimnis, und kein Geheimnis kann allein mittels der Worte kommuniziert werden.

Gewiß verlangt ihre Weitergabe die Verwendung von Worten, aber ihre Wirksamkeit besteht nicht so sehr in ihnen selbst als in der »Aura«, die ihr Ausgesprochenwerden begleitet. Die Worte besitzen sozusagen nur eine vorbereitende Funktion. Ihre unmittelbare Aufgabe besteht darin, den Geist des Schülers mit dem Herzen des Guru[3] in Einklang zu bringen und alle begrenzenden Kategorien zu zerbrechen, in denen sein Verstand gebunden ist, um sein Herz dem inneren Licht zu öffnen, dessen er sich noch nicht bewußt geworden ist.

Die upanishadische Lehre der Nichtdualität kann nur in der Intimität der Guru-Schüler-Beziehung vermittelt werden, einer Beziehung, die gewissermaßen schon nicht-dual, d. h. advaitisch ist.

> »Vielen ist es nicht gegeben dies zu hören,
> viele, die es hören, verstehen es nicht.
> Bewunderungswürdig ist der es verkünden kann,
> bewundernswert der Wissende, der von einem Erfahrenen belehrt wurde!« Kaṭha Up. 2,7
>
> »Um dieses Wissen zu erlangen
> soll der Suchende mit Brennholz in der Hand[4]
> zu einem Guru gehen, der die Schriften
> kennt und der im Brahman feststeht.[5]
> Denjenigen, der sich ihm auf die rechte Weise genähert hat,
> dessen Geist ruhig ist und der im Frieden ist,
> unterweist der Weise in aller Wahrheit
> in der Erkenntnis des Brahman,
> durch die man den Unvergänglichen erkennt,
> den Puruṣa[6], das Wahre.« Muṇḍ. Up. 1, 2, 12-13

Wie dieser Text hervorhebt, ist nicht jeder qualifiziert, diese geheime Unterweisung zu erteilen. Der Guru ist nicht einfach ein intellektueller Gelehrter, ein Kenner der Schriften, obwohl er ein vertieftes Wissen von ihnen besitzen muß: er ist *śrotriya,* aber darüber hinaus muß er »in Brahman feststehthen«, er muß *brahma-niṣṭha* sein, d. h. er muß selbst in der Tiefe seines Herzens dieses innere Licht entdeckt haben – *āt-mabuddhi-prakāśam* – »das im Innersten seines Seins leuchtet«, das innen wie außen leuchtet und das alle Dinge im Glanz des Ātman, des Selbst, leuchten läßt.

> »Dort scheint nicht die Sonne, noch Mond und Sterne,
> dort leuchtet nicht der Blitz, noch dieses Feuer!
> Wo Er scheint, scheint alles Ihm nach,
> die ganze Welt ist erleuchtet von seinem Glanz!«
>
> Muṇḍ. Up. 2,2,11

Keine Initiation, keine äußere *dīkṣā* kann das Recht verleihen, sich Guru zu nennen und als solcher zu handeln, denn die »Erkenntnis des Brahman« (*brahmavidyā*) kann nicht durch menschliche Mittel weitergegeben werden:

> »Das Selbst (Ātman) kann nicht durch Belehrung
> noch durch den Intellekt oder viel Wissen erlangt werden.
> Nur wen Er erwählt kann Ihn erlangen.«
>
> Kaṭha Up. 2,23

Dieser Weise ist selbsterleuchtet: »Er wird selbst Licht« (*svayaṃ jyotir bhavati,* Bṛ. Up. 4,3,9). Die Voraussetzungen für die Erlangung der »Erkenntnis des Brahman«, die von dem Schüler (*chela*) verlangt werden, sind nicht weniger streng als für den Guru, und es heißt sogar, daß es schwerer ist, einen wahren Schüler zu finden als einen wahren Guru. Um in heutigen Bildern zu sprechen, der stärkste Sender einer Radiostation kann nicht eingefangen werden ohne einen entsprechenden Empfänger mit der gleichen Wellenlänge. Als der junge Naciketas, der Held der Kaṭha Upanishad, Yama, den Gott des Todes über den Zustand des Menschen nach dem Tod fragt, beginnt Yama damit, seine Ehrlichkeit auf die Probe zu stellen, indem er ihn mit allen möglichen Verlokkungen dieser Welt versucht. Er ist erst bereit, ihm das große Geheimnis zu offenbaren, als der junge Mann bewiesen hatte,

daß er dieses Wissen über alle weltlichen Freuden und selbst über das längste Leben stellt. In der Praśna Upanishad verlangt der Pippalāda von Bharadvāja und seinen Begleitern, daß sie zuerst ein Jahr mit ihm in *tapas* (Askese), *brahmacarya* (Keuschheit) und *śraddhā* (Glaube) verbringen, bevor sie ihn über das höchste Brahman befragen dürfen.[7]
In der Chāndogya Upanishad (8,7 ff.) läßt Prajāpati[8] seinen eigenen Sohn Indra, den König der *devas*[9] nur unter der Bedingung zu der Unterweisung zu, daß er zuerst ein Noviziat von dreißig Jahren durchmacht. Als diese Periode beendet war, muß Indra erleben, daß sie noch öfter verlängert wird, und am Ende offenbart ihm Prajāpati das höchste Wissen erst nach hundertundein Jahren.

> »Wahrlich, ein Vater kann dieses heilige Wissen (Brahman)
> nur seinem ältesten Sohn oder einem würdigen Schüler weitergeben, aber keinem anderen.
> Selbst wenn man ihm diese von Wassern umgebene
> und von Schätzen erfüllte (Erde) anbieten würde
> (sollte er sagen): Dieses (Geheimnis) ist mehr als all das!«
>
> Chānd. Up. 3,11,5–6. (cf. Śvet. Up. 6,22–23)

Mit Ausnahme des Wunsches nach Befreiung (*mumukṣutvam*)[10], der identisch ist mit dem Wunsch nach dem heiligen Wissen, sollen alle Wünsche aus dem Herzen des Schülers verschwunden sein: Die Wünsche nach Bücherwissen, nach Besitz, nach den Freuden dieser Welt und selbst der Wunsch nach der sogenannten spirituellen Erfahrung oder der Wunsch, Gott zu besitzen und die Süßigkeit seiner Liebe hier oder im Jenseits zu genießen. All das, auch der *svarga,* das Paradies der *devas,* ist vergänglich, an eine Zeit gebunden.

> »Das Unvergängliche kann nicht mit
> dem Vergänglichen erreicht werden.«
>
> Kaṭha Up. 2,10

»... noch das Ungeschaffene durch
das Geschaffene.« Muṇḍ. Up. 1,2,12

Die »Ausbildung«, die der Guru gewährt, hat nur zum Ziel, den Schüler »von allen Wünschen seines Herzens« zu befreien (Bṛ. Up. 4,4,7), »die Knoten des Herzens zu lösen« (Muṇḍ. Up. 2,2,9; Kaṭha Up. 6,15).[11]
Dann kommt eines Tages der Augenblick, wenn der Jünger »erwacht«. Dies bedeutet nicht etwa, daß er die Lehre seines Guru intellektuell verstanden und angenommen hat. Nein, er erwacht einfach zu dem was jenseits der Worte, der Gedanken und der Namen ist. Wenn ein Mensch schläft, kann ein anderer ihn aufwecken, indem er ihn mit lauter Stimme ruft oder berührt, doch ist es weder die Stimme noch die Berührung, die diese wunderbare Wahrnehmung seiner selbst und der Außenwelt verursacht, die den Wachzustand kennzeichnet. Dieser vollkommen wache Bewußtseinszustand, der dem Menschen als sein Geburtsrecht zusteht, ist keimhaft in seiner eigenen Natur und Person angelegt und niemand vermag ihn zu geben. Es ist einfach so: *etad vai tat*, »dieses, eben dieses« (Kaṭha Up. 4).

Das Erwachen

Die Erfahrung, zu der die upanishadischen Rishis den Menschen einladen, ist einem solchen Erwachen zu vergleichen, obwohl es um etwas geht, das jenseits liegt.

»Es wird in einem Erwachen erkannt.«[12]
»Es ist wie ein Blitz, der aufleuchtet,
man ruft ›ah!‹ und schließt die Augen.«[13]

Der Wachzustand (*jāgrat*) ist zweifellos den Zuständen des Traumschlafes (*svapna*) und des Tiefschlafes (*suṣupti*) überlegen – jene drei Zustände des menschlichen Bewußtseins, über die die upanishadischen Seher so gerne ihre Schüler meditieren ließen (Bṛ. Up. 4,3; Māṇḍ. Up.). Doch ist dieser Wachzustand weit davon entfernt, ein idealer Zustand und einzige Quelle der Freude, der Erfüllung und der Befriedigung für den Menschen zu sein (vgl. die Betrachtungen von Indra über dieses Thema in Chānd. Up. 8,8 und 9). Er ist unzähligen Bedingungen und Begrenzungen unterworfen, d. h. er ist dem Zustand des *saṃsāra*[14] verhaftet – das in-der-Welt-Sein und von ihr abhängen –, ein unerträglicher Zustand für denjenigen, der, in der buddhistischen oder hinduistischen Tradition, die Freiheit und Befreiung anstrebt.

Im Wachzustand ist mein Ichbewußtsein offensichtlich an die Handlungen meines Geistes und meines Körpers gebunden – und daher begrenzt – durch deren Vermittlung ich mir meiner selbst und meines Seins bewußt werde. Mein Friede, mein Glück, sind bedingt durch diese Ereignisse meines Lebens, sowohl durch das, was sich außen zuträgt und was ich durch meine Sinne aufnehme, wie durch alles, was sich in mir abspielt, wie auch durch die unbewußten Tätigkeiten der Psyche, die die moderne Psychologie aufgedeckt hat. Wenn es schön ist, bin ich glücklich, wenn ich Zahnweh habe, leide ich. Wenn ich gute Nachrichten erhalte, bin ich freudig erregt, wenn ich schlechte erhalte, bin ich niedergedrückt. Von daher kommt diese Furcht, die meinem ganzen Dasein zugrunde liegt: *bhayam,* eines der Schlüsselworte der Upanishaden, das etwa mit der »Angst« des Existentialismus vergleichbar ist; letztlich die Angst vor dem Tod und vor dem ganzen Prozeß des Alterns und des Zerfalles, der im Tod gipfelt, das *sarvaṃ duḥkham,* »alles ist Leiden«, des Buddhismus und Yoga.

Um diese Angst und diese tiefe Unsicherheit der menschlichen Situation zu überwinden, hat der Mensch im Lauf seiner Geschichte verschiedene Wege versucht, von denen die folgenden die drei wichtigsten sind:

Zunächst gibt es den religiösen Weg mit all seinen Abarten, angefangen vom primitivsten Kult der personifizierten kosmischen Kräfte und der Geister bis hin zu den spirituellen

Höhen des Christentums mit seinem Glauben an die Auferstehung und das ewige Leben.
Dann gibt es den Weg der Philosophie. Die Philosophie betrachtet allen Trost der Religion und die Hoffnung auf ein Jenseits, auf eine Ewigkeit, wo alles gerecht vergolten und kompensiert wird, als bloße Mythen. Sie betrachtet die Freude, das Leid und alle Ereignisse des Lebens als »Ideen« und stellt ihnen andere Ideen gegenüber – wir können hier etwa an die Stoiker denken. Alles ist Gegenstand für das Denken und Sache des Willens. Wenn wir unsere Gedanken und unsere Entscheidungen meistern, werden wir Herr über unser Schicksal.
Schließlich gibt es den Weisen – nach oder jenseits des Heiligen, des religiösen Menschen, und des Philosophen. Der Weise hält den Trost der Philosophie für ebenso äußerlich wie den Trost der Religion und er weiß, daß beide nicht den Kern des Problems treffen, denn er hat *erfahren,* und nicht nur sich vorgestellt oder gedacht, daß es eine Ebene des Seins, der Wirklichkeit, des Selbst gibt, wo er jenseits aller Gegensatzpaare *(dvandva)* von Sicherheit-Unsicherheit *(abhayam, bhayam),* Leben-Tod *(mṛtyu, amṛtam)* usw., ist.
Drei große Traditionen sind Zeugen dieser Intuition, die upanishadische, buddhistische und taoistische. Ihre Formulierungen mögen verschieden sein, da jede Formulierung unweigerlich von der kulturellen und sprachlichen Umwelt geprägt ist, aber ihre grundlegende Erfahrung ist identisch.
Leiden, Schmerz, Freude, Alter, Geburt und Tod, all dies gehört der Ebene der Erscheinungen an, ohne jedoch deshalb bloße Vorstellung oder Illusion zu sein; alle diese Dinge sind gewiß wahr, aber auf der ihnen eigenen Ebene. Es gibt jedoch im Menschen eine andere Ebene, die des Absoluten, des Bleibenden. Doch bleibt diese Ebene jenseits der Reichweite der Sinne und des Erkennens, man kann sie nicht mit Hilfe irgendeiner Praxis – ob rituell oder asketisch – noch durch irgendeine intellektuelle Fähigkeit erreichen. Man kann sie nur *erfahren.* »*Es ist*«, ganz einfach.

»Man kann ihn nicht mit dem Wort
noch mit dem Denken, noch mit dem Auge erreichen.
Wie kann man ihn anders begreifen
als wenn man sagt: »Er ist« (*asti*)?«[15]

Kaṭha Up. 6,12

Das ist das grundlegende Wesen des Menschen, das »mit ihm geboren ist«, ihm angeboren (*sahaja*), wie Ramana Maharshi immer wieder zu sagen pflegte. Zu dieser Wahrheit, zu dieser wahrsten Ebene seiner selbst kann der Mensch nur erwachen. Dieses Erwachen ist, wie wir oben gesehen haben, einem Blitzstrahl[16] vergleichbar. Brahman ist vorübergegangen und seine Berührung hat den Menschen als ganzen verwandelt, angefangen von seiner innersten Tiefe. Doch bleibt dieses Erwachen den Sinnen und dem Denken verborgen, es offenbart sich höchstens durch einen bestimmten »Geschmack«, der undefinierbar ist, dessen Gegenwart in allem erfahren wird, über den man aber nichts sagen oder denken kann.

»Von dort kehren die Worte und Gedanken um,
ohne es je zu erreichen –
wer diese Seligkeit Brahmans kennt
hat keine Furcht mehr.« Taitt. Up. 2,9

Wenn er das Selbst entdeckt hat, findet sich der Mensch in der Welt des Brahman, in der Welt des Absoluten.

»Der Ātman[17] ist die Brücke (*setu*), die die beiden Welten auseinanderhält. Weder Tag noch Nacht überschreiten diese Brücke, weder Alter noch Tod noch Leiden, weder gute Tat noch böse Tat überschreiten diese Brücke ... Wenn man sie überschreitet, wird die Nacht hell wie der Tag, denn die Welt des Brahman ist immer erleuchtet.« Chānd. Up. 8,4,1–2

Dieselbe Upanishad erklärt einige Zeilen weiter, was diese Befreiung von der Abhängigkeit vom Körper bedeutet, die nicht mit dem physischen Tod verwechselt werden darf, obwohl sie ihn letztlich einschließt.

»Dieser Verklärte [die Verklärung dessen, der die Transparenz und die vollkommene Ruhe seines wesentlichen Seins erlangt hat] erhebt sich aus diesem Körper, er erreicht das höchste Licht,
und erscheint in seiner eigenen Form.
Dieser ist der höchste Puruṣa (die höchste Person),
das Selbst, das Unsterbliche, Furchtlose,
er ist das Brahman.
Wahrlich, der Name dieses Brahman ist die Wahrheit.«
Chānd. Up. 8,3,4 und 8,12,3

Manchen Materialisten und vielleicht mehr noch, manchen Menschen, die der religiösen Tradition des Abendlandes angehören, mag all dies nur wie ein Mythos oder menschliche Einbildung erscheinen. Und doch, es *ist, asti.* Es ist die Wahrheit: *tad etad satyam,* wie es der Rishi der Muṇḍaka Upanishad mit der Überzeugung des Wissenden wiederholt, dessen, der über den lacht, der es nicht weiß, obwohl er meint es zu wissen, ebenso wie ein Matrose über einen Berghirten lacht, der behauptet, es gebe kein Meer.

»Diejenigen, die inmitten der Unwissenheit wandeln
und sich selbst für weise und gelehrt halten,
diese Verblendeten irren umher
wie Blinde, die von einem Blinden geführt werden.«
Kaṭha Up. 2,5

Und doch kann der Weise die Wahrheit seiner Worte nicht beweisen, ebenso wie der Christ die Auferstehung Christi nicht rational beweisen kann. Die Zeugen bezeugen, daß sie gesehen haben, nun gut, das ist eine Angelegenheit zwischen ihnen und ihm. Solange er mir nicht erschienen ist, hat ihre Behauptung für mich nicht mehr Bedeutung als die Behauptung der Frauen am Ostermorgen für die Apostel. Das bedeutet gewiß nicht, daß ich ihn mit meinen Sinnen oder mit meiner Vorstellung sehen muß; er erscheint mir in meinem Glauben. Erst in dem Augenblick, wenn ich zu ihm sage »mein

Herr und mein Gott«, wird seine Auferstehung für mich Wahrheit *(satyam)*.

Hier kann man dasselbe sagen. Die erste Aufforderung zum Glauben besteht im Zeugnis der heiligen Schriften und des Guru. Aber es kommt der Tag, wenn der Glaube direkt wird, wenn er seine Erfüllung in der unmittelbaren Erfahrung findet *(aparokṣa-dṛṣṭi, sākṣāt-kāra)*. Es erinnert uns an die Worte der Samariter zu der Frau, die sie zu Jesus geführt hatte:

> »Wir glauben nicht mehr aufgrund deiner Rede, wir haben ihn selber gehört und wissen, daß dieser wahrhaft der Erlöser der Welt ist.« (Joh. 4,42)

Die Augen der Seele sind nun weit geöffnet: Sie betrachten das »große Licht«, das die Finsternis überwunden hat, wie es Isaias sagte (9,1):

> »Das Volk, das im Finstern wandelte,
> hat ein großes Licht gesehen,
> über die Bewohner des Landes,
> die in Finsternis und Todesschatten sitzen,
> ist ein Licht erstrahlt.«

Diese Vision hatte lange vor Isaias schon die vedischen Rishis in Ekstase versetzt:

> »Ich kenne ihn, den großen Purusha[18]
> von der Farbe der Sonne, jenseits der Finsternis.
> Wer ihn kennt überwindet den Tod,
> kein anderer Weg führt zum Ziel.«
> V. S. 31,18; Śvet. Up. 3,8

Die Suche nach dem Selbst

An diesem Punkt unserer Ausführungen scheint es mir sinnvoll, eine psychologische Annäherung an diese Erfahrung zu versuchen, eine Methode, die viel mit der praktischen Unterweisung Sri Ramana Maharshis gemeinsam hat. Was immer für eine Frage man ihm stellte, ob praktisch oder theoretisch, Ramana Maharshi antwortete unweigerlich mit einer Gegenfrage: »Wer bist du, der du diese Frage stellst? Entdecke denjenigen, das Ich, das diese Frage stellt, das ist die Antwort auf deine Frage.« – »Meister, ich möchte meditieren, Yoga üben, die Schriften studieren, *Sannyāsī*[19] werden, das Brahman erkennen.« – »Das ›Ich‹ zu suchen, das am Ursprung deiner Fragen steht, ist wahrhaft Meditation, Yogaübung, Sannyāsa und die Erkenntnis des Brahman.« Diesen Vorgang faßte Ramana Maharshi in einer wunderbaren Strophe seines Upadeśasāram zusammen:

> »An dem Ort zu sein, wo alles entspringt,
> das ist *karma* (das Tun), das ist *bhakti* (die liebende Verehrung),
> das ist Yoga, das ist *jñāna* (Erkenntnis).«

Den ganzen Tag bin ich immer mit mir selbst beschäftigt, zu sehen, zu hören, zu handeln, zu tun, zu denken ... Mein Ich ist immer unweigerlich mit irgendetwas anderem verbunden, und dieses »andere« führt es immer weiter von mir weg, in den Wirbel der Gedanken, der Gefühle, der Handlungen.

> »Der Selbstseiende *(svayambhu)*[20] bohrte Öffnungen (die Sinnesorgane) nach außen.
> Deshalb blickt der Mensch nach außen und nicht nach innen.
> Doch ein Weiser, der sich nach Unsterblichkeit sehnte, wandte seinen Blick nach innen und schaute das Selbst unmittelbar.« Kaṭha Up. 4,1

Dieses »andere« zieht mein Ich unwiderstehlich in die Welt des Werdens, des Wandels, in die Vorstellungen von Vergangenheit, Gegenwart und Zukunft. Und doch weiß ich im Tiefsten meiner selbst, daß mein Ich nicht bloß eine Nebenerscheinung ist, ein Knoten, der von den inneren und äußeren

Ereignissen geknüpft ist, in deren Wirbel ich gefangen bin. Das »Ich«, das ich heute ausspreche, ist das gleiche »Ich«, das ich vor zehn, zwanzig, sechzig Jahren ausgesprochen habe. So weit ich in der Erinnerung zurückzugehen versuche, ich finde dasselbe »Ich«, das mit sich selbst identisch leuchtet, eine Sonne, die immer am Zenit steht und die weder Aufgang noch Untergang kennt:

»Wenn sie in den Zenit aufgestiegen ist,
wird sie nicht mehr aufgehen noch untergehen.
Sie wird allein in der Mitte stehen ...
Wahrlich, für den, der so das Geheimnis Brahmans kennt,
wird (die Sonne) weder auf- noch untergehen.
Für ihn ist immer Tag.« Chānd. Up. 3, 11, 1-3

Gewiß weiß ich, daß dieser mein Körper einen Anfang hatte und daß die Elemente, aus denen er sich zusammensetzt, dazu bestimmt sind, sich eines Tages aufzulösen. Aber dies betrifft nicht mein »Ich«, das ungebunden, unbegrenzt ist, das nichts zu tun hat mit den Veränderungen der Erscheinungswelt, der dieser Körper und diese Psyche angehören.

»Dieses Erkenntnis-Selbst wird niemals geboren, noch stirbt es jemals.
Es kommt von nirgendwo her und wird niemand.
Ungeboren, ewig, immerwährend, ursprünglich,
es wird nicht getötet, wenn der Körper getötet wird.«
Kaṭha Up. 2,18

Im tiefen Schlaf bin ich mir nicht bewußt, daß ich bin, zumindest scheint es mir so. Und doch ist das »Ich«, das aufleuchtete, als ich heute morgen erwachte, nicht verschieden von dem »Ich«, das in mir leuchtete, als ich gestern abend zu Bett ging. Ich kann die Fortdauer meines Ich während des Schlafes nur annehmen, d. h. die Beständigkeit eines bestimmten Selbstbewußtseins, denn dieses »Ich« ist wesentlich Selbstbewußtsein. Doch ist dieses »Ich« des Wachzustandes mit keinem Gedanken, mit keiner Handlung, mit keinem Gefühl vermischt, es ist ein absolut reines »Ich«. Es ist ein Ich, von dem alle Dinge ausgehen (nichts existiert für mich, solange ich mir nicht bewußt bin, daß »ich bin«), sich entwikkeln, und in das sie am Ende wieder eingehen.

»Er ist der Herr von allem, der Allwissende,
der innere Lenker, der Schoß aller Dinge,
Ursprung und Ende aller Wesen.« Māṇḍ. Up. 6

Es ist dieses selbstleuchtende »Ich«, das *svayaṃ* jyoti des Menschen, das im Schlaf scheinbar verloren ist, das man mit der Klarheit des Wachzustandes wahrnehmen muß. Dies ist der letzte Zustand des menschlichen Bewußtseins, den die Māṇḍūkya Upanishad das *turīya,* den »vierten Zustand« nennt: Dieser ist jenseits der drei Zustände der Erscheinungswelt, des Wachsens, des Traumes und des Tiefschlafes. Obwohl er die Grenzen der drei ersten Zustände übersteigt, besitzt er doch alle ihre positiven Eigenschaften in erhöhtem Grad: die Einfachheit und Reinheit des tiefen Schlafes, die Überlegenheit des Traumes und die Freiheit, mit der er mit den raum-zeitlichen Gegebenheiten umgeht, ebenso wie die Klarheit des Wachzustandes. Hier ist das Ich in seiner wahrsten Form, reines Selbstbewußtsein ohne Bindung oder Vermischung, frei von Veränderung sowie von den drei Zeiten, Vergangenheit, Gegenwart und Zukunft.

»Der Puruṣa (das unerkennbare Ich) von Daumengröße
ist wie eine Flamme ohne Rauch.
Er ist der Herr des Vergangenen und Zukünftigen,
er ist heute, er ist auch morgen.« Kaṭha Up. 4,13

Wenn nun dieses Selbstbewußtsein unabhängig von den Sinnen und vom Verstand leuchtet, sind diese letzteren verwirrt, ähnlich wie die *devas* der Kena Upanishad in der Gegenwart des Brahman. Wie Yājñavalkya seiner Frau Maitreyī erklärt, bevor er alles verläßt für den »großen Aufbruch«[21]:

»Wenn man hinweggegangen ist[22] gibt es kein Bewußtsein mehr.[23]
– Damit, Verehrungswürdiger, hast du mich in Verwirrung versetzt, sprach Maitreyī. ...
– Er antwortet: Ich sage nichts Verwirrendes. Das Selbst ist wahrhaft unvergänglich und von unzerstörbarer Natur. Solange Zweiheit besteht, sieht einer den anderen, riecht einer den anderen, ... hört einer den anderen, erkennt einer den anderen. Wenn aber alles sein eigenes Selbst geworden ist, wodurch und wen würde er dann sehen? Wodurch und wen würde er riechen? ... hören, erkennen? ... Wodurch würde er den erkennen, durch den alles erkannt wird? Dieser Ātman ist nicht so, nicht so, *neti neti* ...« Bṛ. Up. 4,5,13 ff.

Wie Sanatkumāra es Nārada in der Chāndogya Upanishad (7,23–25) erklärt, gründet dieses Selbst »in seiner eigenen Größe, oder vielmehr in keiner Größe!« Es ist von nichts abhängig, auf nichts gestützt, das von ihm verschieden wäre, weil es nichts anderes gibt außer ihm!

»Ich bin unten, ich bin oben, ich bin dahinter,
ich bin vorne, ich bin rechts,
ich bin links. Ich bin wahrlich all dies! ...
Wer dieses erkennt ... ist vollkommen frei *(svarāj)*,
er hat unbegrenzte Freiheit in allen Welten.«

Eben auf dieses Erwachen zu sich selbst bezieht sich die älteste Upanishad, die Bṛhadāraṇyaka, im vierten Kapitel des ersten Buches:

»Im Anfang war dieses All allein der Ātman,
das Selbst in der Gestalt des Puruṣa (der Person).
Als es um sich blickte, sah es nichts anderes
als sich selbst. Es sprach am Anfang: »Ich bin«
(aham asmi), von daher kommt der Name: »Ich«
(aham).« Bṛ. Up. 1,4,1

Der Seher sieht nur sich selbst, man könnte ebensogut sagen, er sieht sich selbst als alles: »Ich bin Brahman, *aham brahma asmi*« (1,4,10). Dieses Selbst, dieser Ātman, ist Brahman, *ayam ātmā brahma* (Māṇḍ. Up. 2). Das bedeutet gewiß nicht, daß der Rishi die individualisierenden Teile seines Körpers oder auch seiner Psyche *(manas)* oder seines phänomenalen Bewußtseins mit dem ganzen Sein identifiziert. Aber er hat erkannt, daß in allem in Wahrheit nur dieser Akt des Seins ist, dieser Lichtstrahl des reinen Selbstbewußtseins, dieses Mysterium des Absoluten, das in seiner eigenen letzten Tiefe leuchtet.

»Hier ist Fülle, dort ist Fülle,
aus der Fülle kommt Fülle.
Wenn die Fülle aus der Fülle genommen wird,
bleibt doch die Fülle!«

wie der Rishi der Īśa Upanishad sang.

Der geistliche Meister hat einzig und allein die Aufgabe, den Schüler zu dem *»aham asmi«*, dem »Ich bin« zu erwecken. Die Chāndogya Upanishad erklärt im sechsten Kapitel, wie Uddālaka Aruṇi seinem Sohn Śvetaketu allmählich das letzte Geheimnis des Seins offenbart und ihn Schritt für Schritt bis zu der Erfahrung der Wahrheit führt: »Du bist Das«, *tat tvam asi* (6,8,7).

Zuerst gibt er ihm die große Lehre:
»Mein Kind, im Anfang war all dies (das Universum)
nur *SAT*, Sein, eines ohne ein zweites.«[24]

Dann lehrt er ihn in verschiedenen Parabeln, um ihn zu der Erfahrung der letzten, unmerklichen Wesenheit in allen Dingen zu führen, indem er jedesmal folgendermaßen endet:

»Was die feinste Wirklichkeit ist,
das Selbst von allem was ist,
das ist die Wahrheit, das ist das Selbst,
das *bist* du! *(tat tvam asi)*« Chānd. Up. 6,8,7

Die Advaita-Erfahrung und die christliche Theologie

Dies ist zweifellos die höchste menschliche Erfahrung, zu der im Verhältnis alle anderen Erfahrungen nur ein Abglanz auf der Ebene der Psyche und der Sinne sind. Die gesamte Entwicklung der Menschheit scheint sich auf diese Erfahrung hinzubewegen. Schon das ganze Universum ist durch den Menschen auf ein Ziel ausgerichtet, es strebt nach dieser einen Wahrnehmung des »Selbstseins«, in dem Akt, in dem man sich zu sein bewußt wird. Und seit dieses Licht im Kosmos erschienen ist, inspiriert es die ganze Evolution der Menschheit und richtet sie auf ein Erwachen zu diesem immer reineren, immer leuchtenderen Licht aus (vgl. die gewaltigen Intuitionen eines Sri Aurobindo und eines Teilhard de Chardin). Nach Jahrtausenden seiner Geschichte erreichte der Mensch den Punkt, wo er zu seinem Selbstbewußtsein erwachte und entdeckte, daß er ein denkendes Wesen ist: Dies war der Anfang des reflexiven Denkens oder der philosophischen Ära, die zur selben Zeit in den drei großen Bereichen der Zivilisation entstand, die das kulturelle und religiöse Schicksal der Menschheit bestimmen sollten: China, Indien und der östliche Mittelmeerraum. Jedoch bevor noch Parmenides von dem Geheimnis des Seins fasziniert war und Plato und Aristoteles den »Wesenheiten« (Essenzen) den Primat gegeben und das Abendland zu der Kontemplation der Ideen, des Logos, des Eidos geführt hatten, waren die indischen Rishis schon zu jenem reinen Bewußtsein[25] erwacht, zu dem Bewußtsein des einzigen Selbst, jenseits aller Worte, aller Gedanken, selbst des reflexiven Denkens – zu dem *sat,* dem Einen Sein ohne ein zweites.

Eine der bemerkenswertesten Tatsachen unserer Zeit ist gewiß die Begegnung und Konfrontation der kulturellen und religiösen Welt des Abendlandes, das ganz von dem hellenistischen Denken und von der biblischen und prophetischen Gotteserfahrung geformt ist, mit der östlichen Welt, deren

Kulturen und Religionen zutiefst von dieser grundlegenden Intuition und von der Erfahrung ihrer Weisen geprägt ist. Die Tatsache, daß viele junge Menschen, die enttäuscht sind von dem spirituellen Angebot des Westens, nach Indien pilgern auf der Suche nach den Geheimnissen des Ostens, ist ebenso ein Zeichen der Zeit. Leider wird ihre Suche oft enttäuscht, weil sie nicht ernsthaft genug vorbereitet sind und weil es auch schwer ist, wahre Gurus zu finden.

Hier stellt sich die Frage nach dem Sinn und der Bedeutung der upanishadischen Erfahrung gegenüber der biblischen Erfahrung des lebendigen Gottes, wie ihn uns die Propheten beschreiben, und weit mehr noch gegenüber der Heilsgeschichte, die im Tod, in der Auferstehung Jesu Christi und in der Geistsendung kulminiert.

Ich kann hier nicht auf eine theologische Diskussion eingehen, denn das aufgeworfene Problem ist zu wichtig und fundamental, um nur nebenher behandelt zu werden. Es sei mir jedoch erlaubt, einige Bemerkungen über die Methode zu machen.

Diese upanishadische Advaita-Erfahrung ist eine Tatsache, die niemand mit Vernunft als unecht verwerfen kann. Tatsächlich befindet sich die Christenheit gegenwärtig an einer der schwerwiegendsten Wendungen ihrer Geschichte, sie findet sich im Osten bis auf ihre Wurzeln in Frage gestellt. Diese Konfrontation geht weit über die Herausforderung durch die griechische »Vernunft« und durch den Humanismus hinaus. Diese Begegnung mit dem Osten stellt den Wert all ihrer mentalen und sozialen Strukturen in Frage, den ganzen Bereich des *nāmarūpa*[26], im Licht der höchsten spirituellen Erfahrung, von der die ganze indische Tradition zeugt. Wenn das Christentum seinen Universalitätsanspruch beibehalten will, ist es dazu herausgefordert, diese Advaita-Erfahrung zu integrieren, – das bedeutet nicht notwendigerweise ihre hinduistische oder buddhistische Formulierung – denn wenn ihm dies nicht gelingt, muß es akzeptieren, auf eine bloße religiöse Sekte reduziert zu werden, die ihre Rolle in der Menschheitsgeschichte gespielt hat, indem sie während zwei Jahrtausenden sinnvoll den religiösen Bedürfnissen eines bestimmten Bereiches der zivilisierten Welt gedient hat. Doch muß die Konfrontation zwischen den Vertretern der Bibel und denen der Upanishaden oder vielmehr die gegenseitige Entdeckung ihrer spirituellen Reichtümer, im Licht und auf der Ebene der höchsten Erfahrung stattfinden und nicht auf der Ebene theologischer Diskussion (auch nicht der Dogmen), nicht einmal auf der Ebene der *Worte* dieser Schriften, denn auch die heiligen Schriften sind in ihrem Ausdruck bedingt durch die Welt der Mythen und Begriffe, in denen selbst die »Seher« gelebt haben.

All dies zeigt, daß die Entwicklung einer authentischen indischen christlichen Theologie, von der heutzutage so viel die Rede ist, nicht so sehr die Frucht gelehrter Diskussionen und theologischer Gipfeltreffen sein wird, als vielmehr das Ergebnis demütiger Bemühungen, die im Schweigen der verschiedenen Ashrams[27] von Gruppen von Kontemplativen durchgeführt werden, die gleichzeitig in den christlichen und Hindu-Schriften bewandert[28] und ebenfalls *brahmaniṣṭha* sind, d. h. Menschen, die bis in die Tiefen der Erfahrung des Selbst eindringen – in christlichen Begriffen der Erfahrung des Geistes[29] – bis in die Verborgenheit der »Kammer des Herzens« *(hṛdguhāyām),* wo Christus selbst seine Nichtdualität *(advaita)* mit dem Vater verwirklicht.

Obwohl diese upanishadische Erfahrung den Begriff und den Namen Gottes vermeidet, führt sie den Menschen näher an das göttliche Mysterium heran als irgendeine Gotteserfahrung, die abhängig ist von Namen und Formen, von Begriffen, Bildern oder Symbolen. Im christlichen Bereich ist es nützlich, hier die Lehre des heiligen Johannes vom Kreuz ins Gedächtnis zu rufen und die radikalen Reinigungen, denen sich die Seele in bezug auf alle inneren Symbole, Gedanken oder Bilder unterziehen muß, und die er die »dunkle Nacht« nennt: »Die Seele weiß nicht, welchen Weg sie geht, da sie sich sowohl bezüglich der übernatürlichen wie der natürlichen geistigen Erfahrungen, die ihr Genuß zu verschaffen pflegten, zunichte gemacht sieht. Sie fühlt sich ganz von Liebe verwundet und weiß nicht wie.«[30]

Die wahre Gotteserfahrung hängt von nichts ab, sie gründet nur in ihrer eigenen Größe, in den Worten des schon zitierten Textes der Chāndogya Upanishad. Es gibt keine Vermittlung mehr, ob es sich um einen Gedanken handelt, um irgendeinen menschlichen Akt, um ein Bild oder um eine Abstraktion. Die Absolutheit des letzten Mysteriums wird in der Absolutheit des Selbst in sich selbst entdeckt. Dann wird das SELBST im eigenen Selbst geschaut. Im Licht des reinen Bewußtseins leuchtet das Sein von seinem eigenen Glanz.[31]

Dann sind die Ewigkeit, die Absolutheit, das Selbstsein, die Herrschaft Gottes nicht mehr Begriffe, die der Mensch mithilfe der Analogie oder der Negation verzweifelt zu verstehen sucht; ihre Wahrheit wird vielmehr erfahren in der Entdekkung, daß man *ist,* jenseits aller Bedingtheiten. Dann ist Gott nicht mehr ein »Er«, über den die Menschen unter sich zu sprechen wagen. Er ist nicht einmal mehr ein »Du«, dessen Gegenwart der Mensch als ein Gegenüber erfährt, sondern vielmehr wird Gott hier ausgehend von der Wahrnehmung seiner selbst, als ein »Ich« entdeckt und erfahren, das »Ich bin«, *aham asmi* der Upanishaden, das *ehieh asher ehieh* (»Ich bin der Ich bin«) des brennenden Dornbuschs. Dieses »Ich« ist nicht ein abstraktes Ich, das ich von dem Du ableite, das ich zu ihm sage, sondern ein Ich, das ich in der Tiefe meines eigenen Ichs wahrnehme. Es gibt viele Stellen im Johannesevangelium, wo Jesus dieses »Ich Bin«, *ego eimi,* betont, wie z. B.: »Wenn ihr nicht glaubt, daß Ich Bin, werdet ihr in euren Sünden sterben.« (Joh. 8,24).

Wer bin ich, um dieses »Ich Bin« Jesu direkt und unmittelbar zu erkennen, nicht in der Reflexion, sondern in der eigenen Erfahrung *(sākṣāt),* wenn ich es nicht in meinem Bewußtsein, daß ich bin, erfahre? Diese Erfahrung ist so rein, so frei von jeder Beeinflussung äußerer oder innerer Geschehnisse (»eine Flamme ohne Rauch«, Kaṭha Upanishad 4, 13), daß nur mehr reine Transparenz das Mysterium des Seins selbst bleibt: *Sat, Ātman, Brahman* (Sein, Selbst, Absolutes).

Das Gebet des Schweigens

Wenn im Lauf dieser langen Rede mittels der Worte, oder vielmehr jenseits der Worte, etwas spürbar geworden ist, wenn Sie in den Worten der Upanishaden das Echo dessen vernommen haben, was der Geist gewiß schon in Ihrem Herzen geflüstert hat, wenn Sie sich der Kontemplation des Vaters und des Sohnes hingegeben haben, dann werden Sie selbst das Geheimnis dessen entdeckt haben, was man »das Gebet des Advaita« oder das »upanishadische Gebet« nennen kann.

Es läßt sich in dem hebräischen Vers des Psalmes 65 zusammenfassen, den der heilige Hieronymus übersetzt mit: »*Silentium tibi laus*« – »Das Schweigen ist Dein Lob«, ein Schweigen des Gebetes, des Lobes und der Danksagung, ein Schweigen der Anbetung und der Meditation: inneres Schweigen und äußeres Schweigen, ein Schweigen, das die wesentlichste Vorbereitung der Seele auf die Ruhe und die Gelassenheit ist, ohne die der Geist nicht nach seinem Belieben in ihr handeln kann.[32]

In der alten Tradition des *vajña,* des vedischen Opfers, saßen vier Priester an den vier Ecken des Altars. Einer von ihnen war beauftragt, die Riten zu vollziehen, begleitet von der Rezitation der *mantras*[33] des Yajur-Veda, der zweite mußte die Hymnen des Sāma-Veda singen, der dritte rief die Götter an und rezitierte die Hymnen des Rig-Veda, während der vierte, der Brahmane, der Hauptpriester, schwieg und nur ein fast unausgesprochenes OM murmelte; tatsächlich wurde dieses schweigende OM als der Faden der Einheit betrachtet, der die verschiedenen Handlungen des Opfers zusammenhielt und einigte und der dem Ganzen seinen endgültigen Wert verlieh. Im Herzen des universellen Gesanges, der sich ständig von allen Enden des Himmels und der Erde zu Gott erhebt, ist sicher ein Platz, und zwar ein bevorzugter Platz, für das Lob des schweigenden OM. Es ist auch sicher, daß die Kirche nicht ohne diese schweigenden Mönche leben kann, die jenseits der Riten und der Worte, in ihrem Namen, im Namen der Menschheit und der ganzen Schöpfung, dieses OM des Schweigens murmeln. In diesem schweigenden Gebet sind alle Bitten enthalten, denn ein solches Schweigen erreicht den Ursprung selbst, in dem alle Dinge vom Vater im Sohn entspringen. Alle Anbetungen, alle Danksagungen sind in diesem Schweigen inbegriffen, denn es ist eins mit dem Schweigen des Vaters, in dessen Schoß das Wort ewig geboren wird; die einzige Herrlichkeit, die der Sohn für den Vater ist.

Doch handelt es sich hier nicht um ein Schweigen, das man sich selbst auferlegt, sondern um ein Schweigen, das einem sozusagen »das Selbst auferlegt«, d. h. der Geist. Man darf nie vergessen, daß der Geist den Menschen in aller Freiheit führt und daß niemand je wissen kann oder den Geist befragen kann, von woher er kommt und wohin er geht. Es kann sein, daß er den *muni* – denjenigen, der ein Schweigegelübde abgelegt hat – in Gesänge der Freude ausbrechen läßt oder ihn sogar tanzen läßt wie David vor der Bundeslade.

Auf jeden Fall sollten die spirituelle Disziplin und das asketische Leben den Menschen vor allem auf die Ruhe und den inneren Frieden vorbereiten, die ihn befähigen werden, ganz dem Geist zur Verfügung zu stehen. Ein solches Schweigen ist sicher unvereinbar mit einem Leben äußerer oder innerer Unruhe, und doch besteht es im Geist des Menschen auf einer so transzendenten Ebene, daß es sich mit allen normalen Tätigkeiten des Verstandes und des Körpers vereinen läßt, sowohl individuell wie im Bereich der Gemeinschaft.

Im allgemeinen ist die intensive und friedliche Praxis der schweigenden Meditation äußerst nützlich. Eine solche Meditation hat nichts zu tun mit der Betrachtung des einen oder anderen Aspektes des göttlichen Mysteriums, sei es mit Hilfe der Vorstellung oder der Abstraktion. Sie besteht vielmehr darin, den Geist auf irgendeine Weise auf jenen Punkt unseres Seins-Bewußtseins zu konzentrieren, auf unser Selbst, das dem ständigen Fluß der Zeit und dem Ablauf der Ereignisse, in deren Mitte wir uns befinden, entzogen ist, das jenseits von ihnen ist.

Um diesen Grad der Konzentration zu erreichen, können einfache Yoga-Übungen[34] hilfreich sein: *āsana*, *prāṇāyāma*, *pratyāhāra*, *dhāraṇā;* Sitzhaltung, Atemkontrolle, Introversion und Konzentrationsübungen. Ebenso sinnvoll ist die Übung des *nāma-japa*, die Wiederholung des göttlichen Namens. Doch sind alle diese Übungen nur zeitweise Hilfen auf dem Weg, sie sind wie das Floß, von dem der Buddha sagte, daß man es hinter sich läßt, wenn man am »anderen Ufer« angekommen ist. *Mantras* und *japa* werden allmählich vereinfacht und verschwinden schließlich. Es bleibt nur OM; *Oṃ tat sat* – »Dieses, das Sein« – und das ausgesprochene OM verschwindet in dem OM, das reines Schweigen ist.

Das ist alles.

Der Christ wird sagen: »Es ist das ewige Erwachen des Sohnes zum Vater im Advaita des Geistes.«

2. *Einführung in die alten Upanishaden*

Die Einführung in die alten Upanishaden ist eine Studie, die der Autor nicht mehr die Zeit hatte zu überarbeiten und zu vervollständigen, wie er es gewünscht hatte. Viele Randnotizen waren nur skizzenhaft und der Stil ist manchmal schwierig. Doch diese dichten Seiten voll Inspiration geben uns eine ganz ursprüngliche Darstellung der Upanishaden, die in ihren Zusammenhang gestellt werden, mit ihren zentralen Intuitionen und den großen Themen, die sie erfüllen. Sie sind ein wertvoller Schlüssel, der all jenen angeboten wird, die in das Herz dieser kraftvollen und wunderbaren Texte eindringen wollen, in denen sich das Erwachen der alten Rishis zu dem inneren Mysterium widerspiegelt und in denen jeder Mensch etwas von seinem eigenen inneren Mysterium wiederfinden kann.

Die Upanishaden haben im Leben von Swami Abhishiktananda einen bedeutenden Platz eingenommen, denn sein spiritueller Weg bestand im Wesentlichen in der vollen Integration der Advaita-Erfahrung der upanishadischen Rishis – ohne jedoch irgendetwas von seiner eigenen Verwurzelung in der christlichen Tradition aufzugeben. Er hatte sich diese Upanishaden zu eigen gemacht, und wenn er sie kommentierte, so tat er es immer mit einer heiligen Begeisterung, die etwas von ihrer wunderbaren inneren Schau durchleuchten ließ.

Er wurde nie müde, das Mysterium zu erforschen, sowohl das Mysterium mit einem Gesicht, wie es uns das Evangelium in der Person Jesu offenbart, als auch das Mysterium ohne Gesicht, in der reinen Innerlichkeit, wie es sich im Herzen der indischen Rishis enthüllte. In ihm war es ein einziger Akt der Kontemplation, der ständig in der nichtdualen Erfahrung des einzigen und absoluten »Ich bin« (*aham asmi*) konvergierte, erfüllt von dem Echo des »Ich bin« Jahwes, das Jesus selbst aussprach[1]. Dieses *aham* ist das Mysterium Swami Abhishiktanandas – und seiner Erleuchtung.

In dieser Studie werden wir direkt ins Herz der upanishadischen Erfahrung geführt, ohne den Umweg über die späteren Vergleiche oder Interpretationen, vedantische oder christliche. Swami Abhishiktananda strebte nichts anderes an, als denjenigen, die dazu bereit waren, die Erfahrung *(anubhava)* in ihrer Quelle mit all der Kraft ihrer ursprünglichen Inspiration mitzuteilen, entblößt von allen Zusätzen. Obwohl er seine Inspiration aus den Upanishaden schöpfte, war er auch fähig, sich im Lauf des Weges von ihnen zu befreien, um nurmehr reine Transparenz auf das Mysterium jenseits aller Zeichen zu sein, selbst der heiligen Schriften.

Er war sich bewußt, daß die Advaita-Erfahrung alle Verbegrifflichung übersteigt und daß sie ein »Geheimnis« ist – und dieses Geheimnis »entfremdete« ihn von allem in dem Einzigen, dem *ekaivādvitīyam* (Eines-ohne-ein-zweites): Abgeschiedenheit des Selbst, eine Abgeschiedenheit, die vielleicht die höchste Form der Katholizität ist.

Die Vision, die Pater Le Saux hier darbietet, schöpft unteilbar aus der upanishadischen Erfahrung und aus der trinitarischen Erfahrung in ihrer gegenseitigen Nichtdualität. Die trinitarische Erfahrung selbst – soweit wir so etwas sagen können – nimmt er so nahe wie möglich an ihrer Quelle, wo sie im Bewußtsein Jesu entsteht, die sich zeitlich wahrscheinlich in dem Erwachen situieren läßt, das er bei seiner Taufe erfuhr, als »sich der Himmel öffnete ... und eine Stimme vom Himmel kam: ›Du bist mein geliebter Sohn, an dir fand ich Wohlgefallen!‹« (Luk. 3,21–22)[2]. Nur auf dieser tiefen Ebene der Geist-Erfahrung ist es möglich, die christliche Erfahrung der Wüste und des Reiches Gottes mit der Erfahrung der Upanishaden, die im *aham asmi* gipfelt, in einer einzigen und nichtdualen Vision zu vereinen, wie es Swami Abhishiktananda gemacht hat. Und eben darin bestand sein Charisma.

Swami Ajatananda (Marc Chaduc)

Der Zugang zu den Upanishaden

Die Upanishaden sind ein Bestandteil der religiösen und spirituellen Schätze der Menschheit und man kann sich ihnen nicht nähern, wie man einen profanen Text angeht, selbst wenn es sich um hohe Philosophie handelt, denn sie sind eine heilige Schrift. Die Upanishaden gehören zu den großen heiligen Schriften der Welt, wie z. B. die Bibel, der Koran, der Avesta usw., und selbst der Agnostiker kann den Einfluß dieser Schriften auf das Leben des Menschen nicht leugnen. Gewiß besteht das Gut, das mit dem Strom der Religionen herbeigetragen wird, aus den verschiedensten Elementen, doch hat jede auf ihre Weise und in den verschiedenen Umständen der jeweiligen Kulturen und Zivilisationen dem Menschen geholfen, dieses Geheimnis, das er in sich trägt, zu entdecken – dieses Geheimnis, das sogar die moderne Psychologie hinter dem phänomenologischen Bereich erahnt, und dessen grundlegende Bedeutung für die Entfaltung des Seins und dessen Unzugänglichkeit sie mehr und mehr anerkennt. Wer sich daher diesen Schriften auf rein profane und sozusagen rein wissenschaftliche Weise nähert, wird nie fähig sein, ihr Geheimnis und ihren wahren Sinn zu entdecken.

Jede Philosophie gründet zweifelsohne auf tiefen Einsichten, auf einem Lichtstrahl, der sich in seinem Ursprung jedem Ausdruck entzieht, und eben diese Intuitionen werden später, auf der Ebene ihres Erfassens durch den Verstand, zu Abstraktionen und Reflexionen. Jedoch herrschen in der Philosophie der Begriff und die Logik vor, deshalb kann die Intuition sich nur ausdrücken, wenn sie sich den Bedingungen der Instrumente des Wissens unterwirft. Gewiß ist auch in den heiligen Schriften die Intuition gezwungen, gedankliche Formen anzunehmen. Jedoch beherrscht sie letztlich alles von Anfang bis Ende. Die Ideen, Begriffe, Abstraktionen und Reflexionen sind in ihrem Zusammenhang immer nur Mittel, um diese ursprüngliche Intuition zu erreichen, sie selbst bleibt die verborgene Norm, auf die sie sich ständig be-

ziehen müssen, weit mehr als auf eine Logik, die in der Intuition unendlich überstiegen wird.
Jede Religion gründet im Glauben und strebt zu der Vertiefung dieses Glaubens, zu seiner Verwandlung in volles Licht, bis er alle Fähigkeiten des Menschen durchdringt und erleuchtet. Im Gegensatz zu dem, was gewöhnlich angenommen wird, besteht dieser Glaube zunächst nicht darin, daß die Vernunft bestimmte Aussagen annimmt, die »offenbarte Wahrheiten« genannt werden. Der Glaube ist wesentlich jener innere Sinn, der die Vernunft im verborgenen bis in die Tiefen ihrer selbst führt, die sie unfähig ist, mit Hilfe des Denkens oder des phänomenalen Bewußtseins allein zu erforschen[3]. Die offenbarten Wahrheiten, die die verschiedenen Religionen enthalten sind einfach der »Bericht«, das Zeugnis der Menschen, deren innerer Blick bis in diese Tiefen eingedrungen ist, der Weisen und Propheten der Geschichte, für ihre Brüder.
Es ist verständlich, daß der Vertreter einer bestimmten Religion ständig versucht ist, nicht nur den Formen und Strukturen seiner Religion, sondern auch deren gedanklichen Formulierungen einen absoluten Wert beizumessen. Und doch sind diese Formen, wie vollkommen sie auch sein mögen, immer nur der Ausdruck – oder vielmehr immer neue und zu erneuernde Versuche des Ausdrucks – einer Wirklichkeit, die wesentlich jenseits jedes Ausdrucks liegt. Diese Ausdrucksformen, so wertvoll sie auch sonst sein mögen, sind daher notwendig durch die bestimmten zeitlichen, sprachlichen und kulturellen Umstände begrenzt, entsprechend der Umwelt, in der sie entstanden sind. Wie wir später konkret im Fall der Upanishaden sehen werden, sind es zumindest ebenso die Beziehungen und Korrelationen zwischen Formeln und Begriffen, wie die scheinbar direkten Aussagen, die zu der Wirklichkeit führen, die ausgedrückt werden soll.
Diese Bemerkungen dürfen nie aus den Augen verloren werden, wenn ein gläubiger Mensch die heiligen Schriften einer anderen Religion als die, in der er aufgewachsen ist und sich

geistig entwickelt hat, lesen und verstehen will. So tief auch seine persönliche Überzeugung von der Wahrheit seiner eigenen Schriften und von der Einzigkeit seines *dharma*[4] sein mag, er muß zumindest die Möglichkeit eines echten Glaubens auf Grund der Schriften der anderen *dharmas* annehmen. Nur eine solche Haltung wird ihn befähigen, sich des Urteils zu enthalten und wird ihm die wahre Ehrfurcht einflößen, ohne die es absolut unmöglich ist, das Geheimnis zu durchdringen, das in ihnen enthalten ist. Es besteht kein Zweifel, daß jeder Gläubige mit einem Minimum an spiritueller Einsicht diese Forderung erfüllen kann.

Hier werden jedoch die Rationalisten und Humanisten unweigerlich protestieren, denn für sie muß alles der Wissenschaft und der Logik unterzogen werden. An sich ist ihre Ablehnung des »aufgepfropften« Sakralen *(sacré de surimposition),* das die Religionen allzu oft vertreten, eine vollkommen gesunde Reaktion. Jedoch ist diese Ablehnung selbst ständig in der Gefahr, das Geheimnis des innersten Wesens des Menschen zu entleeren, sei es individuell, gesellschaftlich oder universal.

Auf der anderen Seite wird der spirituelle Mensch in der humanistischen Kritik auch den (oft gewaltsamen) Protest des inneren Geheimnisses selbst gegen das »fabrizierte Sakrale« erkennen, mit dem man versucht hat, es zu verhüllen, und schließlich das explosive Sich-Durchsetzen des Wahren, das sich von seinen *nāmarūpas*[5] befreit, wenn auch im Lauf dieses Vorgangs oft nicht wenig Schaden angerichtet wird. Es bleibt jedoch bestehen, daß es der rein rationalistischen und sogenannten wissenschaftlichen Methode der Interpretation irgendeiner heiligen Schrift niemals gelingen wird, in ihr Geheimnis einzudringen.

Dies bedeutet, daß, wer auch immer die Upanishaden studieren will, sei er Atheist, Christ, Moslem oder Hindu, er diese Texte niemals verstehen kann, wenn er sich ihnen nicht mit einem Minimum an Glauben nähert, d. h. mit einem gewissen Sinn für Innerlichkeit, mit einer spirituellen Haltung. Die

Hindu-Tradition hat dies formell anerkannt und tatsächlich setzt die Lektüre der Veden[6] eine sakramentale Initiation voraus *(upanayana)*. Für die Upanishaden, d. h. den Vedānta, oder »das Ende des Veda« *(veda-anta)* gilt, daß man die Gnade der Einweihung nur von einem kompetenten Meister empfangen kann, und daß nur ein qualifizierter Schüler sie von seinem Guru erbitten darf. Die vom Schüler geforderten Eigenschaften werden von der Tradition bis ins Einzelne beschrieben.

Diese Vorbereitung, die notwendig ist, um in das Geheimnis der Upanishaden eingeführt zu werden, hat nichts mit einem Ritus zu tun, wie im Falle der Initiation in den Veda. Es ist vor allem eine innere Haltung des Glaubens, im ursprünglichen Sinn, wie wir es oben angedeutet haben, d. h. der Offenheit für das Unsichtbare, für das Mysterium. Dieser Glaube wird natürlich der Unterweisung des Guru und dem Wort der Schriften Vertrauen schenken, doch wird er auch immer darüber hinaus gehen. Es ist ein Glaube, dessen innere Flamme sich am Feuer einer tiefen Erfahrung entzündet, der noch undeutlichen und unausgesprochenen Entdeckung dieses Geheimnisses. In den mittelalterlichen Texten des Vedānta gibt es vier Grundhaltungen *(sādhana)*, an denen dieser Glaube erkannt werden kann:

– Die Fähigkeit zu unterscheiden zwischen dem Vergänglichen und dem Unvergänglichen, in sich selbst wie in der Welt, und infolgedessen
– eine vollkommene Indifferenz dem Ergebnis der – moralischen oder religiösen – Handlung gegenüber, die in dieser oder in der anderen Welt Verdienste erwirbt, selbst wenn es die Unsterblichkeit ist;
– das Zur-Ruhe-Bringen der Sinne;
– und schließlich der Wunsch nach Erlösung oder Befreiung, der alle anderen Wünsche verdrängt[7].

Tatsächlich bestehen die Upanishaden nicht primär in einer offenbarten Wahrheit, die mittels des Denkens und der Worte weitergegeben werden soll, selbst wenn man notwendig annehmen muß, daß jede Weitergabe einer Erfahrung zumindest am Anfang nicht umhin kann, sich dieser Mittel zu bedienen. Der Seher der Upanishaden ist nicht so sehr ein Mensch, der »dieses oder jenes« weiß, als vielmehr der Mensch, der *»so weiß«*, wie es die Upanishaden ständig wiederholen, indem sie ihn *evaṃvid* nennen. Es ist wie eine neue Art des Wissens, eine neue Weise des Sehens, des Blickes, den man auf die Dinge und auf die Welt richtet, eine neue Klarheit, die bewirkt, daß man alles mit anderen Augen sieht. Es geht im Wesentlichen darum, eine Erfahrung seiner selbst weiterzugeben, die, so könnte man sagen, keine neue Tatsache enthält, die vielmehr ein Erwachen zu einer ungeahnten Tiefe seiner selbst ist, ein Erwachen zu sich selbst, zu den Dingen, zu dem Mysterium, das man Gott nennt, wenn man es nach außen projiziert. Es ist eine Erfahrung, eine Entdekkung, die in der indischen Tradition sich in der Nacht der Vorzeit verliert, die zurückgeht auf die Erleuchtung der ersten Rishis, der vedischen Seher, die in den Wäldern, am Ufer des Indus und am Fuß des Himalaya lebten. Nur derjenige kann diese Erfahrung weitergeben, der sie selbst gemacht hat, der innerlich erwacht ist, der Mensch, der *evaṃvid* ist, der es *»so weiß«*. Worte kann irgendjemand mitteilen, der genügend Gedächtnis besitzt, um das zu wiederholen, was er gelesen oder gehört hat. Auch Ideen können von irgend jemandem vermittelt werden, der intelligent genug ist, um sie zu empfangen. Aber eine Erfahrung kann eigentlich nicht weitergegeben werden. Könnte man nicht einfach sagen, daß sie »ausstrahlt«?

Im Mahābhārata findet sich eine sehr symbolische Geschichte, die diese Tatsache zu illustrieren vermag[8]. Als Bhīshma, zu Tode verwundet, auf seinem Bett aus Pfeilen lag und die günstige Stunde erwartete, um von dieser Welt in den *svarga* (das Paradies der Götter) hinüberzugehen, verlangte er zu trinken. Duryodhana reichte ihm ein parfümiertes Getränk in einem goldenen Becher, aber Bhīshma verweigerte es. Daraufhin spannte Arjuna seinen Bogen und ließ einen Pfeil los, gerade neben den Kopf von Bhīshma. Aus dem Punkt, an dem er eingeschlagen war, entsprang ein ganz reines Wasser und fiel in Bhīshmas Mund. Die Upanishaden gebrauchen oft den Vergleich des Pfeiles, der bis in den Grund des Seins eindringt (Muṇḍ. Up. 2,2,2–4). Der Guru ist derjenige, der diesen Pfeil abschießen kann und im Herzen des anderen diese befreiende Erleuchtung hervorrufen kann. In Wirklichkeit gibt der Guru nichts. Die Wahrheit kann nicht weitergegeben werden, weil sie niemandem gehört. Man mag etwas besitzen, was man gemacht oder bekommen hat, aber die Wahrheit ist nicht Gegenstand des Besitzes – vielmehr kann man nur von der Wahrheit besessen sein, und dieses »Besessensein« ist schlechthin unmittelbar. Der Guru ist derjenige, der so vollkommen frei von sich selbst ist, daß er fähig ist, im Herzen des Schülers selbst zu Hause zu sein. In seinem eigenen Erwachen zu sich selbst wird der Guru fähig, den Schüler zu sich selbst zu öffnen und zu erwecken. Aber das setzt bei dem Schüler *śraddhā,* d. h. einen totalen Glauben voraus. Der Schüler, der nicht ein solch totales Vertrauen in seinen Guru besitzt, eine vollkommene Öffnung seines Seins dem Guru gegenüber, wird niemals dieses Erwachen erreichen. Wie kann die Sonne selbst am hellen Mittag ein Zimmer erleuchten, wenn die Fensterläden geschlossen sind? Gewiß ist es nicht ungefährlich, einem Guru diesen totalen Glauben zu schenken, deshalb darf er nur nach reiflichem Überlegen gegeben werden. Jedoch bleibt es wahr, daß es keinen anderen sicheren und schnellen Weg gibt.

Die Upanishad kann daher nur in dieser Kommunion zwischen Guru und Schüler in der tiefsten Mitte ihrer selbst weitergegeben werden. Die einzige mögliche Alternative, die unter Umständen diese Unterweisung durch den Guru ersetzen könnte, ist eine so totale Öffnung auf das innere Geheimnis, daß sie den Sinn der Schriften jenseits der Worte, der Geheimnisse und der Paradoxe offenbart – und selbst unabhängig von den Schriften, etwa demjenigen erscheint, der in der Einsamkeit des Himalaya, des Waldes oder der Höhlen, wie derer von Arunachala, lebt, dem heiligen Berg, der sich über der Stadt von Tiruvannamalai erhebt[9]. Es kann auch geschehen, daß der Mensch unmittelbar von dem Blitzstrahl des Selbst getroffen wird, wie es der Fall war bei Ramana Maharshi und vielen anderen.

Der Buchstabe der Schriften besitzt in sich selbst nie mehr als den Wert des Zeichens. »Nichts Geschaffenes kann das Ungeschaffene erlangen«, erklärt die Upanishad in aller Deutlichkeit (Muṇḍ. Up. 1,2,12). »Es kann weder mit dem Auge gesehen, noch mit dem Wort ausgesprochen, noch mit dem Denken gedacht werden«[10]. Der Buchstabe der Upanishad ist wie eine Art Verdünnung, etwa wie ein Gas, das man verflüssigt, um es »transportierbar« zu machen. Er kleidet eine Erfahrung, die jede Formulierung übersteigt, in Worte und Begriffe, die alle von einer bestimmten Kultur, von einem bestimmten sprachlichen System abhängen. Eine späte Upanishad enthält sogar diesen scheinbar blasphemischen Text:

> »Lies, studiere und meditiere ständig über die Schriften,
> doch wenn das Licht einmal in deinem Innern aufgeleuchtet ist,
> lasse sie fallen wie man eine Brandfackel fallen läßt,
> wenn man das Feuer entzündet hat.«
>
> Amṛtanāda Up. 1

Man kann nie genug betonen, daß diese Erfahrung aus der Tiefe des Seins entspringt. Die Upanishad ist wie ein Ruf, der jenseits von Raum und Zeit ertönt; ihr Wort, das aus dem Schweigen entsteht, will den Menschen erwecken und zu sich selbst bringen. So wie der Guru sind auch die Schriften ein Spiegel, in dem der Mensch sich entdeckt in seiner tiefsten Wahrheit. Der Augenblick kommt, wenn der Funke zwischen den beiden Polen zündet. Danach bleibt nichts anderes mehr als reines Licht, in dem alles verschwunden ist – der Meister, der Schüler und auch die Schrift ...

Aber bevor dieser Augenblick erreicht wird, muß der Schüler

aufmerksam die Unterweisung des Meisters hören und nicht weniger aufmerksam die heiligen Texte studieren, sie ständig wiederholen und unentwegt über ihren Sinn meditieren – ähnlich wie das beständige Denken an den *ko'an* der Zen-Tradition. Aber wie Śaṅkara[11] mit Nachdruck und richtig betont, wird die Erleuchtung, die in der Entdeckung und Erkenntnis des Brahman besteht, in einem inneren Erwachen zum Brahman, zum Absoluten, nicht das Ergebnis irgendeines Hörens sein, noch der Rezitation heiliger Texte, und ebenso wenig der Meditationen, rituellen Praktiken oder guten Handlungen, nicht einmal der Askese *(tapas)* oder der psycho-physischen Übungen, die mit dem Begriff Yoga bezeichnet werden. All das hat zweifellos seinen Wert, um den Geist auf das Erwachen vorzubereiten, aber dieser »Blitz«[12], der den Himmel des Bewußtseins erleuchtet, hat nie eine andere Ursache als sich selbst, es ist eine Gnade, die von selbst aus dem Grund der Seele entspringt, wie einige Texte sagen:

> »Feiner als das Feinste,
> größer als das Größte
> ist das Selbst, verborgen in der Höhle (des Herzens)
> aller Wesen.
> Durch die Gnade des Schöpfers schaut der von Absicht
> Freie
> die Größe des Selbst und übersteigt das Leid.«
>
> Katha Up. 2,20

Eben in diesem Punkt macht sich ein fundamentaler Unterschied zwischen diesem Verständnis des Ātman-Brahman[13] in den großen Upanishaden und den späteren Traditionen bemerkbar.

Wie wir später erklären werden, gehören die Upanishaden zu einem bevorzugten Moment der religiösen und spirituellen Tradition der Menschheit. Während der Periode, die die Zeit der Brāhmaṇas von der Zeit intensiver philosophischer und religiöser Gärung vor dem Auftauchen des Buddhismus und Jainismus trennt, wurde ein außergewöhnliches Gleichgewicht erreicht. Im Lauf der Entwicklung wurde die Intuition der Rishis immer weniger in ihrer transparenten Reinheit erkannt. Man begann allmählich zu klassifizieren, zu diskutieren und zu spekulieren. Man vergaß dabei, daß es sich wesentlich um einen Blitz, um ein Erwachen handelt.

Eine spätere Tradition hat die Wege von *jñāna*, *bhakti* und *karma* unterschieden. *Karma* ist die Tätigkeit, das religiöse oder moralische Werk. *Bhakti* ist die Frömmigkeit oder Gottesliebe. *Jñāna* oder Weisheit wurde oft nur mit der Meditation und den ihr verwandten Disziplinen identifiziert, die als das eigentliche Mittel für den spirituellen Fortschritt angesehen wurden. Dann hat man einfach den Weg des *jñāna* mit der upanishadischen Lehre gleichgesetzt. Es ist aber eine Tatsache, daß die Worte *jñāna*, *vidyā* (Weisheit, Wissen) und analoge Begriffe in den Texten oft ambivalente Bedeutung haben; sie können sowohl das Erwachen jenseits des Denkens wie auch immer reinere Erkenntnisse bezeichnen, die nacheinander im Denken auftauchen, das auf der Suche nach der endgültigen Erfahrung ist, sie können aber auch die Frucht dieser Erfahrung selbst bezeichnen und ihre Auswirkung auf das Denken.

In der heutigen Zeit hat Ramana Maharshi (1879–1950) die übertriebene Bedeutung, die viele der Meditation beimessen, ironisiert. Es besteht kein Zweifel, daß die Meditation, zumindest wenn sie das innere Schweigen anstrebt, eine besonders wirksame Hilfe darstellt, um den Geist zur Ruhe zu bringen. Jedoch kann sie als solche nur auf der Ebene etwas bewirken, auf der sie geübt wird, nämlich auf der psychologischen. Wenn, wie es in der Upanishad heißt, die Ebene *(loka)* des Selbst nicht eine getrennte Ebene ist, sondern allen Ebenen des Seins zugrunde liegt, kann es von jeder Ebene aus erreicht werden. Aber wenn man versucht, es auf eine bestimmte Ebene festzulegen – selbst auf die des Nichtdenkens und der Ekstase der Sinne – so hat man etwas für den Ātman, für das Selbst gehalten, was nur sein Ersatz oder eines seiner Bilder ist.

In der upanishadischen Tradition ist das Wort des Guru selbst ein Träger der Gnade. Wenn sowohl der Guru wie der Schüler »fähig« sind, dringt das Wort des Guru wie ein Pfeil unmittelbar ins Herz des Schülers ein und läßt in ihm die Quelle entspringen. Mit Hilfe von *śraddhā* und *tapas* hat sich der Schüler zunächst darauf vorbereitet, diese Gnade zu empfangen. *Śraddhā* wurde oben erklärt[14]. *Tapas* ist das Sich-Loslösen von allen Wünschen, von allen sinnlichen Freuden, und die ausschließliche Konzentration auf die Bloßheit des Seins. Zweifelsohne hilft die Meditation dabei, aber diese Befreiung des Denkens, die sie vermitteln will, diese Bloßheit und dieses Schweigen des Geistes, die sie anstrebt, sind nur eine Hilfe für die Erfahrung der Bloßheit des ganzen Seins, während der Meditirende sich oft in *seinen* Erfahrungen und in *seinem* Nichtdenken gefällt. Wie kann derjenige, der das Schweigen erreicht hat, es noch wissen, denn es wissen bedeutet es sagen, und alles Sagen zerstört das Schweigen.
Der Funke zündet nur in der vollkommenen Leere. Wie Ramana Maharshi ständig wiederholte, ist der Zustand der Erleuchtung, des Erwachens, der natürliche (*sahaja*, angeborene) Zustand des Menschen. Was den Funken daran hindert, sich zu entzünden, ist, daß der Geist von allen Arten von Wünschen und Vorstellungen angefüllt ist – eine Wahrheit, die der Buddha der Menschheit mit Nachdruck verkündete. Das *tapas*, das in den Upanishaden zusammen mit *śraddhā* die grundlegende Voraussetzung für die *brahmavidyā*, die Erkenntnis des Brahman, der letzten Wirklichkeit, ist, besteht in dieser inneren Glut, die alles verbrennt, alle Wünsche und alle Vorstellungen, die man sich von sich selbst, von der Welt, von den Göttern *(deva)*, von dem Selbst *(ātman)* und vom Absoluten *(brahman)* gemacht hat. Wenn man alles verbrannt hat, was zu verbrennen war, verschwindet der Rauch von selbst[15]. Alles ist reine Flamme, »wie ein Feuer, dessen Brennholz verbrannt ist«, wie es in der Śvetāśvatara Upanishad heißt (6,19).

Der Kontext der Upanishaden

Wie jede heilige Schrift müssen auch die Upanishaden mit Glauben und Ehrfurcht studiert werden, weil man sonst Gefahr läuft, ihren wahren Sinn niemals zu erfassen. Diese Haltung der Ehrfurcht, mit der man sich ihnen nähern soll, verlangt, daß dieses Studium mit der größten intellektuellen Ehrlichkeit durchgeführt wird. Obwohl sich unsere Methode von der des Philologen und des Religionshistorikers unterscheidet, sind wir doch verpflichtet, in unserer Exegese ihre Entdeckungen zu berücksichtigen, vor allem um zu vermeiden, daß wir in die Texte unsere eigenen Voraussetzungen hineinlesen.

Selbstverständlich versteht jeder das, was er liest oder hört mit Hilfe seines eigenen »Rasters«, des Rasters seines früheren Wissens, seiner Vorurteile, seiner eigenen Kultur, oder genauer gesagt, seiner Identifizierung mit ihr, seiner Suche nach persönlicher Identität mit Hilfe dieser Kultur, und auch mit Hilfe dieses persönlichen Substrates, das zu einem großen Teil unbewußt ist und das jeder unwillkürlich in alle seine Beziehungen zu Menschen oder Dingen projiziert. Es gibt auch das Raster, das bedingt ist durch die Ideen, die er von der Gesellschaft empfangen hat, in der er lebt, die allgemeine Meinung, von der nur wenige Menschen die Kraft haben sich zu befreien.

Sowohl in Indien wie im Westen geht die Lektüre der Upanishaden allzu oft von der Philosophie des Vedānta aus, und leider von einem vereinfachten und objektivierten Vedānta, wie er in neueren Vulgarisationen dargeboten wird. Die Upanishaden müssen sich dann diesem kaudinischen Joch unterwerfen und um jeden Preis an die Formulierungen der Epigonen anpassen, die leider oft die wahre Erfahrung des Ātman-Brahman[16] durch einen bestimmten Ausdruck dieser Erfahrung ersetzt haben.

Zweifellos hatten die großen Vedāntins wie Śaṅkara und Rāmānuja keine Skrupel, der Lektüre der upanishadischen

Texte ihre »Brille« aufzusetzen. Ihre Exegese der heiligen Texte ist daher von derselben Art wie die mittelalterlichen Bibelkommentare. Es ist eine Sache der Kultur der Epoche, aber es besteht auch kein Zweifel, daß die Kommentare von Meistern wie Śaṅkara und Thomas von Aquin den wahren Sinn der jeweiligen heiligen Schriften erläutern und daß in beiden Fällen ihre Theologie der Offenbarung gemäß ist. Es scheint jedoch, daß sie in ihrer Erklärung der Texte vielmehr die großen Linien ihrer jeweiligen Theologie suchen als den »Sitz im Leben«, der es erlauben würde, den Sinn eines bestimmten Textes aus sich selbst heraus zu verstehen, wie immer dann das Problem seiner Einfügung in das Ganze des Systems gelöst wird. Diese Art von Exegese entsprach einer vergangenen Epoche, aber wer würde heute eine Exegese akzeptieren, die versuchen würde, in jedem Vers des Neuen Testamentes die Theologie des Tridentinums wiederzufinden?

Sicher ist die Interpretation, die Śaṅkara von den Upanishaden gegeben hat, von einer außergewöhnlichen Kraft. Er hat das Wesen des upanishadischen Denkens mit einer selten erreichten Schärfe erkannt. Jedoch hat ihn die Notwendigkeit der Kontroverse mit dem Buddhismus, dem Sāṃkhya und anderen Schulen gezwungen, Kategorien zu verwenden, die, so erhellend sie auch zu seiner Zeit gewesen sein mochten, in einem anderen kulturellen Kontext für das Verständnis des heiligen Textes nicht notwendig sind. Der moderne Mensch wird sicher empfänglicher sein für die Frische und Unmittelbarkeit der Texte als für die schwerfälligen technischen philosophischen Begriffe, die die gelehrten Kommentatoren verwendet haben. Wir denken hier besonders an den Begriff *māyā*[17], der so schwer zu handhaben ist, an den des »zweifachen Brahman« und der »zweifachen Befreiung«. Es handelt sich dabei um Verhärtungen der upanishadischen Intuitionen; uns geht es vielmehr darum, diese Intuitionen selbst zu erfassen, dort wo sie entspringen.

Man wird daher zunächst dem religiösen und kulturellen Kontext, in dem die Upanishaden gedacht und überliefert wurden, die notwendige Aufmerksamkeit schenken müssen. Das wird dann in einem zweiten Schritt dazu führen, daß man dem Denken der Rishis selbst in all seinen Gängen Vers für Vers in einer langsamen Studie nachgeht. Es ist sicher, daß derjenige, der in sich selbst die Wahrheit der Upanishaden erfahren hat, am Ende seiner langen Studien aus ihnen etwas wie die Quintessenz ihrer zentralen Themen gewinnen kann, doch ist es für den Schüler weitaus wirksamer, zunächst in den Gedankengängen der Rishis selbst geführt zu werden. Man kann diesen Vorgang mit einer Pilgerschaft zu Fuß zu den Quellen des Ganges vergleichen, die tagelang den Windungen des Flusses folgt, und eine verkürzte Studie der wesentlichen Themen mit einem Überfliegen der heiligen Orte an Bord eines Hubschraubers.

Die Upanishaden sind eine Sprache, die man erlernen muß. Ein paar Stunden mögen vielleicht genügen, um die Logik der Paradigmen einer Sprache zu verstehen, doch wird man sie erst nach einem langen Umgang mit ihr, sowohl in ihrer schriftlichen wie gesprochenen Form, wirklich beherrschen. Erst dann wird diese Sprache ein Teil unserer selbst, sie wird einem natürlich und man wird sich an ihrem Ausdruck, ihren Implikationen, ihren immer subtileren und weiteren Bedeutungen spontan erfreuen.

Wie wir schon gesagt haben, befinden sich die Upanishaden historisch in einem außergewöhnlichen Moment der geistigen und religiösen Entwicklung der Menschheit. Sie zeugen von einer der großen Erleuchtungen des menschlichen Geistes, die den Gang der Geschichte bestimmen. Vorausgreifend müssen wir schon hier die Entsprechung dieses Erwachens mit dem Erwachen des modernen Denkens im religiösen Bereich hervorheben, worauf wir noch zurückkommen werden. Alle beide lehnen sich im Namen des Spirituellen gegen das aufgezwungene Sakrale auf, das die Religionen so oft anbieten und auferlegen, wenn sie sich in der Zeit und in der menschlichen Gesellschaft einrichten. An ihrem Ursprung ist immer eine heilige Begeisterung. Das Christentum selbst ist aus einer Explosion des Geistes entstanden. In diesem Moment besitzen die Mythen, die Riten und die Formulierungen, die die Erfahrung hervorrufen und sie im Leben der Gemeinschaft der Gläubigen ausdrücken wollen, noch die Frische der ursprünglichen Inspiration. Gewiß bedient sich der Mensch des Ritus und des Mythos, aber sie sind für ihn nur die Träger einer Erfahrung, durch ihre Vermittlung erhält er unweigerlich die Inspiration. Die Mythen und Riten werden selbst nicht als außerhalb der Erfahrung empfunden oder von ihr getrennt verstanden. Erst später, wenn die spirituelle Kraft, die alles leitete, geschwächt ist, wird sich der Gläubige zu den Riten, Mythen und Formulierungen wenden und ihnen immer mehr eine absolute Bedeutung beimessen. Er wird dann seine Brüder unter das Joch eines aufgezwungenen Sakralen spannen, eines Sakralen, das nicht mehr einfach die innere Qualität des Geheimnisses ist, das jedem menschlichen Akt zugrundeliegt, sondern das in Handlungen, Dingen, festgesetzten Zeiten besteht, die sozusagen dem ganzen Leben des Menschen entzogen werden und von ihm auf konventionelle Weise mit einem sogenannten »sakralen« Charakter bekleidet werden.

Zur Zeit der Upanishaden hatte der Ritualismus der brahmanischen Religion einen Sättigungspunkt erreicht. Man kann ihn am besten mit dem Judentum nach dem Exil vergleichen, als die Propheten verschwunden waren und die politischen Umstände dazu führten, daß es auf sich selbst zurückfiel.

Die Reaktion, die die ältesten Upanishaden bezeugen, ist schon dieselbe, die der Buddha auf die Erstarrung zeigen wird, in die die theologische Reflexion Indiens zu versinken drohte, sowie auf die Äußerlichkeit der asketischen Methoden und der Suche nach Ekstase. Dieselbe Reaktion finden wir wieder bei den Propheten Israels, die versuchten, ihr Volk vor einem seelenlosen Ritualismus zu bewahren. Sie ist schließlich die Reaktion Jesu selbst, der den Menschen von allen Gesetzen befreit, ausgenommen von dem Gesetz der

Liebe. Daher ist es wirklich notwendig, um den Sinn der Upanishaden richtig zu verstehen, sich ständig die Welt des vedischen Mythos und des brahmanischen Ritualismus vor Augen zu halten, aus denen sie entsprungen sind. Auf diesem geistigen Hintergrund hat sich die Meditation entfaltet, die in den großen befreienden Intuitionen gipfelte.

Außerdem stellen die Upanishaden kein systematisches Lehrgebäude dar. Sie sind Erleuchtungen und Intuitionen, die vom Guru zum eingeweihten Schüler überliefert wurden. Aber es ist sicher richtig zu sagen, daß es in der Vision der Upanishaden eine Grundlinie gibt – eine Linie, die Śaṅkara deutlicher als alle anderen hervorgehoben hat. Man kann jedoch nicht leugnen, daß dieser große Baum alle Arten von Zweigen hat, und man ist oft geneigt, wie der Exeget des Qohelet (Ecclesiastes), in der einen oder anderen Stelle die Hand eines Redaktors zu erkennen, der versucht, die Lehre seiner eigenen Sicht der Dinge anzupassen. Es gibt auch hier und dort Klischees, die automatisch wiederholt werden und die man nicht wörtlich zu nehmen braucht. Man fragt sich auch manchmal, ob der eine oder andere Vers die endgültige Lehre des Meisters enthält oder den Gesichtspunkt des Schülers. Außerdem sind uns die Upanishaden durch die verschiedenen vedischen Schulen überliefert, und diese Zusammenhänge sind oft sehr erhellend, wie z. B. im Fall der Chāndogya Upanishad, die sich an den Sāma-Veda, den »Veda der liturgischen Gesänge« anschließt, von dem »Hymnensänger« dieses Veda. Daher ist es nicht verwunderlich, daß die Meditation, die zur Einheit strebt, von den Korrelationen zwischen dem *udgītha* (dem Hauptteil, der Essenz der Melodie) und der Silbe OM ihren Ausgang nimmt.

Darüber hinaus entstehen die sogenannten vedischen Upanishaden in einem Zeitraum von mehreren Jahrhunderten, ungefähr zwischen dem 10. und dem 6. Jahrhundert vor Christus. Die letzten sind vielleicht gleichzeitig mit dem Buddha (der 483 oder 475 gestorben ist, das traditionelle Datum ist 543) und können jedenfalls nur auf dem Hintergrund

der theologischen Spekulation und der spirituellen Suche verstanden werden, in deren Umwelt sich das Erwachen des Śākyamuni situiert.
Die Upanishaden sind das Ergebnis von einigen Jahrhunderten, die besonders fruchtbar waren in ihrer spekulativen und mystischen Suche nach dem Geheimnis des Menschen, das notwendig das, was man das Göttliche nennt einschließt, und nach dem Geheimnis der existierenden Welt, mit einem Wort, dem ganzen Mysterium des Seins. Es handelt sich dabei um eine lebendige, fortgesetzte Suche, mit erstaunlichen Erkenntnisblitzen, aber auch mit Rückschlägen, mit Erklärungsversuchen, manchmal auch Angst vor der Radikalität dieser Erfahrung.
Die beiden ersten Upanishaden, die Bṛhadāraṇyaka und die Chāndogya, sind ein Zeugnis für die radikale Reinheit des upanishadischen Denkens. Sie schließen unmittelbar an die durchdringenden und kraftvollen Fragen transzendenter Natur an, die sich schon die Weisen gegen Ende der vedischen Periode zu stellen begannen, wie einige Hymnen des 10. Buches des Ṛig-Veda, mehrere des Atharva-Veda und auch bestimmte Texte des Śatapatha Brāhmana (besonders im 10. Buch) bezeugen. Jedoch bleiben noch »Reste« des mythischen und ritualistischen Denkens der Veden, die nicht vollkommen in die tiefe Vision der Bṛhadāraṇyaka integriert sind. Tatsächlich konnte nur eine Intuition, die bis zur Quelle des Seins durchdringt, einen befähigen, sich in der Entblößung von allem »Religiösen« wohlzufühlen, die in der Lehre der Bṛhadāraṇyaka oder der Chāndogya Upanishad enthalten ist. Deshalb verfiel man später wieder in das diskursive Denken, man begann wieder zu reflektieren, man versuchte, wenigstens etwas zu retten, wenn nicht auf der Ebene des Ritus und des Mythos, so doch auf der des Denkens und der spirituellen Bemühung, was bis zu einem gewissen Grad die Person dessen, der denkt und der sich bemüht, angesichts dieses vernichtenden Absoluten bewahren würde. Man wollte so in diesem gleichzeitig inneren und universalen Mysterium, das

in der Gleichung *Ātman-Brahman* ausgedrückt wurde, wieder ein Gesicht, ein Antlitz entdecken. Der *Puruṣa*[18] der vedischen Hymnen tauchte wieder auf, und man versuchte, durch ihn der Gottheit, dem Göttlichen wieder ein Gesicht zu verleihen; diesen »Gott« sozusagen sich gegenüberzustellen, der das innerste immanente Geheimnis des menschlichen Bewußtseins ist – eine Aufgabe, die später die theistischen Schulen des Viṣṇuismus und Śivaismus, wie etwa Rāmānuja (11.–12. Jh.), aufgegriffen und philosophisch entwickelten.

Die Intuition war scheinbar nicht mehr stark genug, um wie mit einem einzigen Lichtstrahl – wie ein Laser-Strahl – alle Ebenen des Seins gleichzeitig zu durchdringen, angefangen von der äußerlichsten, die den Sinnen erreichbar ist, bis in die tiefste und verborgenste, die sowohl das Denken wie das Nichtdenken übersteigt. Man begann über die Wirklichkeit der Erscheinung zu diskutieren, man unterschied verschiedene *Ātman* (Selbste), zunächst nur in der Form der Darlegung, wie in der Kaṭha Upanishad und später auf dialektische Weise wie in der Maitrī Upanishad. Man begann die Elemente des Menschen und des Universums, die *tattvas,* aufzuzählen (Sāṃkhya) und zu unterscheiden, daher ist der Ton der philosophischen Partien der Śvetāśvatara Upanishad und der ganzen Maitrī Upanishad so verschieden.
Die Śvetāśvatara gibt ein ausgezeichnetes Beispiel von diesen logischen Tendenzen, jedoch mit einem Funken von Ironie, was die *brahmavādin,* die »Logiker des Brahman« betrifft, die die Lösung ihrer Probleme von einem *brahmavid,* einem Menschen der das Brahman intuitiv und unmittelbar erfahren hat, erwarten. Gleichzeitig findet diese Upanishad, wie die Mahānārāyaṇa, die Inspiration der vedischen Hymnen wieder, indem sie den zugleich vollkommen transzendenten und vollkommen immanenten *Puruṣa* besingt.[19]
Die Maitrī kündet das Ende der großen Epoche der Upanishaden an. Es war dann notwendig, daß der Buddha kam, um den höchsten Wert wiederherzustellen, wobei er seine Intui-

tion mit Hilfe ganz anderer Mittel und Begriffe erklärte, als diejenigen, die die Upanishaden verwendet hatten. Z. B. stellte er dem Begriff des *sarvam,* des *pūrṇam,* des Ganzen, der Fülle, der Totalität, der doch die tödliche Auflösung der Erfahrung nicht verhindern konnte, den Begriff des *śūnya,* der Leere entgegen, wobei er selbst über alle sogenannten transzendenten Fragen Schweigen bewahrte und andere zum Schweigen zwang.

Es ist bekannt, wie das Schweigen des Buddha durch Reden und endlose Abhandlungen kommentiert wurde, und daß das Thema der Leere mehr Diskussionen heraufbeschwörte, als es das *pūrṇam* der Upanishaden je tat!

Wir haben oben die verschiedenen upanishadischen Schulen erwähnt. Es hat sicher eine bedeutende upanishadische Bewegung innerhalb der Priesterklasse selbst gegeben. Der größte Lehrer der Upanishaden, Yājñavalkya, war ein Brahmane, und sein Name selbst deutet seine Verbindung mit den Riten und dem Opfer an (*yajña* = Opfer). Der große Satz: *tat tvam asi* (»Das bis du«) wurde von einem anderen Weisen der Priesterkaste, Uddālaka Aruṇi, seinem Sohn Śvetaketu gelehrt, Uddālaka Aruṇi war einer der Gesprächsgegner Yājñavalkyas in dem großen Redewettstreit, den König Janaka veranstaltete (Bṛ. Up. 3,7). Es scheint aber, daß Uddālaka sein Wissen nicht allein von der priesterlichen Tradition bezogen hat. Mit seinem Sohn Śvetaketu mußte er öfter eine Niederlage von Prinzen wie Pravāhaṇa Jaibali[20] und Citra Gārgyāyaṇi[21] entgegennehmen. In seinem Wunsch nach Erkenntnis war er aber dazu bereit, diese Fürsten um Belehrung zu bitten und ihr Schüler zu werden. Die Bṛhadāraṇyaka (2,1) berichtet uns die Geschichte von dem stolzen Bālāki, der von Ajātaśatru, dem König von Kashi, besiegt wurde. Wie Jaibali dem Vater von Śvetaketu sagte, wissen die Brahmanen viele Dinge, jedoch gibt es Geheimnisse der Weisheit, die ihnen noch nicht offenbart wurden.[22]

Die Upanishaden selbst bezeugen also eine mystische Reflexion, die sich außerhalb der Priesterkreise entwickelte, im besonderen an den Fürstenhöfen und in der Kaste der *kṣatriyas*, der Krieger und Anführer.

Aber auch außerhalb der priesterlichen und fürstlichen Kreise gab es viele freiere Gruppen – Basisgruppen würde man heute sagen – die vor allem aus Asketen bestanden, die in den Wäldern lebten. Die Muṇḍaka Upanishad zeigt mit einer beißenden Ironie den Kontrast zwischen den Opferern, die in den Städten und Dörfern ihr Vertrauen auf den Ritus setzten und bestenfalls einen Himmel *(svarga)* erhofften, in dem sie eine vorübergehende Glückseligkeit genießen (ein Himmel, den sie natürlich eines Tages wieder verlassen müssen, um auf die Erde zurückzukehren), und denen, die sich in den Wald zurückgezogen haben und dort in Glauben und Askese *(śraddhā* und *tapas)* leben. Diese Asketen mit geschorenem Kopf *(muṇḍaka)*, die das »Gelübde des Kopfes« abgelegt hatten, schienen einer besonderen Sekte von Entsagern anzugehören, von der Art derer von denen die buddhistischen Quellen sprechen und die schon zur Zeit des Buddha weit verbreitet waren.

Auch die Chāndogya Upanishad stellt die Leute der Stadt (oder vielmehr der Dörfer, *grāma*) denen des Waldes entgegen, wie es an der Pañcāgni-vidyā (5,10,1,4) deutlich wird, die Uddālaka von dem König Jaibali empfing. Die ersteren schenken ihren Glauben den religiösen Verdiensten, die aus ihren Opfern, ihren Almosen und guten Werken entstehen, durch die sie nach dem Tod in die Welt der Väter, des Mondes gelangen, wo sie in Soma verwandelt zu der Nahrung der Götter werden, in der Erwartung, wieder auf die Erde herabzusteigen wenn der Augenblick gekommen ist und in den Umständen wiedergeboren zu werden, die durch ihre Werke *(karma)* und ihr Wissen *(vidyā)* oder ihre Schriftkenntnis *(śruta)* bestimmt werden.[23]. Auf der anderen Seite werden die im Wald lebenden Asketen, die von Glauben und Askese leben, beim Tod in die Welt der Sonne eingehen und von dort in den *brahmaloka*, von wo es keine Wiederkehr gibt.

Die Bṛhad Upanishad spricht auch zweimal (3,5 und 4,4,22)

von jenen Brahmanen, die die verwandelnde Intuition erfahren haben. Da alle ihre Wünsche erfüllt sind, können sie nicht einmal mehr »Reichtümer, Nachkommen oder menschliches Wissen zu gewinnen suchen«, denn sie haben alles, absolut alles im Ātman, im Selbst. Diese Welt ist ihnen zu eng geworden, sie fühlen sich nicht mehr wohl in ihr. Ihre wahre Welt ist der Ātman, in dem sie leben und ihre Glückseligkeit finden[24], sie stillen ihren Durst an der Quelle aller existierenden oder selbst denkbaren Freuden. Dann verlassen auch sie ihre Dörfer und ihre Arbeit und leben von dem, was man ihnen hier und dort zu essen und sich zu bedecken gibt. Yājñavalkya selbst »zog hinaus«, nachdem er alle Theologen und fürstlichen Gelehrten besiegt hatte, nachdem er König Janaka und zuletzt seine Gemahlin Maitreyī belehrt hatte (Bṛ. Up. 4,5,15).

Es gibt zwei sehr verschiedene Kategorien derer, die sich so von der Gesellschaft zurückziehen, entweder um ihr ganzes Leben der Suche nach Brahman zu weihen, oder weil sie nicht mehr fähig sind, in der Welt der Erscheinungen zu leben und in Erwartung der Auflösung ihres Körpers sich an die äußerste Grenze der menschlichen Gesellschaft zurückziehen:
Erstens gibt es diejenigen, die in der erleuchtenden Intuition der Nichtdualität ihrer tiefsten Mitte und der tiefsten Mitte des Universums *(ātman-brahman)* erkannt haben, daß kein Ritus, keine theologische Formulierung, kein *dharma*[25] einen verpflichtenden Wert behält, oder noch genauer, daß nichts von all dem in bezug auf die endgültige Befreiung einen Sinn oder Nutzen hat, und infolgedessen auch nichts mit der wahren Erkenntnis zu tun hat, in der sie schon leben. Die Erkenntnis des Ātman-Brahman bedeutet für sie das Zertrennen aller »Knoten des Herzens«[26], d. h. aller sozialen und religiösen Bindungen. Es sind dies die *atyāśrama*[27], von denen die Śvetāśvatara Upanishad in den letzten Versen spricht, diejenigen, die jede Einordnung in die soziale oder religiöse Welt verweigern. In diese Richtung werden sich später, lange nach

der Periode, von der wir sprechen, die sogenannten Sannyāsa Upanishaden entwickeln, die Gegenstand des letzten Kapitels dieses Buches sind.

Zweitens gibt es diejenigen, die nicht den Mut haben, sich vom Ritus und von der »Religion« zu befreien oder die es nicht wollen. Das Mahābhārata und das Rāmāyaṇa werden um die Wette jene Waldeinsiedeleien beschreiben, in denen die Opferfeuer, *yajña* und *homa*, abends und morgens mit der ununterbrochenen Begleitung des Gesanges vedischer Hymnen aufsteigen. Doch entspricht dies einem anderen Ideal, das in der Tradition des dritten Lebensstandes seinen Ausdruck fand, dem *vanaprastha,* wenn der Hausvater nach der Erfüllung seiner häuslichen Pflichten sich in den Wald zurückzieht, um dort als Einsiedler zu leben. Es scheint auch, daß die institutionalisierte Gesellschaft ihr möglichstes tat, um diejenigen, die sich ihr entziehen wollten, zurückzuhalten und an sich zu binden.

So wurde der *Sannyāsa* – das Leben vollkommenen Verzichtes – wieder in die brahmanische Gesellschaft eingegliedert als der vierte *āśrama* (Lebensstand) und hörte infolgedessen auf, ein Trans-Āśrama zu sein. Einige Jahrhunderte später begann das Gesetzbuch des Manu, die Regeln nicht nur für den Eintritt in den Sannyāsa, sondern für das Leben des Sannyāsī, des Entsagers selbst festzulegen. Das hinduistische Mönchtum wird sich ständig zwischen diesen beiden Polen entwickeln: dem der absoluten Freiheit, die den *avadhūtas*[28] zukam, denjenigen, für die das innere Licht *(tejas)* zu stark war, um ihnen zu erlauben, irgendeine soziale oder religiöse Verpflichtung auf sich zu nehmen (z. B. ein Ramana Maharshi), und dem des institutionalisierten Sannyāsa, der sich parallel im Hinduismus und Buddhismus entwickelte.

Für diese Asketen, die Bettler, Einsiedler oder Wandermönche waren, war es ausgeschlossen, die anspruchsvollen und teuren Riten der brahmanischen Gesellschaft zu vollziehen. Die Notwendigkeit eines bestimmten Rituals für diese Entsager und der damit gegebene Protest vieler unter ihnen gegen

das Übergreifen des Ritus führte allmählich dazu, daß man den Opfercharakter und den sakramentalen Wert des ganzen menschlichen Lebens anerkannte.
In der vedisch-brahmanischen Tradition war das Opfer (*yajña)* der höchste Akt des Menschen. Die berühmte Puruṣa-Hymne des Rig-Veda (10,90) stellte den Ursprung der Welt und der Lebewesen in Form eines großen Ur-Opfers dar. Eben derselbe Jaibali, der Aruṇa belehrte, erklärte ihm, wie das Entstehen des Menschen selbst im Schoß seiner Mutter der letzte Akt eines *yajña* ist, das im kosmischen Bereich vollzogen wird.[29]. In einem anderen Text der Chāndogya (3,16) werden die verschiedenen Phasen des menschlichen Lebens als Entsprechung zu den verschiedenen Phasen des Somaopfers[30] dargestellt. Die beiden ersten Bücher derselben Upanishad zeigen, wie die Geschehnisse im Universum der Udgītha-Gesang sind, der wichtigste Gesang des Sāma-Veda, der immer das feierliche Opfer begleitet. Die Kauṣītaki Upanishad (2,5) zeigt, wie der Mensch ständig seine Rede in dem Atem und den Atem in der Rede opfert. Die letzten Kapitel des fünften Buches der Chāndogya betrachten die Nahrung als eine Opfergabe in dem inneren Feuer, dem *antarāgnihotra.* Wenn die Nahrung so im Geist des Glaubens und des Opfers zu sich genommen wird, sättigt sie die *devas* und das ganze Universum ebenso wie es ein rituelles Opfer täte.
Nach einer interessanten Hypothese von J. Varenne, stellt die Mahānārāyaṇa Upanishad eben eine Art »Brevier« für den Gebrauch der Asketen und Entsager dar, indem sie ihnen Texte zur Verfügung stellt, die sie während des Vollzugs eines rein geistigen Ritus rezitieren sollen.

Schlüsselworte

Jedes ernsthafte Studium der Upanishaden erfordert fast als notwendige Voraussetzung eine gewisse Kenntnis des Sanskrit.

Im Fall der Bibel war die erste Übersetzung des Neuen Testamentes vom Griechischen ins Lateinische, zwei Schwestersprachen, die von der ganzen kultivierten Bevölkerung des römischen Reiches fließend gesprochen wurden. Es war daher möglich, eine, zumindest theoretisch, fast wörtliche Übersetzung des Neuen Testamentes zu haben. Was das Alte Testament betrifft, so war seine griechische Übersetzung etwas wie eine neue Version, eine neue Lektüre, die viele ähnlich dem hebräischen Urtext für inspiriert hielten. Die modernen europäischen Sprachen sind gewiß sehr verschieden von der griechischen und lateinischen Sprache. Jedoch stammen sie von ihnen ab und haben sich in ständigem Kontakt mit der lateinischen Sprache, mit dem griechischen Denken und der ständigen Predigt und Betrachtung der Bibel entwikkelt. All dies, verbunden mit der Wissenschaftlichkeit der modernen Exegese, macht es möglich, daß die Bibelübersetzungen in europäischen Sprachen sehr nahe am Original sein können und denjenigen, die keinen direkten Zugang zu dem hebräischen oder griechischen Urtext haben, einen sicheren Kontakt mit dem Denken des Autors vermitteln.
Die Übersetzung des Sanskrit in europäische Sprachen steht demgegenüber vor ähnlichen Problemen wie die Übersetzung der Bibel in außereuropäische Sprachen. Es ist ein äußerst gefährliches Unterfangen. Zunächst ist die kulturelle Basis eine andere, die geistige »Sprache«, die jeder geschriebenen und gesprochenen Sprache zugrundeliegt, ist ebenfalls verschieden, und weit mehr noch ist das intuitive Verständnis des »göttlichen Mysteriums«, das alles andere bestimmt, ein völlig anderes. Darüber hinaus ist jedes Wort eine semantische Konstellation, enthält es eine Vielfalt von Bedeutungen, und selbst Worte, die sich zunächst etymologisch zu entsprechen scheinen, haben oft sehr verschiedene Zentren ihrer semantischen Kristallisation. Der Übersetzer wird daher oft versucht sein, und zwar mit Recht, dasselbe Wort je nach dem verschiedenen Zusammenhang, in dem es ihm begegnet, verschieden zu übersetzen.

Im Fall der Upanishaden gibt es eine gewisse Anzahl von Schlüsselworten, die so genau wie möglich verstanden werden müssen, um in der Exegese die schlimmsten Interpretationsfehler zu vermeiden. Dies ist umso wichtiger und schwieriger aufgrund der Tatsache, daß diese Schlüsselworte in dem Kontext einer Kultur und einer Religion entstanden sind, die sich ständig entwickelt hat, und andererseits, daß sie dafür verwendet wurden, die ganzheitliche und allumfassende Intuition der upanishadischen Rishis auszudrücken. Infolgedessen werden diese Worte oft in einem wechselnden oder fließenden Sinn verwendet, und die Übersetzungen oder Interpretationen, die in einem bestimmten Zusammenhang zutreffen, können nicht notwendig auf einen anderen Kontext angewendet werden, obwohl alle scheinbar verschiedenen Bedeutungen zusammenhängen und sogar ihre Verschiedenheit dazu verhelfen sollte, bis zu der grundlegenden Intuition des Rishi selbst vorzudringen.
Diese Schlüsselworte sind zuerst die Grundbegriffe der Upanishaden wie: *upaniṣad, ātman, brahman, puruṣa, prāṇa, prajñā, vidyā, amṛta, sat, asat, deva,* etc. Es gibt auch einige sekundäre Begriffe und Verbalwurzeln, die oft wiederkehren und die mehr als andere Worte verlangen, daß man sie richtig im Zusammenhang des Kontextes übersetzt, wie z. b. *upās-, pratiṣṭhā,* etc.[31]

upaniṣad

Der erste Begriff, der einer Erklärung bedarf, ist selbstverständlich der der *Upanishad* selbst. Die traditionelle Etymologie lautet: *upa- ni- sad,* »nahe dabeisitzen«, zu den Füßen des Meisters sitzen und seine Unterweisung empfangen. Doch ist diese Unterweisung, die zu Füßen des Meisters empfangen wird, nicht irgendeine Lehre. Wenn die heiligen Texte von *»upaniṣad«* sprechen, so handelt es sich immer um ein geheimes, verborgenes, d. h. esoterisches Wissen. Eine aufmerksame Untersuchung hat den französischen Indologen Louis Renou dazu geführt, in dieser Geheimlehre der Upanishaden die Lehre von bestimmten »Korrelationen«, Entsprechungen zu erkennen, die auf der gedanklichen Ebene, im Bereich des *manas,* nicht erfaßt werden können und die nur eine intuitive Einsicht, eine besonders durchdringende Vernunft *(buddhi)* erkennen kann.

Im vedischen und vor allem brahmanischen Denken[32] besteht alles im Universum aus Korrelationen, nicht nur sind es die Entsprechungen zwischen Kosmos und Menschen im allgemeinen, sondern auch die zwischen den Elementen und Funktionen des Menschen, sowohl im körperlichen wie im seelischen Bereich, und den Elementen und Funktionen des Kosmos. Einige Beispiele: Auge-Sonne; Atem-Wind; Mund-Feuer; Ohren-Himmelsrichtungen; Same-Wasser; *manas* (Denken und Gefühl)-Mond, usw.

Weit mehr noch besteht eine äußerst intime Entsprechung zwischen dieser Welt, in der der Mensch lebt, und der »anderen« Welt – jene andere Welt, die weder die Sinne noch das Denken erreichen können und die zugleich die überirdische Welt des Lichtes und des Himmels ist, und auch jene Welt, die für unser Wachbewußtsein unzugänglich ist und die sich auf geheimnisvolle Weise in der Welt des Traumes manifestiert, und noch geheimnisvoller im Zustand des Tiefschlafes (*suṣupti*).

Der westliche Mensch mag über das ständige Spiel dieser Korrespondenzen lachen, die in Grenzbereichen zur Identifizierung werden; aber ist es nicht ein viel wirksameres Mittel als das abstrakte Denken, diese Fäden der Zusammenhänge, aus denen der Kosmos besteht, und in deren Bereich sich der Mensch befindet, auf existentielle und realistische Weise zu erleben? Ist es nicht in einer anderen Sprache, wenn man sie richtig versteht, die Entsprechung zu jener Ansicht der höchsten christlichen Theologie, daß alles »Mit-Sein«, *syneinai* ist? In dieser Ansicht entdeckt die Theologie die konstitutive Beziehung des Seins, nicht eine Beziehung, die hergestellt wird, wenn das Sein erkannt wird, sondern eine Beziehung, auf der das Sein selbst gründet. Sie entdeckt darin auch das

Mysterium Gottes selbst, und auf den Spuren der trinitarischen Theologie[33] das Mysterium Christi, das nur in seiner Fülle im mystischen Leib vollendet wird. Die Epigonen mögen aus dieser wunderbaren Intuition der Trinität eine Abstraktion gemacht haben, die sie in einen fernen »Himmel« versetzt hat, doch dies hindert nicht, daß das »trinitarische Geheimnis« auf allen Ebenen des Seins wie auf allen Ebenen des christlichen Glaubens zu finden ist. Die Erfahrung der Trinität ist, recht verstanden, die Erfahrung meiner Beziehung zu jedem meiner menschlichen Brüder und zu jedem Geschöpf. Christus selbst ist ein Mysterium reiner Beziehung: Er ist reine Beziehung in seiner ewigen Natur – mit dem Vater und dem Geist; er ist auch in seinem Wesen als Mensch reine Beziehung, zum Vater und zu den Menschen. Er hat sich uns hingegeben, um mit jedem in Symbiose zu leben – sowohl auf der zeitlichen wie auf der ewigen Ebene. Sein Sein-in-Beziehung manifestiert sich sozusagen durch diesen Archetyp des »Mit-Seins«, gleichzeitig in seiner Anwesenheit in der Tiefe jedes Menschen und in seiner Inkarnation, die inmitten der Geschichte auftrat. Selbst wenn dieses Geheimnis in der Inkarnation seine endgültige Erscheinung findet, die die ganze Geschichte, den ganzen Kosmos und alle möglichen Erscheinungen des Seins gleichzeitig zusammenfaßt und zu ihrem Höhepunkt führt, so ist es doch auch wahr, daß es schon in allen Beziehungen, die das Universum begründen, anwesend und wirksam war, in jenen Beziehungen, die sich in der Gemeinschaft des Bewußtseins vollenden, jene »Noosphäre« von Teilhard de Chardin, und noch tiefer jenseits des *»noũs«*, des Begriffes, in jener innersten Mitte des Menschen, auf die das indische Denken seit seinen Anfängen ausgerichtet war.

Diese Reihen von Korrelationen und Identifizierungen entwickelten sich natürlich auf der Grundlage der vedischen Mythen und des brahmanischen Rituals. Der vedische Mythos hatte den Elementen, Kräften und Funktionen des Kosmos ein Gesicht verliehen. Das vedische Opfer (*yajña*), das aus Handlungen und Formeln bestand, setzte diese Entsprechung zwischen den verschiedenen Ebenen des Seins voraus, um wirksam zu sein. Wie hätte sonst der Vollzug des Opfers und die Rezitation der Mantras zu einer bestimmten Zeit auf Erden, irgendein Ergebnis in einer anderen Welt und zu einer anderen Zeit hervorbringen können? Das philosophische Problem der Kausalität wurde so auf existentielle Weise gelöst. Da es tatsächlich eng verbunden ist mit dem Grundproblem des menschlichen Daseins, wurde dieses letztere gleichzeitig auf existentielle Weise gelöst: Es wird im gegenwärtigen Augenblick erfaßt und ist gleichzeitig unweigerlich über die Gegenwart hinaus projiziert, in eine andere Zeit, einen anderen Raum, bis zu jener anderen Welt, die uns der Schlaf vorausahnen läßt und deren Eingang, im Bereich der Archetypen, von *mṛtyu,* dem Tod, bewacht wird – bis man endlich entdeckt, daß das tiefste Selbst, der Ātman selbst im Zentrum des Herzens ist, der gleichzeitig »die Türe ist, die öffnet und schließt«, die »Brücke, die verbindet und trennt« (Chānd. Up. 8,6,5 und 8,4,1). Dann wird das Geheimnis des Todes, und infolgedessen auch das des Schlafes, erhellt und gleichzeitig aufgehoben.

puruṣa

Dieser Sinn für die Entsprechungen und Beziehungen ließ die alten Rishis überall im Universum die Anwesenheit des MENSCHEN erkennen. Dies führt uns zu dem Begriff *puruṣa,* dessen unendlich vielfältige Bedeutung keine Übersetzung wiederzugeben vermag, denn das westliche Denken scheint unfähig zu sein, das zu begreifen oder durch ein Wort seiner Tradition und Kultur auszudrücken, was in der indischen Tradition ein Kristallisationspunkt vielfältiger Bedeutungen ist, die mit dem Begriff *Puruṣa* evoziert werden. *Puruṣa* ist in seiner Grundbedeutung »der Mensch«, genauer gesagt »der Mann«, denn in allen Traditionen ist der Mensch zunächst der Mann. *Puruṣa* ist auch der Mensch schlechthin, der Adam der Bibel, und auch der Ben-Adam, der »Menschensohn«. Er ist der kosmische, archetypische Mensch, jenes Seinsbewußtsein, das sich schließlich im Menschen vollkommen manifestiert, in dem Höhepunkt der Schöpfung – *sukṛta,* der »gutgemachte«[34] nennt ihn die Upanishad. Doch ist er es, der schon von Anfang an auf der Suche nach sich selbst ist und der alle Dinge und Ereignisse der Schöpfung schon durch die Anwesenheit des kommenden Menschen prägt.

In der großartigen Schau des Veda (besonders RV. 10,90)[35], die ständig die Elemente der Kosmogenese, die sich in den Brāhmaṇas und Upanishaden finden, beeinflussen wird, ist der *Puruṣa* der Ur-Mensch, der zuerst ist und von dem ausgehend alles ins Dasein kommt. Entweder ist er einfach, ohne einen bestimmten Anfang (RV 10,90), oder aber er wird im Anfang vom Ātman hervorgebracht. In der Bṛhad Upanishad 1,4,1 heißt es, daß der Ātman in Form des *Puruṣa* »erscheint«: »Am Anfang war dies allein der Ātman, in Gestalt des *Puruṣa.*« In der Aitareya Upanishad (1,1–3) bringt der Ātman zuerst das Ungestaltete hervor (d. h. vor dem Auftreten der kosmischen Ordnung)[36], die unteren und oberen Wasser, die Lichtstrahlen und den Tod; dann läßt er aus den Wassern den *Puruṣa* entstehen. In einigen Texten ist der *Puruṣa* von Anfang an vollständig, in anderen wie der Aitareya Upanishad brechen seine Sinnesorgane eines nach dem anderen aus seinem Körper durch die Wirkung des *tapas* hervor, d. h. der Glut, der inneren Hitze, die der Ātman ausstrahlt, der sich auf sich selbst konzentriert, um eben den *Puruṣa* zu erzeugen, und mit ihm das ganze geordnete Universum. Wie der Rig-Veda so deutlich zeigt (10,90,3–4), gehört der *Puruṣa* gleichzeitig der oberen und der unteren Welt an. »Drei Viertel von ihm sind in die Höhe aufgestiegen, ein Viertel ist hier unten entstanden.« In christlicher theologischer Sprache würde man ihn ein »theandrisches« Wesen nennen. Ein Viertel seines Wesens manifestiert sich in dieser Welt, während die drei anderen Viertel unerreichbar im Verborgenen ruhen.[37]

In diesem Ur-Menschen, dem Puruṣa, offenbart sich das verborgene Geheimnis[38] zuerst[39] im Grunde des Denkens und der Intuition der Rishis. *Davor* ist nichts, *a-sat;* nicht ein reines Nichts, denn das hätte absolut keinen Sinn. Ist nicht das Sein, das was ist, jenseits aller Begriffe von Vorher und Nachher? Das indische Denken kann sich nicht abstrakt jenes Nichts *(nihil)* vorstellen, aus dem Gott die Schöpfung hervorbringt *(creatio ex nihilo),* denn ein solches Nichts wäre notwendigerweise, was aber unmöglich ist, anders als Gott, als das Sein.[40] Jedoch ist hier noch nichts erkennbar, weil es noch keinen Erkennenden gibt auf der Ebene des Erkennbaren. Dieser Erkennende selbst wird, auf der Suche nach seiner vollkommenen Gestalt (dem Menschen) dieses Unerkennbare, dieses *pada*[41], wahrnehmen, unterscheiden und ordnen. Vorher war alles noch im Zustand des *tohubohu* (das Ur-Chaos), von dem die Genesis spricht. Es ist dieses ursprüngliche Geheimnis, mehr noch dieser Bereich des Mysteriums, das der Mensch im Grund seines Denkens, seines Bewußtseins, erahnt und über das er absolut nichts aussagen kann. Alles beginnt in der Tiefe des Menschen selbst: »Am Anfang war allein der Ātman in Gestalt des *Puruṣa«*[42] (Bṛ. Up. 1,4,1). Daher ist die wahre Bedeutung von *agre,* »am Anfang«, weder räumlich noch zeitlich, es ist dieser Grund meiner selbst, der jeder Sinneswahrnehmung wie dem abstrakten Denken unzugänglich ist. Es ist in der Gestalt des Menschen, *puruṣa-vidha,* oder genauer gesagt in der Bewegung auf die vollkommene und endgültige Gestalt des konkreten Menschen zu, wo alles beginnt, sich zu verwirklichen, zu erscheinen, Form und Gestalt anzunehmen. Der Mensch ist die Idee der Schöpfung, ihre göttliche Idee, würde sicher eine bestimmte Schule der Theologie sagen.

Von diesem MENSCHEN geht alles aus. Doch in der schon zitierten Hymne des Rig-Veda vollzieht sich dieser Ursprung von allem aus dem Ur-Puruṣa mittels eines *yajña,* eines Opfers, denn im Kontext der Brāhmaṇas, der gegen Ende der vedischen Periode schon aufzutreten beginnt und dem diese Hymne angehört, ist das Opfer ein Archetyp, ein geistiges

Thema, das die ganze Reflexion bestimmt. Das ursprüngliche Opfer des *Puruṣa* ist das Urbild, nach dem alle Opfer (*yajña*), die die Menschen je in dieser Welt im Lauf der Jahrhunderte darbringen werden, organisiert und vollzogen werden und von dem sie ihre Wirksamkeit beziehen. Dieses Ur-*yajña* wird von den *devas* dargebracht (den personifizierten Erscheinungen der göttlichen Macht, die im Universum wirksam ist), und doch erhalten auch die *devas*, die Götter, von diesem Opfer selbst ihr Dasein, da sie selbst geschaffene Wesen sind.

> »Wahrlich, am Anfang war dies (die Welt) Brahman allein. Er kannte allein sich selbst: ›Ich bin Brahman‹, und so wurde es Alles. Und wer von den Göttern das erkannte, wurde zu demselben ...« Bṛ. Up. 1,4,10

Jenseits der Mythen und der Worte, die am Anfang sicher notwendig sind, kann der Mensch das ursprüngliche Mysterium nur in einem Übersteigen aller begrifflichen Begrenzungen erreichen, ein Übersteigen, das jedoch nicht eine Rückkehr in das anfängliche *Tohubohu* sein kann, in dem das Denken, von dem zu starken Licht geblendet, nur mehr Finsternis wahrnimmt, sondern die Entdeckung der Einheit, der Entsprechung – der *upaniṣad*[43] aller Ebenen im Licht einer inneren Sonne, die nun im Zenit steht: Eben darin besteht das Geheimnis des upanishadischen Denkens, was die Māṇḍūkya Upanishad das *turīya* nennen wird, den »vierten« Zustand des transzendenten Bewußtseins. Daher sagt die letzte Strophe von Rig-Veda 10,90: »Die Götter opferten dem Opfer mit dem Opfer«.[44] Es handelt sich also hier um ein Vorbild des Opfers, um ein Ur-Opfer, ein Opfer, das alle Opfer und den Kosmos in seiner ganzen Entwicklung überdauert und ihnen zugrundeliegt, wie der Ur-Mensch selbst. Der *Puruṣa* ist gleichzeitig der Opfernde, der Geopferte und das Opfer selbst. Eben diese Einsicht hat von innen her die Infragestellung der Institution des Opfers bewirkt, wovon schon oben die Rede war. Indem sie das Opferritual in Frage stellten, entdeckten die Menschen ein noch viel tieferes Opfermysterium als alle Riten, und zwar in der Entstehung und im Leben des Menschen selbst. Diese neue Dimension des Opfers ersetzte ihnen den Ritus, von dem sie sich nur schwer befreien konnten, und führte sie schließlich zu der Überwindung der Riten und der Befreiung von allen Formen im endgültigen Erwachen. Diese aufeinanderfolgenden »Upanishaden«, die in den Kreisen der Eingeweihten entdeckt wurden, ermöglichten ihnen, sich loszulösen und sich allmählich von der sozialen und geistigen Herrschaft der »religiösen« und priesterlichen führenden Kreise, von den Hütern der »Religion«, zu befreien.

Alles was ist, entsteht aus dem *Puruṣa*, dem des Puruṣa-Sūkta[45], des Rig-Veda und der Aitareya Upanishad: die *devas*, die Menschen mit ihren sozialen Klassen (RV 10, 90, 12), der ganze Kosmos. Doch ist nichts voneinander getrennt, denn die *devas*, diese himmlischen Wesen, hängen eng mit den Menschen zusammen, sie leben, wie die Tradition sagt, von den Opfernden.[46] So beschreiben die folgenden Strophen dieser Hymne, wie die Elemente des Kosmos aus den verschiedenen Teilen seines Körpers hervorgehen:

> »Von seinem Geist entstand der Mond, von seinem Auge die Sonne, von seinem Mund (als dem Organ des Sprechens und der Nahrungsaufnahme) Indra und Agni, von seinem Atem der Wind ...,
> von seinen Ohren kamen die Himmelsrichtungen,
> so wurden die Welten geordnet.« (10, 90, 13–14)

Die Korrelationen wurden unendlich vervielfältigt, bis sie oft einen Punkt der Ausfaltung erreichten, wo es wie ein Spiel erscheint, wobei sie sich auf Beziehungen stützten, die nur ein äußerst feinfühliger Geist zu verstehen imstande ist.

deva

Die *devas* sind Funktionen des *Puruṣa* auf der kosmischen wie auf der individuellen Ebene. Doch sind die *devas* auf der

Ebene des individuellen Menschen vergänglich, da sie wie der individuelle Mensch selbst abhängig sind von einer bestimmten Zusammensetzung physischer Elemente in seinem *śarīram*[47]– Erst jenseits der individuellen Ebene erlangen sie ihre Unsterblichkeit, ihr *devatā,* ihre Gottheit[48], in der Sphäre *(loka),* die *devaloka, svargaloka* (Lichtsphäre), selbst *brahmaloka* heißt (diesen Begriff wird eine spätere Reflexion als allen Sphären der *devas* transzendent erkennen) – all dies wird wie überall durch das Firmament, den sichtbaren Himmel symbolisiert.[49]

Die Beziehung, die zur Identifizierung strebt, zwischen den *devas* der kosmischen oder transzendenten Ordnung und den *devas* – oder Funktionen – des individuellen Bereiches wird in der Sprache der Upanishaden oft in dem Bild des *Puruṣa* ausgedrückt, der in jeder seiner »Funktionen« immanent ist. Dieser *Puruṣa,* der in der Sonne ist und dieser *Puruṣa,* der im Auge ist, ist derselbe, der in den Ohren und der in den Himmelsrichtungen ist, der im äußeren unmeßbaren Raum und der in dem unendlich kleinen Raum in der Mitte der Höhle des Herzens wohnt, der aber nicht weniger unermeßlich und unbegrenzbar ist, ist derselbe (Chānd. Up. 3,14). Im 8. Kapitel derselben Upanishad liest man:

> »In dieser Stadt Brahmans, die der Körper ist,
> ist eine kleine Stätte in Form eines Lotos,
> in der ein kleiner Raum ist. Was darin ist
> soll man erforschen, das soll man wahrlich
> suchen zu erkennen.« (8,1)

Dieser *Puruṣa* ist übrigens immer unterschieden von seinem Ort, d. h. von dem *deva* und seiner Funktion. So ist in der Bṛhad Upanishad 2, 3 die Sonne das Brahman mit Form, während der *Puruṣa,* der in der Sonne ist, das Brahman ohne Form ist; das gleiche gilt von dem Auge und dem *Puruṣa* im Auge. Wie kann man dann den Begriff *Puruṣa* übersetzen? Die Übersetzer haben immer versucht, Worte zu verwenden wie »Wesen«, »Geist«, und von einem bestimmten Gesichtspunkt sind sie dazu berechtigt. Jedoch, wie kann man in diesen Begriffen wie »Wesen«, »Geist«, die Beziehung dieses »Wesens« mit dem Menschen erkennen, der gleichzeitig individuell und kosmisch, gegenwärtig und archetypisch ist? Der *Puruṣa* ist in jedem der Elemente das Mysterium des Menschen und des totalen Ur-Menschen.

Die Kauṣītaki Upanishad stellt ausdrücklich fest, daß kein *deva* je für sich handeln kann, es ist daher der totale *Puruṣa,* der individuelle und kosmische zugleich, der sich in jeder Manifestation der *devas*, die aus ihm hervorgehen, manifestiert.

Die letzte und endgültige »Upanishad«, die Korrelation des Mysteriums des *Puruṣa,* ist nicht mehr die Korrelation zwischen den verschiedenen *devas*, sondern die Entsprechung zwischen mir, dem Denkenden, dem Menschen, dem ein *Ich* zukommt, dem Menschen, der in allem, was er tut, sagt oder denkt[50] letztlich ein *aham asmi,* »Ich bin« zum Ausdruck bringt, mit jedem der *devas* seiner Psyche, mit jedem der *devas* der kosmischen oder transzendenten Ordnung. Dieser *Puruṣa,* der in der Sonne ist, der bin ich, ich bin er, *so'ham asmi,* wie die Īśa Upanishad 16 sagt. Man vergleiche auch in der Bṛhadāraṇyaka 2,5 die »Honiglehre«. Aber man darf dieses *so'ham asmi* (»ich bin er«) nie im Sinn des *ahamkāra* verstehen, des Ego, des Ich, das sich mit seinem Körper identifiziert und dadurch begrenzt. Man darf sich nicht über das linguistische Symbol *aham* – ich – täuschen, das in den beiden sehr verschiedenen Bedeutungen vorkommt, die sich auf völlig andere Ebenen beziehen. Die Aussagen derer, die nicht aus der Erfahrung sprechen, die nicht wirklich bis in den Grund der letzten und höchsten Wahrheit eingedrungen sind, sind nur eine Parodie und bleiben weit von der Wirklichkeit entfernt.

Die ganze lange mythische Entwicklung des Denkens, von dem archetypischen Ur-Menschen durch die scheinbar phantastischen Kosmogenesen der Brāhmaṇas, hat zu dieser Entdeckung des »Ich« überall in der menschlichen, kosmischen und göttlichen Welt geführt. Ich allein bin. Ich allein bin alles was ist. Nichts von dem was ist, was jemals war, was je sein wird, ist getrennt von mir. Dieser Körper, diese Verbindung von Molekülen und Zellen, in dem ich erwache, begrenzt mich nicht. Ich transzendiere ebenso mein Denken, selbst mein reflexives Selbstbewußtsein, wie ich diesen in Raum und Zeit begrenzten Körper übersteige, denn ich bin fähig, mich in alle Zeiten und alle Räume zu versetzen, durch meine Technik, durch mein Denken, durch mein transzendentales Bewußtsein. Ebenso wie die *devas* meines Körpers, die ihre *devatā*, ihre Unsterblichkeit und Göttlichkeit, ihren transzendenten Zustand entdeckt haben, entdecke auch ich meine Transzendenz in meiner Reflexion über das Mysterium der Totalität – nicht mehr der Totalität in ihrer Ausdehnung *(viśvam)*, sondern der gesammelten und konzentrierten Totalität *(sarvam)*, jenes vollkommenen Ganzen, das ich bin, in meinem reinen, alles umfassenden Bewußtsein. Diese Korrelation, diese Entdeckung, erstreckt sich übrigens in beide Richtungen gleichzeitig. Wenn der individuelle Mensch sich so ins Unendliche ausdehnt, was wird aus dem, was man seine Individualität nennt? Wer oder was könnte ihn im Raum oder in der Zeit begrenzen? Wie wir bald erklären werden, übersteigt er sogar das Problem des Todes und der Unsterblichkeit, er hat sich auf einer Ebene selbst verwirklicht, auf der keiner dieser *dvandvas*[51] Zugang haben. Er hat die Totalität des Ur-Menschen wiedererlangt. Er weiß jetzt, daß »alles was geschrieben ist«, sich auf ihn bezieht, daß die Schriften auf ihn, auf das Selbst, bezogen sind. Solange sich seine Korrelation, seine »Upanishad«, seine Identität, noch auf die eine oder andere Ebene des Seins, auf einen der *lokas*[52], beschränkt, erlangt der Mensch, der die initiatorische Erkenntnis von diesem *loka* erhalten hat, auf eben dieser Ebene Freiheit und Unabhängigkeit, wie die Texte vielfach wiederholen (z. B. Chānd. Up. 7). Aber derjenige, der die Ebene des Ātman, des Brahman, des *Puruṣa* entdeckt hat, ist in allen *lokas* und zu allen Zeiten frei und unabhängig.[53] [54]

prāṇa und **vāyu**

Dieser Weg des indischen Denkens zu der Verwirklichung der Fülle, die wir in dem Thema des Archetypen des *Puruṣa* erkannt haben, war ein langer Weg, mit häufigen Umwegen und oft auch Rückschlägen. Obwohl die höchste Intuition mit einemmal in dem Geist der großen Seher entspringen konnte, brauchte es lange Zeit, bis sie diese Intuition, diese mystische Wahrnehmung in ihrem eigenen Denken assimilieren und verarbeiten konnten, und noch viel mehr ihre Schüler. Ein Thema, das viel zu diesem Fortschreiten auf die Einheit zu beigetragen hat, war zweifellos das des *Atems* – so nahe verwandt mit dem *pneuma* der Tradition der Mittelmeerkulturen – der *prāṇa* auf der individuellen Ebene und *Vāyu,* der Wind, auf der kosmischen Ebene.

Die Upanishaden sind noch erfüllt von der Erinnerung an den Wettkampf zwischen den verschiedenen *devas,* die oft *prāṇa,* Funktionen der Psyche oder des menschlichen Körpers genannt werden, um zu entscheiden, wer von ihnen die Oberherrschaft hat.

Das Wort *prāṇa* hat eine sehr komplexe Bedeutung und, ebenso wie für *Puruṣa*, ist es fast unmöglich, mit einem abendländischen, vor allem modernen Begriff das Zentrum seiner semantischen Kristallisation auszudrücken. *Prāṇa* heißt zunächst Atem, *pneuma,* und dies ist seine ursprüngliche Bedeutung: *pra-ana* (von der Wurzel *an-*, atmen), und diesen Atem stellt man sich allgemein als fünffach vor (manchmal auch siebenfach). *Prāṇa* wird auch auf die verschiedenen Sinne des Menschen angewendet, wie Gesichtssinn, Gehör, Geschmack, Geruchssinn, Sprache, Zeugung, kurz, alle besonderen Erscheinungsformen der inneren Energie, die die spätere Tradition *śakti* nennen wird. Der Bereich des *prāṇa* im Menschen ist von dem Bereich der Elemente, *bhūtāni,* unterschieden, der oft der Bereich der Nahrung, *annam*[55], genannt wird. Er unterscheidet sich auch von dem geistigen Bereich (*manas, vijñāna*), wenn auch nie vollkommen, denn jede Unterscheidung im Sein ist immer nur eine

Annäherung oder ein Gesichtspunkt des menschlichen Geistes. *Prāṇa* kann ziemlich genau wiedergegeben werden als: Leben, Lebenskraft, Lebensantrieb, der in jedem Wesen ist und unmittelbar auf der physiologischen Ebene in Erscheinung tritt. Er ist diese Kraft, die in dem Mythos der Aitareya sozusagen aus dem Ur-Puruṣa hervorbricht in die vielfältigen Organe der Tat und der Sinneswahrnehmung. Hinter dieser Vielfalt von bestimmten Kräften erkennt der Wissende, der *evaṃvid,* eine geheimnisvolle, gleichzeitig immanente und transzendente Kraft. Gewisse Schulen, vor allem die von Kauṣītaki, erkennen in dieser Kraft das Brahman. »*Prāṇa* ist Brahman (die Ganzheit des Mysteriums), sagte Kauṣītaki« (Kau. Up. 2,1).

Der *prāṇa,* der also allen *prāṇas* und *devas* gleichzeitig immanent und transzendent ist, ist einer der wichtigsten Ausgangspunkte für die Meditation über Brahman, das absolute Prinzip, das im Grunde von allem erfahren wird, und zwar aufgrund seiner Überlegenheit über alle individuellen Funktionen und seiner Immanenz in allen. Seine Entsprechung im kosmischen Bereich ist Vāyu. Auf der Ebene des Rituals ist Agni, das Feuer, der Vermittler zwischen der Welt, in der sich der Mensch bewegt, und der Welt oben, die von den *devas* symbolisiert wird, denn mit Hilfe der Flamme steigt die Opfergabe auf, die selbst zur Flamme geworden ist, und wird so zur Nahrung der Götter, die sie »durch den Mund Agnis« aufnehmen. In einem anderen Bereich ist es Vāyu, der Wind, die Luft, der als universelle Ausdehnung das Kommunikationsmittel zwischen den Welten und den Wesen ist. Zum Beispiel kennen die Götter die Gedanken und Absichten der Menschen durch die Vermittlung von Vāyu, wie die Veden sagen. In der Bṛhad Upanishad 3,7,2 erklärt Yājñavalkya Uddālaka, daß diese Welt und die andere Welt und alle Wesen vereint und zusammengehalten sind durch Vāyu, die Luft, durch ihn verwirklichen sie ihre Verbindung, ihre Einheit im Sein; er ist die Verbindung, »der Faden, durch den diese Welt und die andere Welt und alle Wesen zusammengehalten werden«. Die Chāndogya Upanishad sagt dasselbe von der Silbe OM aus:

»Prajāpati (der Herr der Geschöpfe)
brütete über den Welten, daraus floß
der OM-Laut. Ebenso wie alle Blätter
von einem Stiel, der sie durchbohrt,
zusammengehalten werden, so werden alle
Worte durch den OM-Laut zusammengehalten.
Der OM-Laut ist dieses ganze Universum.«
(2,23,3–4)

In derselben Sitzung erklärt Yājñavalkya dem Bhujyu Lāhyāyani, daß es die Luft ist, Vāyu, die diejenigen, die Opfer dargebracht haben, über diese Welt hinaus führt. »Vāyu«, setzt er fort, »ist gleichzeitig Besonderheit und Totalität *(vyaṣṭiḥ, samaṣṭiḥ)*« (Bṛ. Up. 3,3,2).

ākāśa

Vāyu sehr nahe, aber feiner als er, ist der Luftraum, *ākāśa* oder *kha*, der oft ungenau mit »Äther« übersetzt wird. Er ist das erste und subtilste der fünf Elemente[56], in denen das Sein in Erscheinung tritt und deren vielfältige Kombinationen die Unterschiedenheit der Seienden oder *bhūtāni* ausmachen. So heißt es in der Chāndogya 8,14: »Wahrlich, der Raum ist es, der die Namen und Formen ausdehnt.« *Ākāśa* ist der unendliche Raum, der absolut unfaßbar und unwahrnehmbar ist.

»Was ist die Unendlichkeit, o Yājñavalkya?
– Die Himmelsgegenden, o König, antwortete er.
Daher, o König, in welche Himmelsrichtung
man auch gehen mag, man kommt nicht an ihr
Ende. Denn die Himmelsrichtungen sind unendlich.«
(Bṛ. Up. 4,1,5)

Diese Richtungen oder Himmelsgegenden situieren uns in der räumlichen Ausdehnung.
»Durch den Raum *(ākāśa)* ruft man, durch den Raum hört

man, durch den Raum antwortet man«[57], der absolut unendliche, unbegrenzte Raum, vorne, hinten, links, rechts, oben, unten. Und ebenso wie dem Vāyu, der sich durch alle Welten bewegt, der *prāṇa* entspricht, der Atem, der im Körper umgeht und in unzählige Formen des Lebens ausbricht, so entspricht dem unbegrenzten kosmischen *ākāśa* der *ākāśa* oder innere Raum des Herzens, der nicht weniger unbegrenzt, nicht weniger unendlich ist, das innerste Geheimnis des Seins jedes Menschen.

> »Ebenso groß wie der sichtbare Weltraum ist dieser Raum im Innern des Herzens. In ihm sind beide, Himmel und Erde, beschlossen, Feuer und Wind, Sonne und Mond ... alles ist darin beschlossen.« Chānd. Up. 8,1,3

upāsana

Einer der am häufigsten verwendeten Begriffe, mit dem das Erkennen des Brahman, des Absoluten, in den verschiedenen Elementen bezeichnet wird, die auf der Ebene unserer Sinneswahrnehmung, unseres Denkens oder unserer mystischen Erkenntnis in Erscheinung treten, ist das Verb *upa-ās-*, in Worten wie *upāsate, upāsīta, upāsana.* Der letzte Begriff variiert stark zwischen einer schwachen Bedeutung »betrachten« und einer starken Bedeutung »verehren«, wobei man praktisch nie die ganze Breite der semantischen Vielfalt vergessen darf. Später wurde *upāsana* häufig im Sinn von »Kult« oder »Meditation« verwendet. Wie die Wurzel, von der das Wort *upaniṣad* abgeleitet ist, bedeutet es auch »sich nahe hinsetzen«, »sich zu Füßen setzen«. Es handelt sich aber hier nicht mehr darum, eine Unterweisung zu empfangen, sondern sich hinzugeben, in einer Haltung der Ehrfurcht, der gläubigen Hingabe, *śraddhā.* Die Übersetzung dieses Begriffes durch »verehren«, »anbeten« ist oft gerechtfertigt, obwohl die spätere, und vor allem die moderne und abendländische Bedeutung dieser Worte in vielen Fällen etwas zu starr ist. Hingegen

ist man versucht, ihm wie Emile Sénart den sehr begrenzten Sinn von »betrachten«, »als etwas ansehen« zu geben, z. B. »den *ākāśa* als Brahman betrachten«, usw. Diese Übersetzung ist sicher nicht falsch, sie läßt jedoch den wesentlichen religiösen Aspekt des Begriffes beiseite, mehr als religiös sollte man vielleicht sagen seinen mystischen oder initiatorischen Aspekt. Es handelt sich hier keineswegs um eine einfache Betrachtung im Sinn einer Ansicht, auch nicht einer intellektuellen Überzeugung, es ist vielmehr eine Glaubensanschauung, in dem starken Sinn, den wir oben definiert haben, eine Anschauung, die, selbst wenn sie in den Bereich des phänomenalen Bewußtseins vorgedrungen ist, immer in einer mystischen Intuition wurzelt, einer Intuition, die man selbst erfahren hat oder an der man in seinem Glauben an den Guru oder an die Schriften teilhat. Sie enthält von ihrem Wesen her eine Haltung religiöser Ehrfurcht, der Hingabe, der Darbringung. Oft könnte man sie wiedergeben mit: »seinen Glauben schenken«, »seinen Glauben in etwas setzen«. Die Gegenwart Brahmans in allen Wesen oder in einem bestimmten Wesen erkennen ist nie reine Spekulation, es erfordert den Einsatz des ganzen Seins, es verlangt die Haltung eines *evaṃvid*[58] in bezug auf den ganzen Kosmos. Nur der Glaube ermöglicht mir, das Brahman wahrzunehmen und mich infolgedessen ganz der Teilhabe an dieser Gegenwart hinzugeben, durch mein Erkennen wie von der Macht, der Unabhängigkeit, der Freiheit des Brahman besessen zu sein, die sich in jedem einzelnen Wesen offenbaren.
Der Glaube an die Gegenwart und die Macht des Brahman in jedem Wesen genügt nicht; die Upanishaden sind streng denjenigen gegenüber, die sich mit irgendeiner besonderen *upāsanā* des Brahman zufriedengeben. Von den aufeinanderfolgenden Entdeckungen des Brahman in besonderen Erscheinungen, in Agni, in Vāyu, in der Sonne, im Raum, in meinem Denken, in meinem Atem etc.[59] muß man sich zu der Intuition der Totalität erheben, der *Puruṣa* oder des Brahman, das gleichzeitig allem immanent und transzendent ist[60].

All dies wird in dem kraftvollen Wort der Bṛhadāraṇyaka Upanishad zusammengefaßt:

> »Man muß den Ātman betrachten *(upāsīta)*,
> denn in ihm wird alles zur Einheit.
> Diesem Ātman soll man in allem auf der
> Spur folgen, denn durch ihn erkennt man alles.«
>
> (1,4,7,)

prajñā und **vijñāna**

Eine andere Annäherung an die Totalität des zugleich unendlich großen und verborgensten, innersten Geheimnisses geht auf der Ebene des Verstehens von den Begriffen *prajña* und *vijñāna* aus.[61] Auch hier ist der Ansatz der Upanishaden für einen westlichen Menschen eher verwirrend. Der Abendländer, der der griechischen Intuition und ihrer Verbreitung in der christlichen Theologie verpflichtet ist, denkt spontan in Vorstellungen von Körper auf der einen Seite und denkender Seele auf der anderen, die letztere als geistig und unsterblich gedacht. Hingegen bezeichnet für die indische Intuition dieser Körper *(śarīram)* alle Funktionen des Menschen. Zweifellos sind die geistigen Funktionen im Verhältnis zu den Funktionen der Sinneswahrnehmung oder der äußeren Tätigkeiten bevorzugt, doch sind die einen wie die anderen nur Instrumente *(kāraṇa)* im Dienst des Selbst, des Ātman. Sehr vereinfacht und daher nur annähernd könnte man sagen, daß auf der einen Seite der Ātman ist, das absolut nackte »Prinzip«, das Wesen, der Grund, das »Seelenfünklein«, wie die rheinländischen Mystiker sagen würden, und auf der anderen Seite ist alles andere: Essen, Schmecken, Atmen, Berühren, Sehen, Hören und ebenso auch Vorstellen, Denken, Verstehen, Wollen. Die Nacktheit dieses »Prinzips«[62], diese Nacktheit des Ātman in Begriffen des Vedānta, oder des *Puruṣa* in Begriffen des Sāṃkhya[63] (der eine von der upanishadischen sehr verschiedene Bedeutung hat) wird der indischen Philosophie ihr schwierigstes Problem aufgeben: das Verhältnis zwischen

diesem Ātman, der keinerlei Beziehung oder Verbindung eingehen kann *(a-saṅga)* und dem Körper (mit allen geistigen Funktionen).
Dieses Problem wird sich in Zusammenhang mit dem Leben nach dem Tod stellen. Wer ist dieser *Puruṣa,* dieser Ātman (der nicht der Puruṣa-Ātman im strengen Sinn ist), der wiedergeboren wird und von einem Körper zum anderen geht und in sich die Keime des guten und schlechten *karma* trägt? Der Körper löst sich in die Elemente auf, die verschiedenen Funktionen kehren zu ihrer Gottheit zurück (Bṛ. Up. 3, 2, 13), aber bleibt nicht doch etwas zurück von dem, was den Menschen hier auf Erden ausgemacht hat? Was geschieht mit dem Verdienst, das er durch das Opfer gewonnen hat oder sich durch gute Werke erworben hat? Was ist das Subjekt, an dem das alles haftet, dem das alles zugeschrieben wird? Es gibt sicher die radikale Antwort der Īśa Upanishad: »Das Werk haftet nicht an dem Menschen« (Vers 2). Aber solange der Mensch diese Unterscheidung nicht verwirklicht hat, solange er nicht alle seine Begierden und Wünsche abgelegt hat, ist er, ob er es will oder nicht, das Opfer seiner Wünsche, seiner *devas* könnte man sagen, die eben in der Form von Wünschen versuchen, von ihm Besitz zu ergreifen, sich von ihm zu »ernähren« und von ihm zu leben.[64] Die Tradition, die in allen Upanishaden zu finden ist, besagt, daß, solange der Mensch sich nicht als eins mit dem »Ganzen« verwirklicht hat, in seinem höchsten Bewußtsein, er unentwegt ein Opfer der Wirbel und Strömungen des Kosmos ist, in anderen Worten, der Elemente und der *devas*.[65] Nach einer Anschauung, die in der Bṛhadāraṇyaka Upanishad zum Ausdruck kommt, hängen sich die *prāṇas* an das Subjekt, das der Wiedergeburt unterworfen ist, und sein ganzes *karma*[66] folgt ihm nach:

> »Der Lebensatem verläßt ihn, mit dem
> Lebensatem verlassen ihn alle Sinnesorgane,
> sein Wissen und seine Werke haften
> an ihm und seine frühere Erfahrung.« (4,4,2)

Nach einer anderen Vorstellung (Bṛ. Up. 3,2,13) kehrt jeder *prāṇa,* jeder Atem, zu seiner jeweiligen *devatā* zurück: Agni, Vāyu, Sūrya, etc. ..., und was dann mit dem Menschen geschieht, ist ein Geheimnis, das man nicht enthüllen soll, doch die es wissen geben zu verstehen, daß es das Geheimnis des *karma* ist; so lautet die Antwort an Ārtabhāga:

> »Yājñavalkya, sagte er, wenn nach dem Tod des
> Menschen seine Rede in das Feuer eingeht,
> sein Atem in den Wind, sein Auge in die Sonne,
> sein Geist in den Mond, sein Ohr in die Himmelsgegenden, sein Leib in die Erde, seine Seele *(ātman)*
> in den Raum, seine Körperhaare in die Pflanzen,
> seine Haare in die Bäume, sein Blut und Samen
> in das Wasser, wo bleibt dann der Mensch?
> Da sprach Yājñavalkya: Nimm meine Hand,
> Ārtabhāga, mein Freund, diese Dinge sollen
> wir beide allein wissen, (wir dürfen darüber)
> nicht in der Öffentlichkeit (reden).
> Dann gingen sie hinaus und sprachen untereinander. Was sie redeten war *karma* (das Werk)
> und was sie priesen war *karma.* Denn wahrlich,
> man wird gut durch gutes Werk und schlecht
> durch schlechtes Werk.
> Darauf schwieg Ārtabhāga.«

Auf der Suche nach dem innersten Zentrum des Menschen, des wahren *Puruṣa*, des wahren Ātman, hatte der *prāṇa* auf der physiologischen Ebene als Mittler gedient. Auf der Ebene der Erkenntnis, des Verstehens, spielen *prajñā* und *vijñāna* eine ähnliche Rolle. Jedoch werden *prajñā* ebenso wie *vijñāna* immer nur als Mittel der Annäherung gebraucht. Was immer sie ihrem Wesen nach sind, sie sind nie etwas anderes als Erscheinungen des Ātman-Brahman, bei denen man nicht stehen bleiben darf. Man muß ständig tiefer nach innen eindringen, bis zu der unmittelbaren Entdeckung des Brahman selbst.

Von den Sanskrit-Begriffen, die dazu dienen, den mentalen oder psychischen Bereich des Menschen auszudrücken (*mind* auf Englisch) ist *manas* der am ersten zu nennende. Dieser Begriff des *manas* kann gebraucht werden, um zwei Aspekte auszudrücken: Entweder stellt er die ganze innere Welt dar, die psychische und mentale (das »Gemüt«), im Gegensatz zu der Welt der Materie *(annam)* und des Lebens *(prāṇa)*. Dann trägt er in sich die ganze Überlegenheit des Bereiches des Denkens gegenüber dem Bereich der äußeren Sinne. Jedoch behält er auch hier einen unendlichen Abstand zu dem Bereich des Ātman, des *sat*, des Seins, des Brahman, des *Puruṣa* in sich. Oder aber er wird unterschieden von den höheren geistigen Funktionen, und dann erhält *manas* eine schwächere Bedeutung, es wird zu der niederen Stufe der intellektuellen Erkenntnis.[67]

Buddhi ist die Funktion, die auf einer höheren Ebene durch *prajñā* und *vijñāna* ausgeübt wird. Nach der Taittirīya Upanishad besteht in der Reihe der *kośas*[68], der Hüllen, die den Ātman-Brahman bedecken, ein ebenso großer Unterschied zwischen *manas* und *vijñāna*, wie zwischen *manas* und *prāṇa* und *prāṇa* und *annam*. Es wäre jedoch verfehlt, diese Begriffe der alten indischen Psychologie, deren Bedeutung übrigens fließend ist, in Begriffe moderner Psychologie übersetzen zu wollen. In diesem Zusammenhang sollten wir eine allgemeine Bemerkung in Bezug auf den Sinn der Worte in den Upanishaden machen.[69]

Der Begriff *buddhi* stammt von der Wurzel *budh-*, erwachen. Er will das Entspringen der Erkenntnis im menschlichen Geist bezeichnen. Dieses Entspringen wird, selbst wenn ihm die begriffliche Reflexion vorausgeht, immer eine Intuition sein, ein Lichtblitz, ein Erwachen zu sich selbst und zu den Dingen auf untrennbare Weise. Drei Wurzeln dienen vor allem dazu, den Begriff der Erkenntnis zum Ausdruck zu bringen: *cit-*, *vid-*, und *jña-*. *Vijñāna* bedeutet etymologisch die unterscheidende Erkenntnis (*vi-*); *prajñā* sozusagen die Voraus-Erkenntnis (*pra-*).[70] Auf jeden Fall sucht die Upanishad das Mysterium des Selbst, des Absoluten, der Person (Ātman, Brahman, *Puruṣa*) in dem höchsten Akt des menschlichen Denkens und des Bewußtseins zu entdecken, wie in seiner höchsten Reflexion.

Die Kauṣītaki Upanishad 2,1 verherrlicht die *upaniṣad*, die Korrelation: »Der Atem (*prāṇa*) ist Brahman«[71], und im 3. Kapitel fährt sie fort, indem sie die *upaniṣad* zwischen dem Atem und dem Bewußtseins-Selbst[72] besingt. Das ganze letzte Kapitel der Aitareya Upanishad führt zu dem »großen Satz«: »Brahman ist Erkenntnis«[73]. In der Kauṣītaki Upanishad (3,2) erklärt Indra Pratardana: »Ich bin der Ātem (*prāṇa*), verehre mich als das Bewußtseins-Selbst (*prajñātmā*)« (oder das Erkenntnis-Selbst). Eben diese Erkenntnis des Selbst, erklärt dieselbe Upanishad später (4,20), hat Indra die Oberherrschaft über die *devas* verliehen, denn bis dahin war er von dem negativen Aspekt der sowohl kosmischen wie individuellen Funktionen (*asura*) beherrscht.

> »Wahrlich, solange Indra dieses Selbst (Ātman)
> nicht erkannt hatte, waren ihm die Asuras
> überlegen. Nachdem er es erkannt hatte, schlug
> er die Asuras, und indem er sie besiegte
> erlangte er die Vorherrschaft, die Unabhänigkeit
> und die Oberherrschaft über alle Götter und
> alle Wesen.«

Prajñā oder *vijñāna* stellen die höchste Manifestation des Mysteriums dar, weil der Akt der Erkenntnis der höchste Akt des Menschen ist, der höchste Akt der Manifestation auf der Ebene der *nāmarūpa* (der Namen und Formen). Es ist das höchste Bild, in dem der Mensch fähig ist, die Wirklichkeit zu erlangen, sie sich vorzustellen, ihr eine »Form« oder einen passenden Ausdruck zu verleihen, sie zu erfassen, *abhiklpta,* sagt die Kaṭha Upanishad 6,9:

> »Er besitzt keine sichtbare Form,
> niemand kann ihn mit dem Auge erblicken,

man erfaßt ihn mit dem Herzen, mit dem Geist, mit dem Denken.
Die ihn erkennen werden unsterblich.«[74]

Wenn diese Intuition mit ihrer Kraft alle Ebenen des Seins durchdringen soll, ist es wesentlich, daß sie nicht nur »begriffen« sondern auch »absorbiert« wird. Am höchsten Punkt des Selbstbewußtseins ist das Erwachen des Seins zu sich selbst. Hier müßte man die Kapitel 3 und 6 der Kaṭha Upanishad studieren; die »ewige Unterweisung«, die Yama, der Tod, Naciketas erteilt, ist für diejenigen bestimmt, die »ans andere Ufer gelangen wollen, jenseits der Furcht« (3,2), »die die wahre Unterscheidung als Lenker haben, deren Zügel das Denken (*manas*) ist, sie erreichen das Ziel des Weges, den höchsten Bereich Viṣṇus.« (3,9) »Erhebe dich, erwache!« (3,14)

»Weder durch das Wort, noch durch das Denken,
noch durch das Auge kann man ihn erfassen.
Wie könnte man ihn anders erkennen, als wenn
man sagt: *Er ist*?« (6,12)

Jenseits dieser Intuition des Seins auf der Ebene des Bewußtseins ist jedoch noch das Geheimnis des Selbst. Die Muṇḍaka Upanishad 3,2,7 sagt, daß selbst der aus *vijñāna* bestehende Ātman noch verschwinden muß. »Die Werke und das aus Erkenntnis bestehende Selbst werden alle eins mit dem Höchsten, Unvergänglichen.« Die Taittirīya Upanishad läßt ihn sich in dem Selbst der Glückseligkeit (*ānandamaya*) auflösen, dort »von wo die Worte und das Denken umkehren, ohne es zu erreichen ... diese Seligkeit des Brahman«, des Absoluten (2,4).
Dieselbe Aussage bildet den Gegenstand der höchsten Belehrung, die Yājñavalkya seiner Frau Maitreyī in der Bṛhadāraṇyaka Upanishad (4,5,2) erteilt: »Maitreyī, sagte er, ich werde aus diesem Stand ausziehen (um als Wandermönch zu leben).« Und er beendet seine Rede mit den Worten: »Nach

dem Tod gibt es kein (besonderes, getrenntes) Bewußtsein mehr, dies wahrlich erkläre ich.« (5,5,13). Nach dem Tod, dem letzten Weggang, gibt es kein »Mit-Erkennen« (*saṃ-jñā*) mehr, scheinbar im genauen Sinn von *con-science, con-sciousness (con*= mit, *sam*-). Denn jedes Bewußtsein (*conscience*) setzt Unterscheidung (*vi*-) voraus. In diesem vollkommenen Licht des *sat*, des Seins, gibt es keinen Platz mehr für irgendeine Unterscheidung zwischen Erkenner und Erkanntem.

> »Wo eine Zweiheit ist, da sieht einer den anderen, da riecht einer den anderen, da schmeckt einer den anderen, da spricht einer zum anderen, da hört einer den anderen, da denkt einer an den anderen, da erkennt einer den anderen ...;
> wenn aber alles zum Selbst geworden ist, wie sollte man da wen sehen, wie sollte man da wen riechen, wie sollte man da wen schmecken, wie sollte man da wen hören, wie sollte man da an wen denken, wie sollte man da wen erkennen? Wie könnte man den erkennen, durch den dies alles erkannt wird? Wie könnte man den Erkenner erkennen?« (Bṛ. Up. 4,5,15)

Dieser Zustand wird durch den Tiefschlaf symbolisiert, in dem die psychische Welt so sehr von *tejas*, dem Glanz, dem Licht, beherrscht ist, in dem alles verschwindet, daß sie nicht einmal mehr fähig ist zu träumen: »Wenn es (das *manas*, Psyche und Gedanken) von dem Glanze überwältigt ist, schaut es keine Träume mehr.« (Praśna Up. 4,6).[75] In diesem Zustand hat der Schlafende »das reine Sein erlangt, ist er mit dem Sein vereinigt« (Chānd. Up. 6,8,1)[76]. Dasselbe versucht die Chāndogya in zwei wichtigen Abschnitten des 8. Buches erahnen zu lassen, wo die Beschreibung des Tiefschlafes nur eine gleichnishafte Beschreibung des Zustandes zu sein scheint, in dem sich der Wissende, der *vidvān, evaṃvid*, befindet. Von dem Körper befreit, und daher von allen *prāṇas* und von allen Gedanken, »erhebt sich dieser *saṃprasāda*, der

Verklärte, und erlangt das höchste Licht, wo er sich in seiner eigenen Gestalt offenbart.« (8,3,4)[77]. Eine ausgezeichnete Erklärung von diesem Text liefert uns eine schöne Strophe des Yajur-Veda, die in der Mahānārāyaṇa Upanishad 64 wieder aufgegriffen wird, wo es heißt: »Nachdem er alle Welten und alle Wesen umwandelt hat, nachdem er in alle Himmelsrichtungen gegangen ist, erlangte Prajāpati, der Erstgeborene der kosmischen Ordnung, durch sich selbst das Selbst.«[78] Prajāpati ist hier auch der *Puruṣa*, der sich im individuellen Menschen offenbart, der sich in seiner höchsten Identität findet, jenseits des Denkens, jenseits aller *devas* und sogar seines eigenen Bewußtseins.

Auf dem Weg über die Elemente und die Funktionen des Kosmos, des Körpers und des Denkens ist der Mensch immer näher zu der Quelle aufgestiegen, zu der Intuition, die ihm das letzte Geheimnis seines Seins und von allem was ist offenbaren wird. Er hat dabei universale Korrelationen entdeckt, er hat gespürt, daß alles überall ein Mysterium von Entsprechungen und Übereinstimmungen ist, gewissermaßen von Spiegeln, die sich immer gegenseitig die Bilder zurückwerfen. Er hat gespürt, daß alle diese einzelnen »Upanishaden« in einer einzigen Korrelation konvergieren, in einer »Formel des Seins«, könnte man zu sagen wagen, wenn man an die universelle Formel denkt, die die Intuition eines Genies wie Einstein verfolgte. Die Themen, die mehr als andere als Träger dieser außergewöhnlichen Intuition dienten, sind Ātman-Brahman. Es sind dies die Schlüsselworte des Vedānta. Hier müssen wir vor allem die Warnung wiederholen, die wir am Anfang dieses Kapitels ausgesprochen haben, denn die Begriffe Ātman-Brahman haben im Lauf der upanishadischen Periode eine entscheidende Entwicklung durchgemacht, bevor die vedantische Philosophie ihre Bedeutung sehr genau festgelegt und definiert hat, die übrigens nur unvollkommen den Reichtum und die Vielfalt der Bedeutungen der heiligen Texte erahnen läßt.

brahman

Der Begriff *brahman* scheint ursprünglich eine »übernatürliche« Macht ausgedrückt zu haben, die durch das rituelle Wort aktiviert wird. Von daher kommt der noch in den Upanishaden häufige Gebrauch von *brahman* als Bezeichnung einer Ritualformel (»Gebet« ist eine etwas vorschnelle Übersetzung, die in der Gefahr ist, Aspekte der Mittelmeerreligionen in den Kontext der Upanishaden zu übertragen). Diese Kraft des *brahman* manifestiert sich besonders in den Strophen, die der zelebrierende Priester improvisiert und in denen er versucht, alle Korrelationen zu erfassen, die er sich vorstellen konnte. Es war dieser sakrale, ganzheitliche Charakter, der das Opfer zur Vollendung brachte und wirksam machte. Der Brahmanen-Priester war im Unterschied zu den anderen Zelebranten, deren Aufgabe in einzelnen Riten und Gesängen bestand, fähig, und zwar durch sein Schweigen, in seinen Gedanken die Gesamtheit der Korrelationen zu umfassen, die den Ritus vollkommen und vollendet machten. Im Sinn eines »sakralen Prinzips« entwickelte sich der Begriff *brahman* von der Zeit des Atharva-Veda schnell zu der Bedeutung eines »kosmischen Absoluten«. Diese Meditation des kosmischen Ganzen unter seinem Aspekt einer sakralen Kraft tendierte allmählich zu einer immer stärkeren Verinnerlichung. Jedoch entspricht *brahman* in vielen Texten noch dem Universum, dem kosmischen Ganzen, so wie es sich tatsächlich manifestiert. In diesem Sinn ist *brahman* das Universum selbst und man muß noch höher nach dem *Puruṣa*, der Quelle, dem Schoß dieses *brahman* suchen (*brahmayoni* in Muṇḍ. Up. 3,1,3): »Wenn der Seher den goldfarben leuchtenden Schöpfer, den Herrn, den *Puruṣa*, den Ursprung des Brahman schaut.« Es ist Brahman, der Goldene Keim (*hiraṇyagarbha*), der sich unendlich entfaltet und geboren wird. Um das Brahman[79], das sakrale Prinzip und das Geheimnis des Grundes aller Dinge, werden die Redetourniere abgehalten, von denen die Upanishaden berichten. Die Brahmanen forderten sich gegenseitig heraus mit ihren gelehrten Wort-

spielen, die darin bestanden, »Entsprechungen« zu finden; oder sie suchten, im Vertrauen auf ihr Wissen, von den Fürsten Geschenke zu erhalten, indem sie zu ihnen sagten: »Ich werde dich über das Brahman unterweisen.«
Die umgekehrte Haltung nimmt der »Jünger« ein, wenn er zu einem Meister geht. Tatsächlich wird er sich ihm demütig nähern, indem er zu ihm sagt: *brahma adhihi,* »lehre mich Brahman«. Und das Mysterium des Brahman, das Mysterium des absoluten sakralen Prinzips, wird allmählich durch alle Arten von Annäherungen, durch jedes Element des Universums, jedes Element oder jede Funktion des menschlichen Daseins entdeckt werden. Und schließlich wird sich das Brahman jenseits aller dieser Annäherungen wie auch jenseits jeder Möglichkeit, es noch zu benennen, offenbaren.
Dieses Brahman ist auf ambivalente Weise sowohl das Absolute jenseits jeder Beziehung als auch die schöpferische Quelle, der Ursprung von allem was ist. Im Anfang (*agre*) war nur das Brahman, allein und ohne ein zweites, *ekaivādvitīyam.* »Im Anfang, mein Lieber, war dieses allein das Sein, eines ohne ein Zweites« (Chānd. Up. 6,2,1), oder aber alles dieses, *sarvam idam,* war einfach Brahman.« Dies alles (alles was ist) ist Brahman.« (Chānd. Up. 3,14,1).
Agre, zuerst, am Anfang, ist zunächst ein raum-zeitlicher Ausdruck, den man recht verstehen muß, um nicht irregeleitet zu werden. »Am Anfang«, das heißt bevor noch irgendetwas manifestiert war, war »all dies« einfach Brahman. Es gibt hier keinerlei Idee einer *creatio ex nihilo* (siehe oben). Eben dies werden später die Purāṇen auf mythologische Weise mit dem »Tag« und der »Nacht« Brahmans auszudrücken versuchen (ein Thema, das in mehr philosophischen Formen viel zu sehr die mittelalterlichen Kommentare der Upanishaden beeinflussen wird).
Brahman wird mehr und mehr zu der Gestalt eines Schöpfers, es wird zu *Brahmā* (masc.). Die Muṇḍaka Upanishad macht ihn zu dem Erstgeborenen der *devas* der das Brahmawissen besitzt und der als einziger dazu fähig ist, es den Menschen

weiterzugeben. Wir finden hier das Thema des *brahman* (Brahmanen) als Bewahrer des sakralen Wissens, der sakralen Formel.

> »Brahmā wurde geboren als der erste der Götter,
> der Schöpfer des Alls, der Hüter der Welt.
> Er teilte Atharvan, seinem ältesten Sohn,
> das Brahmawissen mit, die Grundlage allen Wissens.«
> Muṇḍ. Up. 1,1,1

Als eine Hilfe, um sich in der verwirrenden Vielfalt der Bedeutungen des Brahman zurechtzufinden, hat Śaṅkara die Theorie des absoluten und des manifestierten (qualifizierten) Brahman (*nirguṇa* und *saguṇa*) eingeführt. Diese Theorie des »zweifachen« Brahman – oder vielmehr der zwei Wege in der Annäherung an das Brahman – hatte gewiß eine Grundlage in der Muṇḍaka Upanishad z. B., doch ging sie weit über den Text der Upanishad hinaus. Es ist sicher eine nützliche Methode, das Problem anzugehen und allmählich zu dem Geheimnis vorzudringen. Die Seher der Upanishaden brauchten diese Trennung nicht, die, jedenfalls in ihrer vereinfachten Darstellung, große Probleme stellt. Da sie mit der Theorie der *māyā* (der kosmischen Illusion) verbunden ist, verwirft sie die ganze Welt, angefangen von Īśvara (Brahman als Schöpfer) als Illusion oder *māyā,* die schwer von einer völligen Irrealität zu unterscheiden ist.
Die upanishadische Intuition selbst war durchdringend genug, um auf eine solche Klassifizierung und auf diese ganze Dialektik verzichten zu können, jedoch bemerkt man schon ihr Auftauchen in der Bewegung, die das indische Denken zum Sāṃkhya führte, und die sich deutlich in den beiden letzten vedischen Upanishaden, der Śvetāśvatara und der Maitrī, zeigt. Doch kannten die großen Seher der ersten Zeit diese Probleme nicht; in ihrer starken Intuition sahen sie gleichzeitig die Individualität und die Totalität: *vyaṣṭi* und *samaṣṭi* (Bṛ. Up. 3, 3, 2, S. 111), sie entdeckten das Absolute in der Erscheinung und die Erscheinung im Absoluten, denn sie dran-

gen in ihrer Schau bis zum Grund der Dinge, bis zum Grund des Seins vor. Der wahre Brahmane ist eben derjenige, der das ganze Mysterium des Brahman erkennt. Wie es in der Bṛhadāraṇyaka Upanishad 3,5 heißt: »Wodurch wird er zum Brahmanen? – Dasjenige, wodurch er es ist, eben dadurch ist er es.« Man besitzt dieses Brahmanwissen durch nichts anders als durch die bloße Tatsache, zu *sein*, bzw. es zu besitzen. Es gibt keine weitere, dem *agre*, dem Anfang, vorausliegende Ursache.

Diese Intuition, dieser Laser-Strahl, der alle Dinge durchdringt, ist eben jene *brahmavidyā* (Erkenntnis des Brahman), die das Ziel aller Upanishaden ist, das einzige Ziel der menschlichen Existenz. Es gibt zwar eine doppelte *brahmavidyā*[80], aber es gibt nur ein Brahman, ein einziges Absolutes ohne ein Zweites. Zweifellos gibt es verschiedene Zugänge zu diesem einzigen Brahman, aber diese Suche nach dem Absoluten entspringt immer aus den Tiefen des Menschen, der zu seiner wahren Quelle gerufen ist, die das einzige ist, was fähig ist, ihn »von innen zu bewegen.«[81] Übrigens vermag nur diese Quelle dem Menschen die vollkommene Freude zu geben und ihn von der Angst vor dem Tod zu befreien.

Die niedere *brahmavidyā* umschließt die ganze menschliche Suche nach dem Absoluten, alle Diskussionen der *brahmavādins*[82], alle Schriften. Die höhere Erkenntnis ist die unmittelbare Intuition des Brahman, dieses »offenbaren und nicht verborgenen Brahman« von Bṛhadāraṇyaka Upanishad 3,4, das durch nichts anderes erklärt werden kann: »Erkläre mir das unmittelbar erfahrbare, unverhüllte Brahman.« Yājñavalkya konnte auf die Frage von Uṣasta Cākrāyaṇa nicht anders antworten als mit der Frage selbst. Im letzten Vers von 3,6 antwortet er Gārgī ebenso: »Frage nicht zuviel, sonst wird dir der Kopf zerspringen. Du fragst über eine Gottheit hinaus, jenseits derer es nichts mehr zu fragen gibt. – Und Gārgī schwieg.« Denn letztlich ist keine Dualität mehr möglich, die einem erlauben würde, darüber zu sprechen.

Von verschiedenen Brahman zu sprechen bedeutet in Wirklichkeit, daß man das nichtduale Mysterium des Absoluten und seiner Erscheinung nicht zu sehen vermag, man läuft dabei Gefahr, sich einen noch schwerwiegenderen *dvandva*, eine Antinomie, vorzustellen zwischen dem Absoluten und seiner Erscheinung, obwohl es doch nichts als das Sein gibt, Eines-ohne-ein-zweites. Die Vernunft ist zweifellos zum Scheitern verurteilt, denn auf der rationalen Ebene kann es keine Lösung geben. Die Wahrheit schweigt.

ātman

Parallel zur Spekulation über das Brahman entwickelte sich die Spekulation über den Ātman. Der Begriff Ātman will das bezeichnen, was ein Individuum es selbst sein läßt, d. h. das Prinzip seiner grundlegenden persönlichen Identität. Grammatikalisch dient er oft als Reflexivpronomen für die drei Personen. Aber der Mensch sucht mit Hilfe dieses Begriffes das Prinzip zu identifizieren, das ihn zu sich selbst macht.

In der brahmanischen Sicht des Opfers, des *karma*, der Handlung, konnte der Ātman nur gedacht werden als der, der sich selbst macht[83]. Am Ende des rituellen Opfers, des *yajña*, erhielt der Opfernde einen »wohlgemachten«, »vollkommenen« (*par-fait*) Ātman: *sukṛta*, er war *kṛtātmā*, und als solcher konnte er sich mit Gewißheit auf die große Reise begeben, die ihn über die Welt hinausführt.

> »Ebenso, o König, wie man sich für eine lange
> Reise einen Wagen oder ein Schiff verschafft,
> hast du deine Seele mit den Geheimlehren (Upanishaden) bereitet, im Hinblick auf den Tag,
> wenn du diese Welt verlassen mußt.« Bṛ. Up. 4,2,1

Es ist interessant zu bemerken, daß es hier nicht mehr das Opfer ist, das die Seele, den Ātman, bereitet, sondern die geheimen inneren Zusammenhänge der Upanishaden. Durch sie wird sie innerlich geeint und konzentriert[84]: »zusammengehalten«, »verbunden« (cf. *yuktātman)*. Dieses Thema des Ātman, der entsteht und sich entwickelt, findet sich in einigen upanishadischen Kosmogenesen:

»Im Anfang ...
Er faßte diesen Gedanken: Möge ich mein
Selbst verwirklichen!« Bṛ. Up. 1,2,1[85]

Häufiger jedoch als durch einen äußeren Akt wird der Ātman in den Upanishaden durch eine stufenweise Verinnerlichung erlangt. Die Taittirīya Upanishad gibt die vollständige Liste dieses Fortschreitens in ihrer Aufzählung der fünf *kośas* oder Hüllen, die den Ātman bedecken, die ihn sozusagen verbergen und die man eine nach der anderen entfernen muß: Auf der physiologischen Ebene ist es der aus Nahrung *(annam)* bestehende Körper, dann der aus dem Lebensatem *(prāṇa)* bestehende, danach kommt der mentale Körper *(manas)*, darauf der der höheren Vernunft *(vijñāna)*, und zuletzt der aus *ānanda*, Glückseligkeit bestehende. Es geht darum, wie die Kaṭha Upanishad sagt, den Ātman »herauszuziehen, wie man den Halm aus dem Schilf herauszieht.« (6,17).
Der Begriff Ātman wird also in den Upanishaden verwendet, um jedes einzelne Stadium in der Bewußtwerdung der wahren Identität des Menschen zu bezeichnen. Er bedeutet öfter auch einfach den Körper – den Rumpf – der an den Körper des Falken in der Symbolik des vedischen Altars erinnert. Aber meistens hält sich der Begriff des Ātman an der unbestimmten Grenze zwischen der höheren unterscheidenden Vernunft (*vijñāna-ātman*) und dem transzendenten Ātman, dem *parama-ātman*, der nur mit Hilfe von Negationen erfaßt werden kann: »Nicht dieses, nicht jenes«, *neti, neti,* das reine Selbst, der letzte Grad der Innerlichkeit.
Wie im Fall des Brahman, taucht bald die Versuchung auf, mehrere sogenannte »Ātman« zu unterscheiden. Besonders in der Maitrī Upanishad findet man die Unterscheidung zwischen dem »großen Selbst«, *mahātman,* und der individuellen Seele, die der Wiedergeburt unterworfen ist, dem *bhūtātman.* Diese Klassifizierungen mögen nützlich sein für eine erste Annäherung, aber sie laufen wieder Gefahr, in die Irre zu führen. Auch hier wurden die Klassifizierungen und Ana-

lysen erst notwendig, als die ursprüngliche Intuition, die wie ein Pfeil unmittelbar in den Grund der Wirklichkeit eingedrungen war, ihre Kraft verloren hatte. Gewiß ist der Körper Ātman und ebenso das Denken, und diese Mitte meiner selbst, wo ich mich als Ich ausspreche, ist Ātman. Die Darstellung des Neo-Vedānta ist daher ständig in der Gefahr, zu einem abstrakten Ātman hinzuführen, der von seiner existentiellen Basis abgeschnitten wurde, so wie die übliche Übersetzung »Selbst« etwas Objektiviertes, Substantiviertes ausdrückt, das de facto von allem anderen getrennt und in Dualität mit allem ist.

Ein intensiver Umgang mit den Upanishaden und eine meditative Lektüre könnte gewiß dazu verhelfen, die Frische und die umfassende Ganzheit der upanishadischen Sicht der Dinge wiederzugewinnen. Um sicher zu sein, daß man verstanden hat, sollte man immer das abstrakte »Selbst« durch »Ich« ersetzen.

Die wertvollste Hilfe, die die upanishadischen Denker fanden, um das Mysterium des Ātman und ihrer persönlichen Identität so nahe wie möglich zu erfassen, bestand darin, über den Schlaf zu meditieren, sowohl über den Traumzustand wie auch über die scheinbar völlige Bewußtlosigkeit des Tiefschlafes *(suṣupti)*. Schon der Traumzustand stellt eine Art Herausforderung an die normale Psychologie dar. Die Seher der Upanishaden waren besonders beeindruckt von der überlegenen Freiheit, deren sich die Seele – der Ātman – im Traum erfreut. Der Träumer benötigt kein äußeres Licht mehr, um die Dinge zu beleuchten oder zu projizieren:[86] Nach seinem Belieben projiziert er als unabhängiger Meister eine Welt seiner reinen Phantasie. Weit mehr noch hat er im Zustand des Tiefschlafes scheinbar kein Selbstbewußtsein mehr. Wenn er erwacht, erinnert er sich an nichts, was geschehen ist, und doch *ist* er auch in diesem Zustand. Das tiefe »Ich« des Menschen wird so entdeckt als frei von allen Bedingtheiten der Umwelt, in der er im Wachzustand sein Bewußtsein hat. Zweifellos kann dieser Zustand des Tiefschlafes nicht der normale Zustand des Menschen sein, noch viel weniger sein idealer Zustand, denn er ist ja wie ein Holzklotz in einer völligen Bewußtlosigkeit, wie Indra seinem Lehrer Prajāpati gegenüber bemerkt (Chānd. Up. 8,11). Aber eben dies öffnet den Weg für die Erfahrung eines anderen »Ortes« des Ātman, ein Ort, der selbstverständlich kein Ort im üblichen Sinn mehr ist: das »Vierte« *(turīya)*, wie ihn die Māṇḍukya Upanishad ohne weitere Präzisierung nennt[87]. Es ist zugleich die andere Welt *(para-loka)*, der Ort des Ātman und der *brahma-loka*, eine Welt in der der Ātman beständig, unbeweglich ist, obwohl es scheint, daß er sich in verschiedenen Bereichen *(loka)* seiner Manifestation bewegt. Nach dem schönen Vergleich Yājñavalkyas in der Bṛhadāraṇyaka Upanishad 4,3,11 und 14 ist es jener *Puruṣa* von Lichtgestalt und goldenem Glanz, der nach Belieben wie ein großer Vogel zwischen diesen Welten und dem *brahmaloka* umherfliegt, überall er selbst und immer und überall bei sich selbst.

> »Unsterblich schweift er umher, wo es ihm beliebt,
> der goldene *Puruṣa*, der einzige Vogel ...
> er ist sich selbst sein eigenes Licht.«
>
> Bṛ. Up. 4,3,12–14

Dieser Zustand ist wirklich die Grenze zwischen den beiden Welten, er hat an beiden Anteil, er ist zugleich der Damm und die Brücke, die die beiden Welten trennt und auseinanderhält, indem sie sie gleichzeitig verbindet.
Der Höhepunkt aller dieser upanishadischen Entsprechungen ist die *upaniṣad* des *ātman-brahman*, die Entdeckung der Identität, oder vielmehr der Nichtdualität zwischen dieser innersten Mitte meiner selbst, die der Ātman ist und der innersten Mitte des Universums, Brahman. Die letzte Intuition ist durch alle Ebenen des Seins, durch alle Bilder, alle Vermittlungen hindurchgegangen. Die Zielscheibe ist getroffen. Der Ātman hat sich selbst durch sich selbst gefunden. Wenn er das »ich«, das er auf den verschiedenen Ebenen seines Bewußtseins ausgesprochen hatte, auf der Ebene seines Kör-

pers, seines Lebens, seines Denkens, seines Wollens und Wünschens, nun im Grund seiner selbst ausspricht, so ist es eins mit dem »ICH«, das das kosmische Absolute, das Brahman, im Ursprung seiner Selbstmitteilung ausspricht. *Aham asmi* (»ich bin«), *aham brahma asmi* (»ich bin Brahman«), verkündet die Bṛhadāraṇyaka Upanishad 1,4,10. »Das bist du«, *tat tvam asi,* ist die letzte Unterweisung des Guru, wenn die großen Wasser alle Dämme hinweggeschwemmt haben und wenn der Glanz des einzigen Lichtes im Grund des Seins erschienen ist und die Welt in ihrer Totalität erleuchtet hat: *sarvam idam* (Chānd. Up. 6,8,7 und parallele Texte).
»Wahrlich, dies alles ist Brahman; dieses Selbst ist Brahman«[88], verkündet der Seher der Māṇḍūkya (v. 2), der von seiner Erfahrung zurückkehrt – »wenn er davon zurückkehrt«. Hat er sie wie von außen betrachtet? oder ist es vielmehr das letzte Wort, das er ausspricht, in dem Moment, wenn er in den Abgrund dieser endgültigen Erfahrung versinkt?
In dieser letzten Erfahrung hat der Mensch alle Antinomien, alle *dvandvas* überstiegen, auch den grundlegenden *dvandva* Leben/Tod, Sein/Nichtsein, Erkenntnis/Nichtwissen. Wenn ein Mensch einem anderen Menschen diesen Zustand mit Hilfe von Begriffen erklären will, die er aus der sinnlichen und mentalen Wahrnehmung nimmt, verleugnet er ihn, denn sobald man ihn mit irgendetwas anderem vergleicht, hört er auf zu sein was er ist. Man kann ihn nur mit Negationen bestimmen, die sich allerdings ständig selbst aufheben müssen, um nicht Gefahr zu laufen, zu reiner Abstraktion zu werden. Die Upanishad beschreibt diese Erfahrung öfter als einen »Blitz«, der plötzlich den Raum des Herzens erleuchtet.

> »Man schließt die Augen und ruft: Ah!«
>
> Kena Up. 4,4
>
> »Das, eben das: *etad vai tad.*« Kaṭha Up. 4,3

Diese Erfahrung liegt auch jedem Gedanken zugrunde, alles Denken hat seinen Ursprung darin und nimmt von dort seinen Ausgang, und strebt auch auf geheimnisvolle Weise und unausweichlich darauf hin, so wie wenn man sich plötzlich an etwas erinnert:

> »Wenn etwas in den Geist einzutreten scheint
> und man sich augenblicklich an etwas erinnert,
> das ist die Vorstellung ...« Kena Up. 4,5

Dieselbe Up. 2,4 spricht davon wie von einem Erwachen, »das durch eine Intuition erkannt wird«, »wenn man es in jedem Erkennen wahrnimmt«.

Yama – der Tod

Das Problem des Todes, das die Grundangst des Menschen ist, wird so durch die Leugnung der Gegebenheiten des Problems selbst gelöst, wie Yama selbst den jungen Naciketas belehrt, der den Mut hat, ihn von Angesicht zu Angesicht nach dem Geheimnis des Todes zu fragen und danach, was in Wirklichkeit nach dem großen »Durchgang« geschieht. Ist es nicht eine erstaunliche Tatsache, daß der Tod allein fähig ist, das Geheimnis des Todes und daher auch des Lebens zu lehren? Nur die Begegnung mit dem Tod offenbart seine Leere. In der christlichen Theologie mußte Jesus selbst den Tod bestehen. Der Lebende ist zugleich der »Erstgeborene aller Kreatur« und der »Erstgeborene unter den Toten« (Kol. 1,15–19).
Gewiß erlangt der Mensch durch Riten und gute Werke eine gewisse Unsterblichkeit in der jenseitigen Welt, die Unsterblichkeit der *devas* selbst, die eben darin besteht, daß sie nicht den Bedingtheiten der Entwicklung und des Verfalls unserer irdischen Situation unterworfen sind. Diese Unsterblichkeit ist nur eine einfache Negation des faktischen Todes, sie ist eine Todlosigkeit, die zwischen Tod und Wiedergeburt liegt. Der wesentliche Seinszustand des Ātman, des Brahman, des *Puruṣa,* des *brahmavid* (des Wissenden) ist ein Zustand, in dem die Begriffe Tod und Todlosigkeit selbst ihre Gegensätzlichkeit verloren haben. Denn diese Begriffe können nur dort an-

gewendet werden, wo ein Übergang, eine Bewegung, ein Akt stattfindet. Aber wo sich nur mehr das Mysterium des Seins in seiner Unendlichkeit, seinem *sarvatvam*, enthüllt, was bedeutet da der Tod? was ist die Todlosigkeit? Wie es die Hymne 10, 129 des Rig-Veda sagt:

»Da waren weder Tod noch Unsterblichkeit,
als das Eine aus eigenem Impuls atmete«(2).

Die Ebene, auf der der Mensch stirbt, auf der er vom Alter, von Krankheit, von Leid, von der Unbefriedigtheit seiner Wünsche betroffen wird, ist nur eine oberflächliche Ebene seines Wesens. Wenn er sich selbst im Leuchten des höchsten Selbst, des Ātman, erkannt hat, kann nichts mehr seine vollkommene, totale Freude beeinträchtigen. Oder vielmehr, wenn er auch auf der oberflächlichen Ebene seines Wesens leidet, selbst schrecklich leidet, so ist doch im tiefsten Grund seines Bewußtseins nur Platz für die unendliche, unveränderliche Freude, *ānanda*, ein Ozean der Freude ohne Ufer und Grenzen, denn es ist die Freude des Seins selbst, die sich darin verwirklicht und zu sich selbst kommt.[89] Das Sein, *sat*, Ātman, Brahman, *Puruṣa*, sind nichts von dem, was der Mensch aussagen kann. Die reine Glückseligkeit *(ānanda)* ist die höchste Hülle *(kośa)*, in der sich das Sein dem Bewußtsein offenbart, selbst an dessen Grenze.

Letztlich ist der Tod nicht das wichtigste Ereignis im Leben des Menschen, denn er kann den Menschen weder unterdrücken noch befreien. Die Upanishad sagt von denen, die gestorben sind, daß sie »hinweggegangen« sind *(pretya, pra- i-)*.

Aber der »Durchgang«, für den das Thema des Todes als Ausgangspunkt für das Denken, als Zeichen, als Parabel dient, ist ein anderer. Der wahre Tod, der einzige befreiende Tod ist derjenige, der die »Knoten des Herzens«[90] zertrennt, die Knoten, die den Menschen sich mit den verschiedenen Ebenen, identifizieren lassen, durch die er die Erscheinungen wahrnimmt, und seien es die höchsten Ebenen, wo der

Mensch *ānanda,* die Glückseligkeit erfährt. Dies ist die wahre Befreiung von dem Körper, von der die Chāndogya Upanishad 8 spricht und die sie im 13. Kapitel vergleicht mit dem »Pferd, das seine Mähne schüttelt, mit dem Mond, der sich aus dem Rachen Rāhus befreit.«[91]
Das allein ist der »große und wahre Tod«, der wahre und letzte Durchgang. Dieses Versinken bis in die tiefste Tiefe seiner selbst mag langsam geschehen, unmerklich, oder aber brutal. Und wenn es brutal ist, kann niemand sagen, ob der Körper die Kraft haben wird zu widerstehen, denn der Mensch hat sich so sehr mit seinen Vorstellungen und Wünschen identifiziert, daß er, wenn sie ihm entrissen werden, unfähig sein kann zu überleben. Er ist dann nur mehr Licht, unendlicher Ozean der Herrlichkeit.
Wenn der Mensch von diesem Tod zurückkehrt, oder vielmehr, wenn er nach diesem Tod noch in seinem Körper bleibt, ist er er selbst, aber auch ein anderer als er war. Denn wohin er auch gehen mag, was er auch tun mag, es ist diese abgründige Erfahrung des Jenseits in ihm, des Ātman-Brahman. Die »drei Viertel« von ihm, die der anderen Welt angehören, sind nun in seine konkrete Existenz integriert. Die Schuldiskussionen über die Möglichkeit einer »Befreiung in diesem Leben« (*jīvanmukti*) lassen ihn gleichgültig. Er weiß für sich, daß er lebt und daß er den Tod überwunden hat, *para-mṛta* ...

Die Aktualität der Upanishaden

Wie wir schon angedeutet haben, ist die Zeit der Upanishaden unserer Zeit in geistiger Hinsicht sehr ähnlich. Ebenso wie heute war es eine Epoche, wo alles in Frage gestellt wurde, der Wert der Riten, der Sinn der Mythen, selbst die theologische Rede, die nicht auf die Intuition und auf die Erfahrung hinzielt, wurde der Kritik unterzogen.
Gewiß findet die gegenwärtige Infragestellung in einem völlig

anderen Klima, in einer anderen Gedankenwelt statt als es die war, die im ersten Jahrtausend vor unserer Zeit an den Ufern des Indus und des Ganges vorherrschte. Kann man nicht vielleicht trotzdem gewisse Elemente einer Lösung darin finden, um wenigstens das gegenwärtige Unbehagen zu überwinden, das sich praktisch in einem Gespräch zwischen Tauben ausdrückt, zwischen der neuen Generation und den Vertretern der organisierten Religionen, die zwar bereit sind, diese zu reformieren, die sich aber vor einer, übrigens unvermeidlichen, Explosion fürchten, die sie selber vernichten würde. Die Tatsache, daß das Abendland dem Osten ein wachsendes Interesse entgegenbringt, ist zumindest ein Hinweis darauf, daß sich etwas in dieser Richtung ändern kann.

Leider fühlen sich die nach spiritueller Erfahrung Suchenden oft von Pseudophänomenen angezogen, wie z. B. von verschiedenen europäischen Versionen des Zen, Yoga oder anderen hinduistischen Disziplinen, von der Psychedelik, usw. Man sieht z. B. häufig, daß die upanishadische Erfahrung, oder vielmehr die simplifizierte Version, die die neo-vedantischen Vulgarisierungen davon geben (und die mehr philosophisch als spirituell ist), in Verbindung gebracht wird mit einer Art Super-Religion, in der sich alle verschiedenen religiösen Formen der Menschheit auflösen sollen.
Die upanishadische Erfahrung hat nichts mit irgendeiner Religion zu tun, ebensowenig mit der Logik oder Erkenntnistheorie. Sie gehört einer anderen Ordnung an. Sie ist die endgültige Erfahrung des menschlichen Geistes, der sich die Religionen stellen müssen, wie sie in der Vergangenheit sich den mythischen und dann den logischen Kategorien des Denkens gestellt haben.
Um einen Zugang zu der upanishadischen Erfahrung zu gewinnen, ist es nicht notwendig, ihre Ursprache, Sanskrit, zu können, ebenso wie es nicht nötig ist, Griechisch zu sprechen, um die christliche biblische Erfahrung zu machen und weiterzugeben. Der Christ weiß aus Erfahrung, daß es ihm

praktisch unmöglich ist, sich eine jüdische Seele anzueignen, denn man müßte zu dem sogenannten »auserwählten Volk« gehören, um persönlich im wörtlichen Sinn die Sehnsucht nach dem Messias und nach der Befreiung Israels nachzuvollziehen, die man in den Psalmen und Propheten findet. Es wäre für ihn noch schwieriger, sich eine brahmanische Seele anzueignen, die Seele der Priester, die die vedischen Riten vollzogen und in der vedischen Mythologie lebten. Übrigens war das Kommen Jesu notwendig, um die biblische Offenbarung von ihrer Begrenztheit zu befreien und die Grundlage des »Katholizismus« zu legen. Jedoch ist der Hintergrund, auf dem sich die Upanishaden entwickelt haben, unvergleichlich viel universaler als derjenige der Bibel und sogar des Evangeliums, denn Jesus ist eine historische Person und ohne eine Beziehung zu seiner Person über die Zeiten hinweg ist kein Christentum möglich. Der Rishi der Upanishaden hat ebensowenig wie der Buddha eine Persönlichkeit, der er Bedeutung beimißt, oder eine Geschichte, mit der man ihn in Beziehung setzen muß. Die Entdeckung des Buddha ist die Entdeckung jedes Menschen, die Entdeckung des Rishi ist für jeden zugänglich, der bereit ist, der inneren Suche nachzugehen und der sich wirklich nach Befreiung sehnt. Die Entdeckung des letzten Grundes des Seins und des Selbst ist für jedes menschliche Bewußtsein erreichbar; in Wirklichkeit ist es eben darin und nur darin, wo der Mensch sich selbst verwirklicht, gleich in welcher Umwelt er sich befindet.

In diesem Zusammenhang mag es nützlich sein, die Wege aufzuzeigen, auf denen der moderne Mensch zu diesem Grund des Selbst, dem Grund des Seins und der Welt Zugang findet, und so das Mysterium wiederentdecken kann, jenes Geheimnis, das der Name Gottes ausdrücken möchte. Tatsächlich ist dem modernen Menschen eben jener Sinn für das Mysterium abhanden gekommen, und es geht darum, ihn wiederzugewinnen. Die Begriffe Ātman-Brahman selbst müssen nicht notwendig vermitteln, denn wenn sie im Geist dessen, der sie verwendet, nicht spontan auftauchen, werden sie zu bloß abstrakten Begriffen, zu mentalen Konstruktionen, ohne jede Beziehung zu der täglichen Erfahrung dessen, der sie gebraucht. Auf der einen Seite können die Upanishaden nicht auf irgendwelche Formeln, ganz gleich in welcher Sprache, reduziert werden, denn sie sind vor allem anderen Erfahrung, Herausforderung, Schock, ein innerer Blitz, der selbst von der ganzen Reihe konvergierender Annäherungen hervorgerufen wird, die von allen Punkten des geistigen Horizontes auf diesen zentralen Punkt der niederschmetternden Erleuchtung zustreben. Auf der anderen Seite muß diese Erfahrung von allen Fähigkeiten des Menschen, ich würde fast sagen, von allen Poren seines Seins aufgenommen, assimiliert und inkarniert werden, damit das ganze Sein verwandelt wird. Nur ein langer geistiger Prozeß, wie diejenigen, von denen die Upanishaden ständig Zeugnis ablegen, erlaubt der Erfahrung, sich allen Winkeln der Psyche einzuprägen und so die durchdringende Kraft zu erlangen, die sie in gleich welcher Sprache kommunizierbar macht. Man kann hier wieder an die langen Pilgerwege denken, die jeder Windung des Flusses nachgehen und so bis zur Quelle aufsteigen – wenn es sich auch hier um die Wiederentdeckung der Quelle des eigenen Bewußtseins handelt!

IV. Sannyāsa

Das Hindu-Mönchtum nach den Sannyāsa-Upanishaden

Sannyāsa oder der Ruf in die Wüste

Man geht nicht in die Wüste, um Gott zu finden. Man geht in die Wüste, weil es nichts anderes mehr gibt außer Gott, und weil Gott allein in seiner Einzigkeit west. Wenn in der Wüste noch Gott und ich wären, so wäre es nicht die Wüste. Ich habe mich in der Wüste verloren und bin nicht mehr fähig, die Spuren, die zu mir selbst zurückführen, wiederzufinden. Und in der Wüste habe ich Gott verloren, den »ich« suchte, und ich kann weder seine noch meine Spuren wiederfinden. Gott ist nicht in der Wüste. Die Wüste ist das Mysterium Gottes selbst, der keine Grenzen hat und mit nichts gemessen werden kann, der nirgends »angesiedelt« werden kann; in der Wüste gibt es auch nichts, an dem ich mich messen kann oder wo ich mich vor ihm, in Bezug auf ihn ansiedeln könnte.

Tagebuch, 6.2.1965

Die Sannyāsīs Indiens waren die Vorläufer der ersten christlichen Mönche, die sich in den Wüsten Ägyptens und Syriens verbargen, um ausschließlich dem göttlichen Mysterium zu leben. Christus ist gekommen »Feuer auf die Erde zu bringen.« Der Mönch gleicht »einem Menschen, dessen Gewand Feuer gefangen hat und der sich in das nächstliegende Wasser stürzt, ohne viel nachzudenken.« Dieser Ausspruch von Dom Le Saux könnte auf ihn selbst angewendet werden. Deshalb wurde er ein Sannyāsī, »vergraben« in der inneren Wüste, »das Herz voll von der einzigen Erfahrung des Selbst« (Nāradaparivrājaka Up. 4.38).

Abhishiktanandas letzte Schrift

»Sannyāsa oder der Ruf in die Wüste« ist die letzte Schrift, die P. Henri Le Saux – Swami Abhishiktananda – im Juli 1973 vollendete, einige Monate vor seinem Tod.
Sie kann in mehr als einer Beziehung als sein geistiges Testament angesehen werden. Die Gedanken dazu sind anläßlich eines Dialoges mit Swami Chidanandaji von Rishikesh über die Bedeutung und die Modalitäten der *dīkṣā*, d. h. der Initiation oder ökumenischen Mönchsweihe, entstanden, die er die Freude hatte, selbst zu vollziehen. Aber diese Schrift geht weit über diesen besonderen Anlaß hinaus.
Er beschreibt hier nicht ein erträumtes Ideal, sondern er bringt das Wesen des Sannyāsa zum Ausdruck, wie er ihn existentiell gelebt hat. Die Übereinstimmung zwischen mehr als einer Seite dieses Essay und den letzten Wochen seines Lebens sind bewegend für diejenigen, die die Einzelheiten kennen. Zur Zeit als er diese Studie in seiner Einsiedelei in Gyansu verfaßte, schrieb er seinen Freunden, wie sehr ihn die Lektüre der Sannyāsa-Upanishaden von neuem erschütterte, da er in ihnen den immer unerbittlicheren Ruf zu dem akosmischen Leben vernahm.
In seiner faszinierenden Schau des Sannyāsa betont Swami Abhishiktananda vor allem die absolute Transzendenz des Sannyāsa im Verhältnis zu allen Ständen des weltlichen oder religiösen Lebens, sowie im Verhältnis zu jedem *dharma*[1]; er ist jenseits: *dharmātīta*. Damit offenbart er seine advaitischen Wurzeln, deren unvergleichlicher Ausdruck in seinen Augen die alten Upanishaden sind, vor allem die Bṛhadāraṇyaka Upanishad.
Gleichzeitig versäumt er nicht, die Entsprechungen zwischen dem Sannyāsa und dem Ruf in die Wüste hervorzuheben, der im Herzen der ersten christlichen Mönche im 3. und 4. Jahrhundert laut wurde. Alle falschen Sicherheiten und »Konzessionen«, die das religiöse und monastische Leben der späteren Zeit hervorbrachte, werden durch eine echte Gegenüberstel-

lung mit dem absoluten Verzicht des Sannyāsa erschüttert. Alle diejenigen, die heute um eine Erneuerung des Eremitentums und des eschatologischen Zeugnisses innerhalb der Kirche und der Geschichte bemüht sind, werden in diesen von prophetischem Geist erfüllten Seiten eine Quelle der Inspiration finden. Zum Beispiel kann man nicht umhin, durch die vedische Gestalt des *keśī*, des »langhaarigen Asketen«, des reinen Akosmikers (Kapitel 2) an die Gestalt des Propheten Elias erinnert zu werden, des geistlichen Vorbildes des Karmel, eine Sannyāsī-Gestalt des Alten Testamentes, dessen akosmisches Leben auch ganz in der Schau Gottes verankert war.
Die Wochen vor und nach der Initiation, der ökumenischen *dīkṣā,* bedeuteten eine entscheidende Wende im Leben und in der spirituellen Vervollkommnung von Swami Abhishiktananda. Er lernte *avadhūtas* kennen, die in Höhlen am Ufer des Ganges zurückgezogen lebten und er lebte selbst in einer Höhle, dann auf Wanderschaft, wobei er seine Nahrung erbettelte. Der Mythos des *keśī*, des Akosmikers *par excellence,* ergriff immer mehr von seinem Bewußtsein Besitz. In dem Akt der Weitergabe erkannte er selbst mehr als zuvor und auf überwältigende Weise den fast »sakramentalen« Wert der *sannyāsa-dīkṣā,* worauf sich die Ausdrücke »Vermittler der Gnade« und »Gnade« in den folgenden Seiten beziehen. Es wurde ihm dann deutlich, daß der Sannyāsa nicht nur ein Zeichen für das Mysterium ist, sondern selbst ein Mysterium, daß die *dīkṣā* und der *kāvi*[2] eine »sakramentale« Bedeutung haben. In Wahrheit können nur diejenigen, denen dieses Mysterium offenbart wurde und die darin eingedrungen sind, seine geheimnisvolle Kraft erkennen.
In Wirklichkeit hat er nichts geschrieben, was er nicht selbst gelebt und in sich verwirklicht hat. Eben das macht die Schönheit seiner Schriften aus, sie sind die Frucht seines Schweigens.

Swami Ajātānanda (Marc Chaduc)

Das Ideal

Es war das Privileg und die Größe Indiens, daß es in seiner spirituellen und philosophischen Suche bis in die verborgensten Tiefen des Seins vordrang, jenseits dessen, was andere Kulturen »Seele«, »Vernunft« und selbst »Geist« nannten. An diesem »Ort« jenseits aller Orte entdeckten die indischen Weisen Gott, oder vielmehr das »göttliche Mysterium«.
In unmittelbarer Verbindung mit diesem Bewußtwerden entwickelte sich in Indien zum erstenmal in der Weltgeschichte der Ruf nach vollkommenem Verzicht und nach einem akosmischen Leben, was mit dem Namen *Sannyāsa* bezeichnet wird: Menschen verließen die Welt und die Gesellschaft, um in Wäldern, Bergen oder Wüsten zu leben, oder um ständig von einem Ort zum anderen zu wandern, indem sie ein Leben des Schweigens und der Einsamkeit lebten. Lange bevor die ersten christlichen Mönche sich in die Wüsten Ägyptens und Syriens zurückzogen, hatten die Jünger des Buddha diese Lebensweise schon im ganzen Fernen Osten verbreitet.
Der Sannyāsa ist eines der grundlegensten Kennzeichen für die Weise, wie das traditionelle Indien sich dem göttlichen Mysterium näherte, und es ist unmöglich, die religiöse Haltung der Hindu-Seele in ihrem Grund zu verstehen, ohne auf diese Lebensform Bezug zu nehmen.
Zweifellos wird der Wert des Sannyāsa in der heutigen Welt immer mehr in Frage gestellt. Dies liegt einerseits an dem schlechten Beispiel vieler Träger des orangefarbenen Asketen-Gewandes (*kāvi*), aber der Hauptgrund ist wohl der allgemeine Geist der Kontestation, der gegenwärtig alle Religionen angreift und der sich gegen die Verkalkung vieler religiöser Institutionen auflehnt. Das Ergebnis davon wird wahrscheinlich die äußeren Formen des Sannyāsa betreffen, aber sein Wesen wird sicher davon unberührt bleiben.
Der Sannyāsa – wie übrigens auch das ursprüngliche christliche Mönchtum – steht in unmittelbarer Verbindung mit dem,

was die indische Spiritualität den Wunsch nach Erlösung (*mumukṣutva*) nennt, aber ein Wunsch, der so intensiv ist, daß er keinem anderen Wunsch Platz läßt. Die Tradition drückt dies so aus, indem sie *mumukṣutva* mit einem Menschen vergleicht, dessen Kleider Feuer gefangen haben und der sich in das nächstgelegene Wasser stürzt, ohne viel zu überlegen.

Gewöhnlich wird der Mensch von den äußeren Dingen angezogen. Wie die Kaṭha Upanishad sagt:

> »Der Schöpfer bohrte die Öffnungen der Sinnesorgane nach außen,
> daher blickt der Mensch nach außen und nicht nach innen.
> Ein gewisser Weiser, der die Unsterblichkeit ersehnte, wandte seine Augen nach innen und schaute das Selbst unmittelbar.« (4,1)

Er versteht, daß

> »nichts Beständiges durch das Unbeständige erlangt werden kann« (2,10);

»daß das Ungeschaffene nicht durch etwas Geschaffenes erreicht werden kann«,[3] wie die Muṇḍaka Upanishad (1,2,12) sagt. Yama, die mythologische Verkörperung des Todes, kann den jungen Naciketas versuchen, indem er zu ihm sagt:

> »Ich gebe dir den Genuß aller Freuden,
> die in der Welt der Sterblichen möglich sind.«
> Kaṭha Up. 1,24 ff.

Der junge Mann antwortet ihm darauf, daß das Alter alle diese Freuden nutzlos machen wird, ganz zu schweigen davon, daß der Tod selbst eines Tages kommen wird und sie ihm alle erbarmungslos entreißen wird. Selbst die Belohnungen und die Freuden der anderen Welt haben wenig Anziehung, sie werden nur solange dauern, bis die Verdienste aufgebraucht sind, durch die sie erworben wurden. Die Belohnung entspricht dem Werk und ist von ihm konditioniert, daher haben das rituelle Gebet und der Götterkult[4] nur einen relativen Wert, sie können höchstens dazu dienen, ein angenehmes Leben auf Erden und vielleicht einen freudigen Zwischenaufenthalt in einem räumlich vorgestellten »Himmel« (*svarga* genannt) zu verschaffen. Deshalb schließt die Muṇḍaka Upanishad: Verlasse alles und ziehe in den Wald, übe dich im Verzicht und bewahre deine Seele im Frieden, gehe zu einem Guru, der weiß (*jñānī*), und lerne von ihm jene Erkenntnis des Brahman, die selbst die Schrift der Veden nicht vermitteln kann (1,2,11–13).

Die Lehre Jesu war nicht weniger beunruhigend für die menschliche Bequemlichkeit: »Was nützt es dem Menschen, all das zu besitzen?« »Ich bin gekommen, Feuer auf die Erde zu werfen.« (Mark. 8,36; Luk. 12,49). Nur das Reich Gottes zählt, alles andere muß ihm geopfert werden. Das Evangelium ist unvereinbar mit Halbheiten und nur seine Verwässerung konnte aus dem Christentum eine bequeme Religion machen. Darüber hinaus wird der Weise, der *jñānī* Indiens sagen, ist das Reich Gottes, über das man spricht, nicht das Reich Gottes, ebenso wie »das Tao, von dem man spricht, nicht *das Tao* ist« (Tao-te-king 1). Über die letzte Wirklichkeit kann man nichts aussagen, außer *»asti«* »(sie) ist« (Kaṭha Up. 6,12).

Nach dem Gesetzbuch des Manu und der folgenden Tradition soll man in den Stand des Sannyāsa erst eintreten, wenn man die zweite Hälfte seines Lebens erreicht hat, wenn man seine religiösen und sozialen Pflichten erfüllt hat und einen Sohn gezeugt hat, der selbst verheiratet ist und seinerseits imstande ist, seine Verantwortung im Dienst an den Menschen, den Göttern und den Vorfahren zu übernehmen. Doch kommt es vor, daß das innere Licht im Herzen eines Menschen mit einer solchen Intensität zu leuchten beginnt, daß es nicht mehr möglich ist, ihm zu widerstehen und er ungeachtet seines Alters, seines Lebensstandes oder seiner Verantwortung, keine andere Wahl mehr hat als sein Haus zu verlassen und sich auf den Weg zu machen, allein, auf der heiligen Wanderschaft (Jābāla Up. 4,1). Wie Śaṅkara[5] in seinem Kommentar zur Bṛhadāraṇyaka Upanishad sagt, setzt diese höchste Intuition aller Tätigkeit[6] ein Ende, denn keine Handlung ist mit ihr vereinbar.

Die grundlegende Inspiration des Sannyāsa ist die Unterscheidung zwischen dem Vergänglichen und dem Unvergänglichen (*viveka*) – dies ist die erste Bedingung für jeden, der die Erkenntnis des Absoluten, *brahmavidyā*, anstrebt. Diese Unterscheidung ist nichts Abstraktes oder Begriffliches, vielmehr liegt sie allen geistigen Akten und Urteilen zugrunde und wird zur fundamentalen Regel aller Handlungen. Woher kommt diese Unterscheidung? Könnte man hier nicht das Wort Pascals aufgreifen: »Du würdest mich nicht suchen, wenn du mich nicht schon gefunden hättest.«?[7] Für die meisten Menschen besitzen diese Worte wie *viveka* (Unterscheidung), *mokṣa* (Erlösung), *advaita* (Nichtdualität) und ihre begrifflichen und emotionellen Entsprechungen in anderen Religionen einen wunderbaren Klang, an dem man sich erfreut, über die man meditiert und über die man unter Eingeweihten gelehrt diskutiert. Für andere aber sind es brennende Berührungen, die ihr Leben verwandeln und die die Seele, ob sie will oder nicht, all dem entreißen, was ihr bis dahin lieb war. Wenn die Seele sich dessen zum ersten mal bewußt wird, mag es noch fast unmerklich sein, wie der feine Wasserstrahl, den Ezekiel unter der Schwelle des Tempels entspringen sah (47,1) – aber dieser Wasserstrahl wurde bald zu einem Bach und dann zu einem gewaltigen Strom, der den Tempel erfüllte und die ganze Erde bedeckte und mit seinem Wasser alles gleichzeitig verheerte und belebte.

Am Anfang bedeutete Sannyāsa, ebenso wie im alten christlichen Mönchtum, einfach, daß man sein Haus und sein Dorf verließ und sich auf Wanderschaft begab[8] oder in den Wald fortzog. Höchstens empfing man von einem anderen Mönch oder *sādhu*[9] das symbolische Gewand, wie es auch in der Geschichte des heiligen Benedikt der Fall war, soweit man ein besonderes Gewand oder überhaupt eine Kleidung noch für notwendig erachtete. Hatte nicht Jesus selbst als einzige Regel für diejenigen, die wahrhaft das Reich Gottes erlangen wollten bestimmt: »Gehe hin, verkaufe alles was du hast, gib den Erlös den Armen und folge mir« (Matth. 19,21)? Erst später wurde das Leben des Sannyāsa, ebenso wie das christliche Mönchtum, organisiert und wurden genaue Regeln dafür festgelegt.

Bald begann man, eine rituelle Einweihung auszuführen und es ist interessant zu bemerken, daß sie ein Opfer (*yajña*) enthält. Der Vater, der Sannyāsī wurde, mußte eine rituelle Übergabe[10] an seinen Sohn vollziehen, indem er ihm alles übertrug, was er besaß und was er in der Gesellschaft darstellte, mit denselben Formeln, die er im Augenblick seines Todes aussprechen sollte:

> »Wenn man spürt, daß man sterben wird,
> sagt man zu seinem Sohn:
> ›Du bist das heilige Wissen, du bist
> das Opfer, du bist die Welt‹.«
>
> Bṛ. Up. 1,5,17 und Sannyāsa Up. 1

Doch ist diese Zeremonie nur für diejenigen absolut notwendig, die die *saṃskāras*[11] der brahmanischen Initiation empfangen haben und die daher, zumindest theoretisch, nicht von ihren familiären, religiösen und sozialen Verpflichtungen enthoben werden können, außer durch einen neuen Ritus. Auch heute noch gibt es Entsager, die sich keinerlei Ritus unterziehen.

Der Mönch gehört keiner besonderen Klasse innerhalb der Gesellschaft an. Weit mehr als ein vierter *āśrama* oder Lebensstand nach den drei ersten des Studenten, Hausvaters und Waldbewohners[12], ist der Sannyāsa vielmehr ein *atyāśrama,* er ist jenseits aller Lebensstände. Er transzendiert alles, ebenso wie Gott selbst alles transzendiert, er läßt sich auf keine Kategorie zurückführen, er ist von allem getrennt, jenseits von allem und gleichzeitig allem immanent, frei von jeder Dualität. Daher ist es falsch, und wohlerzogene Hindus vermeiden es auch vorsorglich, einen Sannyāsī nach seinem Namen, seinem Heimatland oder anderen persönlichen Dingen zu fragen. Wie immer er sein mag – und Gott allein kennt den Grund der Herzen – der Mönch (*sādhu*) ist mitten unter den Menschen einfach ein Zeichen für die göttliche Gegenwart, er ist ein Zeuge des Absoluten und des Mysteriums, das jenseits aller Zeichen ist. Er erinnert alle daran, daß der Mensch vor allem ein Mysterium der Innerlichkeit ist.

Die Grundregel des Sannyāsa-Standes ist die, daß man keinen Wunsch mehr haben soll, oder vielmehr nur einen einzigen Wunsch, den Wunsch nach Gott allein. Jedoch hat das, was man den Wunsch nach Gott nennt, nichts zu tun mit dem Wunsch nach der Gunst irgendeines *deva* (Gottes), oder nach einem angenehmen Leben in Gemeinschaft mit ihm, Wünsche, die letztlich ich-bezogen sind[13]. Sein Wunsch nach Gott ist der Wunsch nach demjenigen, der jenseits aller Formen ist, nach der Gemeinschaft mit dem »Einen ohne einen zweiten«, nach einer Freude, die alle spürbaren Freuden übersteigt, nach einer Seligkeit, in der jede Unterscheidung zwischen dem sich Freuenden und dem Gegenstand seiner Freude verschwunden ist. Wenn er so alle Wünsche transzendiert hat, ist der wahre Sannyāsī ohne Wünsche (*akāma*), aber er ist ebenso einer, dessen Wünsche alle erfüllt sind (*āpta-kāma*, vgl. Bṛ. Up. 4,4,6), denn sein einziger Wunsch ist auf das Selbst gerichtet und das Selbst ist immer in seiner ganzen Fülle sich selbst gegenwärtig: »Sein Herz ist erfüllt von der einzigen Erfahrung des Selbst.« (Nāradaparivrājaka Up. 4,38).

Die Askese des Sannyāsī besteht daher nicht darin, daß er versucht, seine vielfältigen Wünsche, die jeden Augenblick im Herzen des Menschen aufsteigen, einen nach dem anderen aufzugeben. Sein Nicht-Wünschen des Vergänglichen kommt vielmehr aus seinem unveräußerlichen Besitz des Unvergänglichen. Die Freude, die sein Herz in der Berührung mit der Wirklichkeit gefühlt hat – selbst und um so mehr, wenn dieser Kontakt frei von jedem psychischen Eindruck ist – ist so groß, daß er von nichts mehr angezogen wird. Das bedeutet nicht, daß er deshalb die Dinge dieser Welt verachtet – Ehe, Familie, die Gemeinschaft der Menschen. All das hat seinen Wert, und der Sannyāsī weiß diesen Wert vielleicht mehr zu schätzen als andere, gerade weil er bis in den Grund der Dinge eingedrungen ist und in das Mysterium, dessen Zeichen sie sind. Nur weiß er, daß all das nicht mehr für ihn bestimmt ist. Er hat das »andere Ufer« entdeckt, das Ufer der Wirklichkeit, auf die alles an »diesem Ufer« zeichenhaft hinweist, wie Fußspuren, die bis zu ihr hinführen (Bṛ. Up. 1,4,7).

Der Sādhu sucht daher keine Vergnügen, die die Dinge dieser Welt vermitteln. Und doch hat er ein Minimum an Bedürfnissen. Solange er in diesem fleischlichen Körper lebt, braucht er Nahrung, um den Körper zu erhalten, ein Stück Stoff um ihn zu bedecken und vor Kälte und Hitze zu schützen. Aber um zu entscheiden, was ihm angemessen und was notwendig ist, wird er weniger von den in den Śāstras (Lehrbüchern) niedergelegten Regeln geleitet, als von seinem inneren Unterscheidungsvermögen, *viveka,* das ihm unentwegt einflüstern wird: wenig, wenig von allem, von allem das wenigst mögliche, gerade soviel, wie man nicht entbehren kann ... eben derselbe Geist wie der evangelischen Räte.

Für seine Nahrung ist die Regel des Sannyāsī, daß er sie zu sich nehmen soll, wie man eine Medizin einnimmt, niemals für den Gaumen, sondern nur als das, was notwendig ist und unvermeidlich, »um den Lebensatem zu erhalten.«[14] Es ist selbstverständlich, daß er sich an eine streng vegetarische Kost halten muß. Darüber hinaus empfiehlt die Muṇḍaka Upanishad die Praxis der *bhikṣā,* d. h. daß man sich allein von der erbettelten Nahrung ernährt, von den täglichen Almosen, und diese Praxis ist weit mehr noch als das Gewand das wesentliche Kennzeichen des Lebens der Entsagung in Indien. Tatsächlich hat der Sannyāsī kein Haus, in dem er das Feuer bewahren könnte, andererseits sollte er selbst die Zerstreuung, seine Nahrung zuzubereiten, vermeiden. Ist es nicht auch die vollkommenste Übung totaler Auslieferung an die heilige Vorsehung Gottes, wenn man so in allem, was man ißt, in der Quantität wie Qualität, von dem Gutwillen mildtätiger Menschen, denen man unterwegs begegnet, abhängig ist? Der vollkommene Mangel an Sicherheit und an irgendeiner Einrichtung in dieser Welt gehört zum Wesen des Sannyāsa.

Schließlich hat der Sannyāsī keine Werke mehr zu verrichten (kein *karma*), er ist befreit von jeder Pflicht der Welt, ja selbst seinem eigenen Körper gegenüber. Er kann nicht mehr sein Brot verdienen, denn seine ganze Tätigkeit ist nach innen gewendet, konzentriert in dem inneren Blick.

Seine Armut und seine souveräne Freiheit werden auch an seiner Bekleidung sichtbar. Man bedeckt den Körper eben nur, so wie man ihn ernährt, denn es ist praktisch unmöglich, es anders zu machen. Die Upanishaden nehmen sogar an, daß sich die Bekleidung in dem Maß reduziert, in dem ihr Träger weiter in die innere Erfahrung eindringt. Letztlich sollte sich der Sādhu mit irgendeinem Stoffetzen zufriedengeben, den er auf der Straße findet, nur eben ein Stück Stoff, das er zwischen den Beinen trägt (*kaupīnam*), oder noch besser gar nichts. Er sorgt sich nicht darum, was man über ihn spricht; er trägt nichts, um aufzufallen; jedoch ist die äußere Nacktheit nur dann sinnvoll, wenn ihr eine innere Entblößung entspricht – sonst wäre es eine Form von Exhibitionismus.

Er hat keine eigene Bleibe mehr, er ist unbehaust (*aniketana).* Er geht von Ort zu Ort, je nach den Umständen und der Inspiration des Augenblicks: Er hält sich unter einem Baum, in einer Höhle, am Ufer eines Flusses oder in einem verlassenen Gebäude auf, aber nie in einem wohleingerichteten Haus. Deshalb fragt ihn niemand: »Wo lebst du?« sondern: »Wo sitzt du?« »Wo ist dein Sitz (*āsana*)?« Die einzigen Orte, die ihm verboten sind, sind seine frühere Heimat und Orte, an denen er seinen Verwandten oder Eltern begegnen könnte. Davon abgesehen ist er vollkommen frei, er ist niemandem gegenüber verantwortlich und niemand ist es ihm gegenüber. Es gibt nichts auf dieser Erde, was er sein eigen nennen könnte, da er nicht einmal mehr das Recht hat, »ich« zu sagen im Namen dieser Anhäufung von Fleisch und Gedanken, die vorübergeht und seinen Körper ausmacht, er ist ohne »mein« und ohne »Ich«[15]. Die heiligen Schriften erlauben ihm aber, seine Wanderschaft während der vier Monate Regenzeit zu unterbrechen. Aber auch dann soll die Hütte oder Höhle, in die er sich zurückzieht, nur den notwendigsten Schutz vor den Unbilden des Wetters darstellen.

Unter den neuen Bedingungen der heutigen Gesellschaft und in Anbetracht der modernen Mentalität mußten viele Sādhus auf ihr Bettlerdasein und auf das Leben beständiger Wanderschaft verzichten. Das Ideal bleibt jedoch bestehen und muß auch trotz der verschiedenen Anpassungen an die Zeiten und Umstände erhalten bleiben. Auf jeden Fall sollte jeder Sannyāsī die Erfahrung des Wanderlebens (*parivrājya*) während einer ziemlich langen Zeit gemacht haben.

Der Sannyāsī hat auf das Leben in der Gesellschaft und auf die Gemeinschaft der Menschen verzichtet, sein Leben ist Schweigen und Einsamkeit. Aber wenn der Sādhu sich weder für die Personen noch für die Ereignisse dieser Welt interessiert, so heißt das nicht, daß er einfach ein Egoist ist, der sich in sich selbst verkapselt, im Gegenteil, das »Selbst« des Sādhu soll sich auf die Dimensionen des Universums ausgeweitet haben, auf die Unendlichkeit des großen *Selbst*. Tatsächlich interessiert er sich nicht mehr für das, was seinen Körper und seine Person betrifft, als für die anderen. Eben das ist der Prüfstein, an dem man die Echtheit seiner Indifferenz erkennen kann. Sein Ruf führt ihn anderswo hin, andere sollen sich mit den Angelegenheiten dieser Welt beschäftigen, andere müssen für die Bedürfnisse der Menschen und des Universums sorgen: Der Sādhu seinerseits hält sich nahe an der Quelle. Es ist nicht seine Aufgabe, sich um Stauwerke und Bewässerungskanäle zu kümmern, die im Tal gebaut werden. Seine Arbeit, wenn man so sagen kann, besteht darin, darüber zu wachen, daß das Wasser beständig aus der Quelle selbst fließt.

Wenn der Sannyāsī spricht, so soll er es nur über das innere Mysterium und über das Leben, das er am Grund des Herzens verborgen entdeckt. Er soll um jeden Preis vermeiden, sich in rein intellektuelle Diskussionen verwickeln zu lassen; sein Platz ist nicht mehr unter den Gelehrten, die sich zu Seminaren und Konferenzen versammeln, um über Philosophie oder selbst über Fragen der Spiritualität zu diskutieren. Er wird sich aber nicht weigern, mit all seiner Kraft den demütigen und ehrlichen Gottsuchern, die sich nach *brahmavidyā* sehnen, zu helfen und ihnen den Weg zu der »inneren Höhle« (*guhā*) zu weisen, zu dem verborgenen Ort des Herzens, wo sich die letzte Wirklichkeit offenbart. Aber selbst dann wird er sich, um sich seinen Schülern verständlich zu machen, weniger auf die Weitergabe in Worten, »von Mund zu Ohr« verlassen, als vielmehr auf den unmittelbaren Kontakt von Herz zu Herz im Geist, und oft wird sein Schweigen die Botschaft auf wirksamere Weise vermitteln als sein Wort.

In welchem Maß wird sich der Sannyāsī der Lektüre hingeben? Wird er sich der Bücher bedienen, um die Verbindung zu den früheren und heutigen Weisen herzustellen? Viele wahre Sannyāsīs haben nur ein paar Bücher zur Hand, und andere haben gar keine. Übrigens wäre eine selbst beschränkte Bibliothek schwer mit einem Wanderleben zu vereinen, das doch immer das Ideal bleibt.

Das Wesentliche ist jedenfalls, daß der Sādhu nie aus reiner Neugier liest; alles, was er liest, soll wenigstens indirekt dazu dienen, zu dem einzigen Ziel seines Lebens zu führen: zu der Einheit mit dem göttlichen Mysterium, zu der Erkenntnis des Selbst. Es heißt sogar in den Upanishaden (Amṛtānanda Up. 1), daß man selbst die heiligen Schriften aufgeben soll, wenn das Licht der Wirklichkeit einmal im Innern aufgeleuchtet ist, so wie man das Streichholz wegwirft, wenn man damit die Kerze angezündet hat. Besteht nicht der einzige Zweck der Schriften darin, zu diesem Licht zu führen? Śaṅkara, der Heilige und Philosoph, sagt dasselbe in seinem Kommentar zu der Bṛhadāraṇyaka Upanishad 1,4,10: Die Lehren der Schriften werden nutzlos, wenn man die Wahrheit einmal entdeckt hat. Und wieviel mehr jede andere Literatur!

Trotz allem kann der Sādhu manchmal lesen, um seinen Brüdern zu helfen. Eben das tat Ramana Maharshi nach vielen Jahren des Schweigens, als er einem jungen Mönch begegnete, der sich vergeblich bemühte, eine Art elementaren Katechismus des Vedānta zu verstehen. So kann man von ihm wenigstens erwarten, daß er hilft, den tieferen Sinn der Schriften zu verstehen, und das ist auch einer der Gründe für die Regel, daß vier Monate des Jahres frei bleiben, während derer er am selben Ort verweilt. Auf jeden Fall erwartet man von ihm nicht eine gelehrte Exegese, sondern vielmehr etwas, das wie ein überfließender See aus der Fülle seiner schweigenden Kontemplation der heiligen Texte fließt. Das gilt auch dann, wenn er etwas schreibt, denn er tut es weder wie ein Professor noch wie ein Schriftsteller; seine Rolle gehört einer anderen Ordnung an, so schwer es auch oft sein mag, dies anzunehmen, sowohl für ihn selbst wie für diejenigen, die versuchen, ihn seiner Einsamkeit zu entreißen, um seine Hilfe zu erhalten. Die eigentliche Aufgabe des Sannyāsī ist die, sich im Innern aufzuhalten, im Namen der ganzen Menschheit, verborgen und unbekannt in der Höhle des Herzens, zumindest solange der Herr nicht seine Gegenwart anderen offenbart, wie er es bei Paulus dem Eremiten tat, als er Antonius seine Existenz bekannt gab. Aber selbst dann, wenn die Zeit gekommen ist, mit seinen Brüdern zu teilen, hat er nichts anderes zu geben als das lebendige Wasser, das direkt aus der Quelle entspringt, vollkommen rein und ohne jede Beimengung. Oder noch besser, er verhilft seinen Brüder, ihren Durst an der Quelle selbst zu stillen, die »vom Schoß des Grundes« der *guhā* selbst entspringt.

Worin wird das Gebet des Sannyāsī bestehen? Wenn man von dem Ideal spricht, so hat der Sannyāsī jede Möglichkeit einer besonderen Form des Gebetes überstiegen. Sein letztes Opfer (*yajña*) war dasjenige, das seiner Mönchsweihe vorausging; in jener Nacht rezitierte er zum letztenmal die heilige Gāyatrī.[16] Nun ist er der Welt gestorben, zuerst dieser Welt, in der die Menschen leben, aber auch jener anderen Welt, die sie ergänzt und die sich die Menschen spontan von hier unten aus vorstellen, der Himmel der Götter (*devas*). Die menschliche Gesellschaft hat nichts mehr von ihm zu erwarten, nicht einmal die *devas* können von ihm Hymnen oder Opfer verlangen (vgl. Bṛ. Up. 1,4,19). Was könnte er denn auch darbringen? Er ist von allem entblößt, er hat nichts mehr, das er »sein« nennen könnte, da er nicht einmal mehr ein »Ich« hat, das Subjekt irgendwelcher Pflichten oder Rechte wäre. »Wer« bleibt dann, um zu beten, und an »wen« würde sich dieses Gebet wenden? Es ist, wie es Sadāshiva Brahmendra so gut ausdrückte: »Wohin soll ich mich wenden, um mich an Gott zu wenden? In welchem Winkel meines Herzens oder des Universums kann ich einen Platz für mich finden, um ihn zu betrachten, anzubeten, anzuflehen? Wohin ich mich auch begebe, um dies zu tun, da ist Er schon. Wenn ich versuche, »Ich« zu sagen, leuchtet schon sein »ICH« im Grund meines Ich und verzehrt es in seinem Feuer.«

Nach der Lehre Ramana Maharshis ist der höchste *samādhi* der *sahaja samādhi* (wörtlich: die angeborene Versenkung), ein vollkommen natürlicher Zustand, in dem es keine Flucht oder keine Ekstase außerhalb der Sinneswahrnehmung oder der Gedanken mehr gibt wie im *nirvikalpa samādhi,* der automatisch einen Dualismus in sich birgt. Vielmehr bleibt der *jñānī*[17] sich selbst und allem in der unteilbaren Klarheit des Ātman vollkommen präsent. Das Gebet des Sannyāsī, wie sein ganzes Leben, besteht nicht darin, zu tun oder zu handeln, sondern einfach zu SEIN. Meditation, Konzentration, Sammlung, sind Worte, die noch viel zu »aktivistisch« sind, um genau zu übersetzen, worin sein Gebet und seine innere Gemeinschaft mit Demjenigen besteht, dem er keinen Namen mehr zu geben vermag.

Diese Beschreibung des inneren und äußeren Lebens des Sannyāsī wird sicher zu idealistisch erscheinen, um realisierbar zu sein, doch gründet sie sich auf die Texte der heiligen Schriften. Sie entspricht wirklich dem, was man noch heute beobachten kann, wenn man den *darśana* – nicht so sehr eines berühmten *mahātmā*[18] – aber eines demütigen Wandermönches oder Einsiedlers hat, der sich meist von allen fern hält und unbekannt bleibt.

In Wirklichkeit gibt es, wie die Tradition sagt, zwei Arten von Sannyāsa: den *vidvat-sannyāsa* oder die spontane Entsagung, und den *vividiṣā-sannyāsa* oder die Entsagung als Suche nach Erkenntnis. Der erste kommt spontan, er überfällt den Menschen sozusagen, ob er es will oder nicht. Es ist eine Art innerer Impuls, ein blendendes Licht, wie es Paulus vor den Toren von Damaskus geschah. Das berühmteste Beispiel im heutigen Indien ist das von Ramana Maharshi, und man darf nicht meinen, daß es etwas so außergewöhnliches ist. Es hat dann keinerlei Bedeutung, ob der Mensch sich der rituellen Initiation unterzieht oder nicht, er wird vielmehr bald zu dem *avadhūta,* dem vollkommenen Entsager der alten Tradition, bevor noch irgendeine Gesetzgebung die Regeln dafür festlegte. Die Bṛhadāraṇyaka Upanishad hat diesen ursprünglichen Sannyāsa beschrieben, noch bevor man daran dachte, ihm irgendeinen Namen zu geben:

> »Nur wer den großen, ungeborenen Ātman kennt,
> wird ein Muni (ein Asket) ...
> Indem sie ihn allein als ihren Ort (des Heils) suchten,
> begehrten die alten Weisen keine Nachkommenschaft:
> Was sollen wir mit Nachkommenschaft,
> die wir den Ātman als Welt (*loka*, Ort des Heiles)
> besitzen?«[19]
> »Sie erhoben sich über den Wunsch nach
> Kindern, über den Wunsch nach Besitz
> über den Wunsch nach Welten und
> begaben sich auf Wanderschaft als Bettler.« (4,4,22)

Die andere Alternative besteht darin, in den Sannyāsa-Stand

einzutreten, um *jñāna,* Weisheit, und *mokṣa,* Befreiung zu erlangen. Es ist wunderbar, daß die ganze Tradition Indiens dem Mann empfiehlt, die letzte Phase seines Lebens einzig der Suche nach dem Selbst zu widmen, in einer vollkommenen Entblößung, die den Tod vorwegnimmt. Wenn der Sannyāsa richtig gelebt wird, ist er zweifellos der direkte Weg zur wahren Weisheit und zur Befreiung. Aber selbst in diesem Fall ist es klar, daß der Sannyāsa von keinem ergriffen werden kann, der nicht in seinem Grund ein Licht wahrgenommen hat oder einen persönlichen Ruf von innen verspürt hat. Es gibt wohl keinen echten und frommen Sucher, der nicht etwas von diesem Mysterium ahnt, sei es durch die Lektüre der Schriften und des Lebens der Heiligen, oder vor allem durch den Kontakt mit wirklich spirituellen Menschen (*satsaṅga*). Jedoch ist dieses Licht noch zu schwach, um sein Leben zu lenken und in ihm diese totale Umkehr der Seele, Schritt für Schritt, zu bewirken, diese *metanoia,* die die erste Art des Sannyāsa kennzeichnet. Um ihm beizustehen hat die Tradition eine Reihe von Regeln aufgestellt, deren wichtigste schon oben genannt wurden. Doch eines Tages, wenn er entdeckt, daß das bloße Befolgen religiöser Vorschriften nicht genügt, um ihm die wahre Erkenntnis des Brahman zu vermitteln, macht er sich auf die Suche nach einem Guru, der – zumindest theoretisch – seine Schritte im monastischen Leben lenken wird und ihm schließlich die Einweihung verleihen wird. In Wirklichkeit ist heutzutage der rituelle Guru leider nur selten der *mokṣada-guru*, von dem die Brahmavidyā Upanishad spricht, derjenige, der die erlösende Erkenntnis von Herz zu Herz vermittelt und der nicht nur darüber spricht und den Weg dazu aus der Ferne weist.

Auf jeden Fall ist der Guru normalerweise notwendig, um den entscheidenden Fortschritt auf dem spirituellen Weg zu verwirklichen. Die Kaṭha und die Muṇḍaka Upanishaden wiederholen dies eindringlich.[20] Der Guru ist ein Mensch, der nicht nur über den Weg zur Erlösung *(mokṣa)* gelesen hat oder von anderen darüber gehört hat, sondern der sich selbst auf den Weg gemacht hat und das Ziel erreicht hat, und der daher fähig ist, den aufrichtig Suchenden aufgrund seiner eigenen persönlichen Erfahrung darauf zu führen. Durch ihn, der ganz transparent für das Mysterium ist, leuchtet der Puruṣa[21], der am Grund des Herzens ist, dessen unendlicher Glanz »wie eine Flamme ohne Rauch ist« (Kaṭha Up. 4,13). Der Schüler gibt dem Guru *śraddhā*, d. h. seinen Glauben und vollkommenen Gehorsam. Die Hingabe des Schülers an den Guru ist vollständig und ohne Einschränkung, denn der Guru ist für ihn die Manifestation Gottes selbst, und seine »Verehrung« des Guru ist für ihn die letzte Etappe, jenseits jedes äußeren Kultes und Bildes (*mūrti*), auf seiner Pilgerschaft zu dem höchsten, transzendenten Brahman jenseits aller Manifestation. Dem Schüler, der sich ihm so nähert, vermittelt der Guru die höchste Erkenntnis, die letztlich nur in der inneren Verbindung, im Schweigen wahrgenommen werden kann. Um den Schüler für die Annahme dieser Erkenntnis vorzubereiten, wird der Guru ihn vorsichtig, Schritt für Schritt, zuerst zu der Kontrolle seiner Sinne und Begierden wie seines Denkens führen, er wird seinen Verzicht und sein Unterscheidungsvermögen entwickeln.[22] Er wird oft hart mit ihm sein und ihm weder Faulheit noch Nachlässigkeit erlauben. Aber er wird ebenso mild wie streng sein, wenn er ihm die Bedingungen des wahren *tapas* (Askese) zu verstehen gibt, die allein die Askese fruchtbar machen (Muṇḍ. Up. 3, 2, 4).

Der Guru wird ihm vor allem helfen, allmählich das Geheimnis des wahren Gebetes zu entdecken. Er wird ihm sicher nicht mit einemmal den Gipfel der Advaita-Erfahrung offenbaren, der Erfahrung der Nicht-Dualität. Dies könnte für eine unvorbereitete Seele gefährlich sein, wie eine starke Medizin, die man im falschen Augenblick einnimmt. Solange der Mensch noch einen starken Ich-Sinn (*ahaṃkāra*) und ein Bewußtsein seiner eigenen Persönlichkeit hat, ist Gott, ob er es will oder nicht, ein »Anderer« für ihn. Da der Advaita dann nur ein Begriff und nicht eine existentielle Erfahrung sein kann, kann er verheerende Folgen haben, indem er sein Ego verstärkt und dessen krankhafte Entwicklung fördert. Der Guru wird zunächst einfach versuchen, den Schüler zu dem inneren Schweigen zu führen, er wird ihn lehren, sich von den Gegenständen, die seine Sinne wahrnehmen, oder die in seiner Phantasie entstehen, loszulösen[23]; seine Aufmerksamkeit auf einen einzigen physischen oder geistigen Punkt zu konzentrieren[24] und beständig und verehrungsvoll den heiligen Namen Gottes zu wiederholen (*nāmajapa*). Später, wenn der Schüler von seinen Begierden und egozentrischen Neigungen frei genug ist und das innere Schweigen zu kosten beginnt, wird der Guru, der selbst *brahmaniṣṭha,* d. h. im Brahman festgegründet ist,

> »dieses höchste Brahmawissen, die Wahrheit
> so wie sie ist lehren,
> wodurch man den unvergänglichen Puruṣa erkennt.«
> Muṇḍ. Up. 1,2,13

Und er wird ihn

> »makellos, durch die Pforte der Sonne
> (dorthin führen) wo der Puruṣa, der unsterbliche ist,
> das unvergängliche Selbst.« Muṇḍ. Up. 1,2,11

Der Sannyāsa ist wesentlich akosmisch, wie es auch das christliche Mönchtum in seinen Anfängen war. Wenn man dies nicht richtig versteht, ist es schwer, die totale Freiheit des Sannyāsī anzunehmen.

Der Sādhu hat keine sichtbare oder äußerlich erkennbare Verpflichtung der menschlichen Gesellschaft gegenüber. Er ist kein Priester, der im Namen der anderen beten und opfern soll; er ist kein Professor, nicht einmal der heiligen Schriften, noch weniger ist er ein Sozialarbeiter. Er ist für die Gesellschaft so tot wie der Leichnam, den man zur Verbrennungsstätte trägt. Und das ist die Größe Indiens, daß seine Gesellschaft dies seit Jahrtausenden akzeptiert und alle Bedürfnisse des Sannyāsī auf sich nimmt, ohne ihn um eine Gegenleistung zu bitten, außer *da zu sein,* zu sein was er ist. Die Sannyāsīs sind die Opfergabe eines Volkes an seinen Gott, das höchste der Opfer[25], das wahre Menschenopfer[26], die im Feuer des *tapas*[27] verzehrten Opfer ihrer eigenen inneren Darbringung. Heutzutage wird ein solches akosmisches Leben oft schwer verurteilt und sogar verdammt. Die Forderungen der Gesellschaft an den einzelnen sind in der Gefahr, noch anspruchsvoller zu werden als zur Zeit der primitiven Stämme, als die persönliche Existenz innerhalb des kollektiven Gruppenbewußtseins noch kaum unterschieden wurde; und diese Anschauung findet man überall, auch im religiösen Bereich und in den Kirchen. Der Sannyāsī ist der Zeuge der wesenhaften Freiheit des Menschen für das Mysterium seiner Seele, und dieses Zeugnis ist in der weltlichen wie religiösen Gesellschaft unbedingt notwendig. In einer Welt, in der das Interesse sich immer ausschließlicher dem »Nützlichen« (oder was es zu sein scheint) zuwendet, sind Vertreter des freien Aktes *par excellence* notwendiger denn je, um das geistige und spirituelle Gleichgewicht der Gesellschaft zu bewahren. Der Sannyāsī ist mehr als alles andere der Zeuge einer »Gegenwart«, die alles Vergängliche übersteigt, denn er ist weder an die Vergangenheit noch an die Zukunft gebunden.

Wenn man sich dies einmal ins Gedächtnis gerufen und festgehalten hat, ist es dennoch klar, daß der hinduistische Sannyāsa nicht umhin kann, sich weiter zu entwickeln und sich den gegenwärtigen Umständen anzupassen, eben gerade um weiterhin seine wesentliche Aufgabe in der Geschichte erfüllen zu können. Um seines Zeugnisses selbst willen muß er sich von allem lösen, was veraltet ist, und bestimmte seiner gegenwärtigen Formen werden wohl verschwinden müssen. Die Exzentriker werden immer weniger akzeptiert werden – aber wer kann darüber urteilen, was »exzentrisch« ist? Die Masse derer, die mehr Bettler als Asketen sind, wird abnehmen in dem Maß, in dem die Gesellschaft sich weigern wird, sie zu ernähren, aber die wahren Sannyāsīs werden ihr Zeugnis weitertragen, ob sie in Ashrams leben oder auf Wanderschaft sind, ob sie Einsiedler bleiben oder sich in *maths*[28] zusammenschließen, wie immer sie gekleidet oder nicht gekleidet sein mögen, wie immer sie heißen mögen oder ihre äußere Erscheinung sein mag. Und die Gesellschaft wird sich weiterhin ihrer Bedürfnisse annehmen. Die gegenwärtige Krise wird dazu beitragen, daß der Weizen von der Spreu getrennt wird; nur diejenigen werden übrig bleiben, für die das äußere Bekenntnis einen vollkommenen inneren Verzicht bedeutet. Dieser »kleine Rest« wird gewiß nicht mehr so zahlreich sein wie früher, aber er wird bestehen bleiben und seinen Platz in Indien und in der Welt behalten, indem er alle daran erinnert, daß *Gott allein ist.* Sein Zeugnis wird so das wertvollste Ferment für die Erneuerung in der gegenwärtigen Verwandlung der Menschheit und in ihrer spirituellen Entwicklung sein. Man kann aber auch nicht die Tatsache übersehen, daß eine wachsende Anzahl von Sannyāsīs einzeln oder in Gruppen sich organisiert, in sozialer Arbeit, im Unterricht oder in anderen Tätigkeiten und Diensten *(sevā)* engagieren. Dies scheint gewiß der Tradition der Schriften zu widersprechen, die oben dargelegt wurde, und oft ist die Ursache darin zu suchen, daß sie den wahren Sinn ihrer Berufung vergessen und infolgedessen unfähig werden, allein vom »Gebet« und vom Schweigen zu leben – wie es bei den ihnen entsprechenden christlichen Mönchen der Fall ist. Jedoch scheinen viele Zeichen darauf hinzuweisen, daß es sich dabei um eine echte, vom Geist inspirierte Entwicklung handelt. Sicher wäre es schade, wenn diese neuen Tendenzen auf alle indischen Berufungen zu einem Leben der Entsagung übergreifen würden und wenn sich die Mehrzahl der indischen Sādhus diesen Tätigkeiten des Dienstes widmeten; doch auf der anderen Seite würde man ebenfalls den Geist verleugnen, wenn man eine solche Antwort, die den Bedürfnissen der Zeit entspricht, verweigern wollte. Einer der Hauptgründe für diese Entwicklung ist zweifellos, daß im Gegensatz zu früher es oft junge Menschen sind, die sich zum Sannyāsa berufen fühlen, und daß ein so sehr akosmisches Leben des Schweigens, der

Einsamkeit, der Untätigkeit für die meisten von ihnen fast unmöglich zu verwirklichen ist; in gewissen Fällen wäre es sogar gefährlich für ihren wahren spirituellen Fortschritt. Ist es dann nicht weiser, ihre Energien im Dienst an ihren menschlichen Brüdern einzusetzen, im Geist des Verzichtes und der vollkommenen Selbstlosigkeit, wie es die Bhagavad Gītā so wunderbar ausgedrückt hat?

Schließlich ist der *jñānī*, der Wissende, jenseits aller *dvandvas*[29] und für ihn hat es keinerlei Bedeutung, ob er auf einem Königsthron sitzt oder als Bettler auf den Straßen wandert. Der König Janaka wird ebenso als Vorbild für das spirituelle Leben genannt wie die vedischen Rishis[30] am Ufer des Ganges. Wenn ein Weiser dazu berufen ist, in der Welt zu leben, so wird er mitten unter seinen Brüdern das beste Beispiel dafür sein, was sie sein und tun sollen, um das Heil (*mokṣa*) und die Erkenntnis des Brahman[31] zu erlangen. Die Erlösung und das Brahmawissen transzendieren in Wirklichkeit jeden besonderen Lebensstand. Ein solcher Weiser wird ihnen durch das Beispiel seines eigenen Lebens direkt und unmittelbar zeigen, wie sie ihre Pflichten und Tätigkeiten mit der größten Loslösung verrichten sollen, und wie sie mitten in ihren Beschäftigungen und Sorgen eine unerschütterliche Aufmerksamkeit auf die göttliche Gegenwart bewahren sollen.

Ein Leben, das mitten unter den Menschen und durch profane Tätigkeiten Gott geweiht ist, verlangt sicher einen noch tiefergehenden Verzicht als das traditionelle Leben des Schweigens und der Einsamkeit. Der Sannyāsī kann eine solche Entscheidung für einen Weg des Dienstes nie aus Schwäche treffen. Ebenso wie im Wald würde er auch hier nicht nur seinen Brüdern Anstoß geben, sondern auch für sich selbst die schlimmste der Höllen bereiten, wenn er seinem Ruf nicht treu bliebe und sich nur mit dem Buchstaben und der äußeren Erscheinung des Sannyāsa zufriedengäbe, wie es in der Nāradaparivrājaka Upanishad heißt. Daher die Weisheit der alten Tradition, die verlangt, daß niemand die Verantwortung übernehmen soll, andere zu belehren, wenn er nicht wenigstens zwölf Jahre in Schweigen und Einsamkeit verbracht hat, in Aufmerksamkeit auf die göttliche Gegenwart, denn was könnte er sonst in Wahrheit anderen geben?

Der Geist weht, wo er will; er ruft von innen, er ruft von außen, durch die vielfältigen Stimmen der Schöpfung und der Geschichte. Mögen die Erwählten und Berufenen es nie versäumen, auf seine Stimme zu hören! In der Wüste und im Wald ebenso wie mitten in der Welt besteht die Gefahr immer darin, sich selbst zu suchen. Für den Weisen, der sein wahres SELBST entdeckt hat – der weiß, »wer« er ist –, gibt es letztlich weder Stadt noch Wald, weder Kleidung noch Nicht-Kleidung, weder Tun noch Nicht-Tun. Er lebt in der Freiheit des Geistes, und durch ihn vollbringt der Geist nach seinem Belieben sein Werk in der Welt, durch sein Schweigen wie durch sein Wort, durch seine Einsamkeit wie durch sein Leben in Gemeinschaft mit den Menschen. Wenn der Mensch sein »eigenes Ich«, sein »eigenes Leben« überstiegen hat, hat er sein Sein, sein Tun, seinen Frieden, seine Freude allein im Selbst, dem einzigen wahren Selbst, dem *paramātman.*[32] Dies ist das wahre Ideal des Sannyāsī.

Transzendenz des Sannyāsa (atyāśrama)

Wie schon oben gesagt wurde, wird der Sannyāsa in der hinduistischen Tradition manchmal als vierter und letzter *āśrama* oder Lebensstadium des »Zweimalgeborenen«[33] angesehen, der den drei ersten folgt, und zwar dem des unverheirateten Studenten, des Familienvaters und des im Wald lebenden Anachoreten[34], und manchmal als ein Zustand, der alle Stände und alle Klassifizierungen übersteigt und der mit nichts anderem in Beziehung gesetzt werden kann, weshalb er in der Śvetāśvatara Upanishad (6,21) und in der Kaivalya Upanishad (v. 5) *atyāśrama* (die *āśramas* transzendierend) genannt wird.

In dem Begriff des »vierten« oder *turīya āśrama* kann die Geschichte nicht umhin, den Versuch der hinduistischen Gesellschaft zu erkennen, die Entsager oder *yatis* wieder zu gewinnen und in ihren Schoß zurückzuführen, die seit der Zeit des Rig-Veda sich ihr entzogen und ihre Vorteile wie ihre weltlichen und religiösen Einschränkungen verweigerten, indem sie frei durch die Welt zogen, nur der Eingebung des Geistes hingegeben, frei und nackt, wie der Wind, der Herr des Raumes:

»Der Keśī (Asket) trägt das Feuer, ...
er trägt die beiden Welten – Himmel und Erde.
Licht wird er hier genannt, der langhaarige Asket.
Gegürtet mit dem Wind tragen die Schweiger (Munis)
gelben Lehm als Gewand.
Wenn die Götter in sie eingedrungen sind
folgen sie den Flügeln des Windes.
›Berauscht durch unsere Askese
haben wir den Wind bestiegen.
Ihr Sterblichen hier seht nichts anderes als unsere Körper!‹
Er fliegt durch den Luftraum,
und betrachtet die Gestalt aller Dinge.
Jedem Gott ist der schweigende Mönch
ein Freund für das gute Werk geworden.

Träger des Windes, Begleiter des Sturms,
wird der Muni angetrieben von den Göttern.
Er ist zu Hause in beiden Meeren,
im Osten wie im Westen ...
Er ist der köstliche Freund, der Berauschendste, ...
mit Rudra (Śiva) vereint trinkt er aus dem Kelch.«

Rig-Veda 10, 136

So müssen auch die Waldeinsiedler gewesen sein,[35] von denen die Muṇḍaka Upanishad spricht:

»Die sich im Wald der Askese und dem Glauben hingeben,

die nur von Almosen leben,
friedvoll und weise,
durchschreiten geläutert die Pforte der Sonne
bis in die Welt des unsterblichen Geistes,
des unvergänglichen Selbst.« (1,2,11)[36]

Für die Anachoreten, die nicht nur ihre gesellschaftlichen Verpflichtungen aufgegeben haben, sondern auch zu arbeiten aufgehört haben und daher für ihre Nahrung von Almosen abhängig waren (*bhikṣā*), existierten die religiösen Riten (*yajña, karma*) nicht mehr. Sie weihten sich ausschließlich der Suche nach der Erkenntnis des Brahman.[37]

Bei näherer Betrachtung jedoch scheint diese Auffassung des Sannyāsa als viertem *āśrama* nicht notwendig der alten Vorstellung vom *atyāśrama* zu widersprechen. Die Beziehung des Sannyāsa als viertem *āśrama* zu den drei anderen Lebensstadien gehört in Wirklichkeit derselben Ordnung an wie die Beziehung des vierten Bewußtseinszustandes zu den drei anderen Zuständen: Wachen, Traum und Tiefschlaf, von denen die Māṇḍūkya Upanishad spricht.[38] Der »vierte« (*turīya*) – ob es sich um das letzte Lebensstadium handelt oder um den letzten Zustand des reinen Selbstbewußtseins, d. h. eines Bewußtseins frei von jeder Konditionierung, von Attributen und Begrenzungen – ist nicht einer von vieren, den man zu den drei »anderen« hinzuzählen könnte. Er ist gewiß das letzte Moment eines Fortschreitens zu dem letzten Ziel, auf das sich jeder Mensch unter dem inneren Antrieb des Geistes zubewegt. Aber trotzdem gibt es bei dem Übergang vom dritten Lebensstadium[39] zum Sannyāsa, wie von dem Zustand des Tiefschlafes[40] zum *turīya*, dem vierten Bewußtseinszustand, einen Bruch in der Kontinuität; und genau genommen dürfte man nicht einmal von einem »Übergang« sprechen. *Turīya* – der letzte Bewußtseinszustand wie das letzte Lebensstadium – ihm kann nichts entgegengesetzt oder gegenübergestellt werden. Er beruht auf seiner eigenen Größe (*mahiman*), oder vielmehr auf nichts, denn er ruht allein in sich selbst, d. h. er gründet auf nichts anderem, das man sehen, berühren, ausdrücken kann, wie es in der Chāndogya Upanishad (7, 24 – 25) heißt; er ist Fülle, Unendlichkeit (*bhūman*). »Er ist überall ... Der Ātman ist überall ... Ich bin überall.«[41] Infolgedessen hat die Bezeichnung des Sannyāsa als viertem *āśrama* nur einen Wert in den Augen derer, die noch im Nichtwissen (*avidyā*) der letzten Wahrheit befangen sind – wie es die Nāradaparivrājaka Upanishad von den Unterscheidungen innerhalb des Sannyāsa selbst sagt (siehe oben).

Der Sannyāsa ist jenseits alles *dharma,* ob man dieses Wort im Sinn ethischer oder religiöser Vorschriften versteht. Die Sannyāsa-Upanishaden wenden die Aussagen der alten Schriften über den »erwachten« Menschen auf ihn an, derjenige, den die spätere Tradition *jīvanmukta,* den »Lebenderlösten«, nannte. Sie gehen sogar so weit, ihm Attribute des Ātman selbst beizulegen, der ungeboren, absolut frei, unberührt und unbegreiflich ist. Der Sannyāsī ist tatsächlich in der Welt der Zeuge jenes endgültigen Zustandes des Menschen, in dem er sein eigentliches Wesen (*svarūpa, svabhāva*) wiederfindet, oder vielmehr zu ihm erwacht.[42] In diesem Erwachen entdeckt er sich als ungeboren (*a-ja*), von nirgendwo ausgegangen und nirgendwo hingehend,[43] ohne Zweck oder Ziel (*animitta*), absolut autonom (Nā Pa. Up. 5,1) und frei, sich in allen Welten (*loka*) zu bewegen,[44] auf allen tatsächlichen und symbolischen Ebenen (Chānd. Up. 8,1,2).

Sein Ich kann nicht mehr im Widerspruch mit irgendeinem »anderen« Ich sein: »Niemand ist von mir verschieden oder ein anderer.« (Nā. Pa. Up. 4,38). Das absolute ICH des erwachten Bewußtseins erleuchtet nun alle Tiefen und dringt bis in das Innerste des »Ich« ein, das jedes Bewußtsein ausspricht.[45] Der Sannyāsī ist der *sthitaprajña,* der in der Weisheit gegründete Mensch der Bhagavad Gītā (2,54), der *akāma,* der von Begierde freie Mensch der Bṛhadāraṇyaka Upanishad (4,4,6), der von aller rituellen Pflicht, von allem *dharma*[46] Befreite, wie die Kaṭha Upanishad (2,14) sagt:

»Jenseits von *dharma* und *adharma*,
anders als das Getane und Nichtgetane (*kṛta* und *akṛta*),
anders als das Vergangene und Zukünftige.«

Er hat alles in dieser Welt und der anderen aufgegeben, und in jeder Welt, die man sich vorstellen kann:

OM! *bhūr bhuvaḥ svaḥ saṃnyastam mayā*
»Erde, Luftraum, Himmel,
ich habe auf alle Welten verzichtet!«
(Ritus der Initiation, Nā. Pa. Up. 4,38)

Er hat kein Verlangen mehr nach irgendetwas, hier auf Erden (leibliche Vergnügen, das Glück der menschlichen Gemeinschaft, die Freude am Wissen, selbst am heiligen Wissen oder die Seligkeit der religiösen Ekstase) oder in irgendeinem *loka*, sei es auch die Welt der Götter. Der einzige *loka*, für den er sich interessiert und den er sucht, ist der *loka* des Ātman, und dieser »Ort« ist jenseits aller Orte, denn er ist auf keinen bestimmten Ort beschränkt, sondern umfaßt sie alle.

»Dem Ātman allein soll man auf der
Spur folgen.«[47]

In seinem Erwachen zu diesem Ātman hat er den Gegenstand seines Glaubens und seiner Anbetung und jede Stütze überstiegen; alle menschlichen und religiösen Sicherheiten sind verschwunden. Wie es die Kena Upanishad betont (1,4 ff.):

»Dieses Brahman soll man erkennen,
und nicht was man als solches verehrt.«

Der Sannyāsī hat dieses einzige Brahman ohne-ein-zweites entdeckt, und er hat sich selbst in diesem einzigen Brahman gefunden; er hat keinen Wunsch mehr, weil er die Fülle (*bhūman, pūrṇam*) erlangt hat, die unendliche Seligkeit.[48] Alles was er besessen hat und womit er seine eigenen Bedürfnisse und die seiner Familie befriedigte, womit er zu dem Aufbau der menschlichen Stadt beitrug, was er als Ahnenopfer (*śrāddha*) oder als Opfer an die Götter (*yajña*) darbringen konnte, all das hat er am Tag, bevor er Sannyāsī wurde, aufgegeben, indem er die *prājāpatya iṣṭi* vollzog, jenes Opfer, durch das man sich von allem entblößt (*sarva vedasām*). In derselben Nacht hat er ein letztes *śrāddha* für seine verstorbenen Vorfahren dargebracht, aber diesmal war es ein *aṣṭa-śrāddha*, denn er hat die vom Ritual vorgeschriebenen Reisklöße[49] auch für sich selbst dargebracht, womit er seinen eigenen Abschied von der Welt zum Ausdruck brachte.[50] Dann verehrte er das rituelle Feuer zum letztenmal und nahm es durch sein Einatmen symbolisch in seinen Atem (*prāṇa*) auf.

> »Wenn er sorgfältig sein Opfer an die
> verstorbenen Ahnen, an die himmlischen
> Wesen und an die Menschen dargebracht hat ...,
> wenn er seinen eigenen Totenritus vollzogen
> hat und das heilige Feuer in sich aufgenommen hat,
> tritt er in den Orden des Sannyāsa ein.«
>
> Hārīta Saṃhitā 6,3

Er ist nun nur mehr ein Schatten in der Welt der Lebenden.

> »Ihr Sterblichen
> seht nichts als unsere Körper!« Rig-Veda 10,136,3

Wohin er auch geht, er tut es im Verborgenen, ohne ein Erkennungszeichen von sich zu geben.[51]

> »Ohne Wunsch ... ganz seinem nach innen
> gewandten Blick hingegeben, soll er die
> Erde durchwandern ...
> Von diesem Weisen gibt es weder ein
> Werk noch ein Zeichen ...
> der *yati* (Asket) soll im Verborgenen wandeln!«
>
> Nā. Pa. Up. 4,17–18; 4,31; 3,32

Selbst die Veden haben keine Bedeutung mehr für ihn, denn die Veden beziehen sich auf die Götter und auf den Kult, den der Mensch ihnen darbringen soll. Gewiß kann er noch die Upanishaden lesen oder auswendig rezitieren, diese Krönung aller Veden (*veda-anta*), aber selbst das ist nur für eine bestimmte Zeit von Bedeutung. Bald werden ihm von den Upanishaden nur mehr die *mahāvākyas* übrigbleiben, die »großen Sätze«, die die ganze Lehre zusammenfassen, und zuletzt scheint im Himmel seines Bewußtseins nur mehr der *praṇava* allein, die Silbe OM.

»Der Weise soll die Schriften erforschen
auf der Suche nach Erkenntnis;
aber dann soll er sie alle aufgeben
wie die Hülle, die man vom Reis ablöst.«

Amṛtabindu Up. 18

Ihm »bleibt nichts anderes mehr zu lernen, zu sagen oder zu hören; außer der Silbe OM soll er weder Theologie noch die Schriften lesen.«

Nā. Pa. Up. 5,1

Alles was ihn noch an die Welt bindet, ist nur ein Zugeständnis aufgrund des Mangels an wahrer Erkenntnis und der ungenügenden Ausstrahlung des inneren Lichtes. Wenn der Guru einem *krama-sannyāsī*, d. h. einem, der durch die drei hinduistischen Lebensstadien (*brahmacarya, gṛhasta* und *vanaprastha*) zum Sannyāsa aufgestiegen ist, die Mönchsweihe erteilt, nachdem er ihn seinen Haarbüschel abschneiden ließ[52], seine heilige Schnur, seinen Gürtel und alle seine Bekleidung in einen Fluß werfen ließ, schickt er ihn nackt nach Norden, aber nachdem er eine bestimmte Anzahl von Schritten gemacht hat, hält er ihn mit diesen Worten an, wie es in der Nāradaparivrājaka Upanishad (4,38) heißt:

»Bleibe stehen, Gesegneter!«
(tiṣṭha, tiṣṭha mahābhāga)

Er ruft ihn zu sich, um ihm die Kennzeichen des Sannyāsa zu

verleihen: den Stab *(daṇḍa)*, den Wasserbehälter *(kamaṇḍalu)*, das *kaupīnam* (Stück Stoff, das die Geschlechtsteile bedeckt) und das orangenfarbene *kāvi*-Gewand, mit dem er sich bekleiden wird.
Dieser letzte Teil der *dīkṣā*[53] wird nur im Fall des *krama-* oder *karma-sannyāsī* vollzogen, der der traditionellen Regel gehorcht, im letzten Abschnitt seines Lebens Sannyāsa anzunehmen, um die Erkenntnis des Brahman zu erlangen, ohne die das Heil *(mokṣa)* nicht erreicht werden kann. Es handelt sich hier also um Sannyāsa als Mittel zum Heil.[54]
Ganz anders ist der Fall des *vidvat-sannyāsī*. Es gibt tatsächlich bevorzugte Menschen, die von Kindheit an keine weltlichen Begierden haben, und die, sobald sie Selbstbewußtsein erlangen, spontan die menschliche Gesellschaft verlassen – wie es Ramana Maharshi und so viele andere taten – manchmal sogar bevor sie noch die Einweihung mit der heiligen Schnur empfangen haben.[55]
Unter den *vidvat-sannyāsīs* nennen die Schriften die *jñāna-sannyāsīs*, diejenigen, in deren Herzen durch das Beispiel des Guru oder die Lektüre der heiligen Schriften ein solches Licht zum Durchbruch gekommen ist, daß es ihnen nicht mehr möglich ist, in der Welt zu bleiben und an ihren Aktivitäten teilzunehmen. Es handelt sich hier nicht mehr um einen Sannyāsa, den man sich selbst auferlegt aufgrund einer vernünftigen Entscheidung oder des Gehorsams den Schriften gegenüber, sondern vielmehr um einen Sannyāsa, der vom Selbst auferlegt wird. Er ist eine Notwendigkeit, die aus der letzten Tiefe des Seins entspringt, ein spontaner Drang zum Unendlichen im Herzen dessen, den nichts mehr zurückhalten kann. Es handelt sich nicht mehr darum, das Licht oder die Weisheit zu erlangen, noch einen Verzicht zu vollziehen, sondern um den ganz spontanen Aufschwung seines eigenen »ungeborenen«, niemals gebundenen Wesens. Selbst wenn die Texte klar ausdrücken, daß niemand Sannyāsa annehmen soll, bevor er Nachkommen hat: »Ein Zweimalgeborener, der die letzte Befreiung sucht, ohne die Veden vorher studiert

zu haben, Söhne gezeugt zu haben und Opfer dargebracht zu haben, fällt noch tiefer.« (Manusmṛti 6,37). All das zählt nicht mehr angesichts des Rufes des Geistes, der die Menschen erwählt und unerbittlich losreißt. »Dieser Ātman kann weder durch das Studium der Schriften noch durch den Intellekt erlangt werden ..., nur wen er erwählt, von dem wird er erlangt« (Kaṭha Up. 2,23), sagt die Upanishad. Der so Erwählte kann ein Brahmanenschüler sein, ein Hausvater, der Frau, Kinder und Verantwortung in der Welt hat:

»An dem Tag, an dem er von allen
inneren Bindungen frei wird,
an demselben Tag soll er sich auf die Wanderschaft
machen.«

Jābala, Nā. Pa. Up. 3,77

Das innere Erwachen löst ihn automatisch von allen Pflichten und das Leben als Sannyāsī drängt sich ihm auf, ob er es durch eine Initiation *(dīkṣā)* bestätigt oder nicht.
Falls er eine formelle *dīkṣā* empfängt, um offiziell von seinen *saṃskāras*[56] befreit zu werden, so hat der Ritus der Initiation einen ganz anderen Sinn als im Fall des *krama-sannyāsī*, er ist nicht auf ein zu erreichendes Ergebnis ausgerichtet, er ist von seinem Wesen her ohne Zweck (*animitta*), und nur mehr eine offizielle Erklärung und eine äußere Anerkennung der Freiheit, die er spontan in seinem Innern erfahren hat. So ruft der Guru in diesem Ritus den Kandidaten weder zurück noch legt er ihm irgendein äußeres Kennzeichen auf. Er flüstert nur die heilige Silbe OM und die *mahāvākyas*[57] in sein Ohr, und der neue Sannyāsī zieht fort im Gewand seiner Geburt, »von Raum bekleidet«, wie die Upanishad sagt.[58]

»Er geht in der Freude,
im Bewußtsein, daß keiner ihm fremd ist,
sein Herz erfüllt von der einzigen Erfahrung
seiner selbst, in vollkommener Seligkeit.«[59])

Allen unbekannt wandert er so über die Erde, bis der Moment gekommen ist und er seine leibliche Hülle »in irgendeiner Höhle«[60] ablegt.
Dieser Tag der vollkommenen Entblößung muß für jeden Sannyāsī kommen, in näherer oder ferner Zukunft, je nachdem, wie schnell die Fülle der Ausstrahlung des inneren Lichtes (*tejas*) erreicht wird:

> »... Wenn die Sonne (im Innern) ihren Zenit
> erreicht hat und sich nicht mehr bewegt,
> weder auf- noch untergeht, denn in Wahrheit
> ist sie niemals auf- oder untergegangen ...«
>
> Chānd. Up. 3,11,1–2

dann kann ihn keine Regel mehr binden, nicht einmal die den Stand des Paramahaṃsa (des höchsten Grades des asketischen Lebens) betreffende. Indem er die Worte: OM *bhūḥ svāhā* ausspricht, wirft er alle Insignien in den Fluß, den Stab, den Gürtel, den Schal und den Wasserbehälter (Nā. Pa. Up. 4,38). Wie dieselbe Upanishad (5,1) sagt, war all dies nur vorläufig und hatte nur einen Zweck in Erwartung des inneren Erwachens, in der Erwartung »genügend Weisheit« (*alaṃ buddhiḥ*) zu erlangen, um nichts mehr zu benötigen. Dann ist »der Raum sein Kleid, die Erde sein Bett, um sich auszuruhen und seine Handinnenfläche das Gefäß, um Wasser zu schöpfen.« (Śrīmad Bhāgavatam 2,2).
Dies bestätigt, daß die Unterscheidung von Graden innerhalb des Sannyāsa[61] nur eine Redensart ist, »aufgrund des Unwissens und des Mangels an geistiger Kraft«, wie die Nāradaparivrājaka Upanishad (5,1) sagt. Der vorbildhafte und ideale Sannyāsī ist der *avadhūta,* wörtlich »der, der alles abgeworfen hat« (vgl. Chānd. Up. 8,13), der von allen Regeln befreit ist[62], derin der Kontemplation seiner wahren eigenen Natur verharrt[63], von Luft bekleidet (*digambara*).
Der Sannyāsī muß sich nicht mehr um die Sorgen dieser Welt kümmern, vor allem nicht um die seiner einstigen Lieben – Freunde, Frau, Kinder, Eltern; er soll sich nicht einmal mehr

an sie erinnern. Er muß sich im Umgang mit Menschen nicht mehr an die weltlichen Höflichkeitsformen halten.[64] Er ist allem gegenüber indifferent, selbst den physischen Umständen wie Kälte und Hitze, usw. Er reagiert auf das Angenehme und Unangenehme wie ein Leichnam oder ein Stummer, Tauber und Blinder, ob es seine Sinne berührt oder ob es versucht, sich seinen Gedanken oder seinem Herzen aufzudrängen, sei es Lob oder Beschimpfung. Er ist jenseits der Erfüllung oder Nicht-Erfüllung religiöser Observanzen: *dharma* und *adharma,* Tun oder Nichttun, Gebrauch oder Nicht-Gebrauch heiliger Worte (*mantra, na mantra*).[65] Er hat keinen Sinn mehr für die Andersheit oder den Widerspruch, denn er hat die Ebene der *dvandvas* überschritten. Sein Aufbrechen nach Norden – der Weg des Aufstiegs der Sonne – nackt aus dem Wasser steigend, was für ihn ein Symbol seines Aufbrechens auf dem inneren Weg, zu dem Ort, »von dem es kein Zurück gibt« (Chānd. Up. 8, 15), dem Ort, wo es weder Tod noch Geburt, weder Alter noch Werden gibt.

> »In der Abgeklärtheit seines Wesens
> erhebt er sich aus diesem Körper
> und erreicht das höchste Licht,
> dort offenbart er sich in seiner eigenen Gestalt.«
>
> Chānd. Up. 8,12,3

Er ist wie Prajāpati, der Herr der Geschöpfe,

> »der Erstgeborene der Wahrheit,
> der, nachdem er alle Welten,
> alle Wesen und alle Räume
> durchlaufen hat, sich selbst
> durch sich selbst erlangte.« Ma. Nā. Up. 63–64

Sannyāsa und Religion (dharmātīta)[66]

Der Sannyāsa ist, sowohl als innere Erfahrung wie als äußerer Ausdruck dieser Erfahrung in der Lebensweise, ein Zustand, der alle *dvandvas* – die Ebene der Dualitäten – übersteigt, selbst das für den religiösen Menschen fundamentale Gegensatzpaar *dharma* und *adharma*, wie es die Bṛhadāraṇyaka Upanishad ausdrückt:

> »Der Wissende denkt weder ›ich habe Schlechtes getan‹, noch ›ich habe Gutes getan.‹
> Er überwindet diese beiden Gedanken. Was er getan hat und was er nicht getan hat
> beunruhigt ihn nicht mehr.« (4,4,22)

Um so mehr kann er die vielfältigen Unterscheidungen und *dvandvas* übersteigen, die die verschiedenen *dharmas* oder Religionen einander widersprechend gegenüberstellen, die mit ihren sakralen Symbolen dem Menschen Wege zu seinem letzten Ziel anbieten. Es handelt sich hier aber nicht um jenen allzu einfachen Synkretismus, der alle Religionen auf ihren kleinsten gemeinsamen Nenner zu reduzieren versucht, indem er ihnen das entnimmt, was man ihre gemeinsame »Essenz« nennt, in der Form universaler Wahrheiten, um dann unter dem Vorwand oberflächlicher und vorschneller Vergleiche zu behaupten, daß ihre grundlegenden Elemente und ihre wesentlichen Glaubensinhalte die gleichen sind. Es kann auch nicht darauf zurückgeführt werden, daß man alle Religionen von einem praktischen und existentiellen Standpunkt aus für gleichwertig hält. Im Grunde ist jede große Religion (*dharma*) aus dem Erwachen zur Wirklichkeit einer starken Persönlichkeit entstanden – oder einer Gruppe von Weisen und Sehern wie im Fall der vedischen Rishis – und hat sich in einer bestimmten gesellschaftlichen und geistigen Umwelt entwickelt, die sie zwar selbst tief beeinflußte, von der sie aber auch stark geprägt war in ihrer äußeren Bedingtheit. Schließlich ist niemand fähig, sich außerhalb seiner eigenen Bedingtheit zu stellen, um auf gleiche Weise die Bedingtheit anderer gerecht zu beurteilen, was alle Studien der vergleichenden Religionswissenschaft eng und begrenzt macht, und

mehr noch jede Religionsphilosophie, die man daraus ableiten will.
Jede Religion ist für ihre Anhänger die auserwählte Vermittlerin der Forderungen des Absoluten. Und doch enthält sie hinter und jenseits der Namen und Formen (*nāmarūpa*), der äußeren Merkmale wie Glaubensformen, Riten, Mythen, usw., die sie erkennbar machen und die ihre Weitergabe ermöglichen, einen Aufruf zu ihrer eigenen Überwindung in sich, weil sie in ihrem tiefsten Wesen ein Zeichen des Absoluten ist. So vollkommen eine Religion auch sein mag, sie bleibt doch immer unvermeidlich auf der Ebene des Zeichens. Sie kann nicht immer diesseits der letzten Wirklichkeit bleiben, sowohl in ihren Strukturen und institutionellen Formen wie in ihren Versuchen, die unfaßbare Wirklichkeit in mythische oder begriffliche Formulierungen zu fassen. Das Mysterium, das sie offenbart, geht auf allen Seiten über sie hinaus. Ähnlich wie ein gespaltenes Atom explodiert auch der innerste Kern jedes *dharma,* wenn der Lichtstrahl des Erwachens in die abgründige Tiefe des menschlichen Bewußtseins eindringt. Die wahre Größe einer Religion besteht eben in diesemÜbersteigen ihrer selbst, das sie in sich trägt.
Jenseits aller Manifestationen des Geistes, die eine Religion in ihrer Individualität ausmachen, ist der Geist in sich selbst[67], der weder definiert noch in irgendeinen Rahmen eingeschlossen werden kann. Keine Ableitung *a priori* und keine Spekulation kann zu dieser Entdeckung des Geistes in sich selbst, jenseits der Ebene der »Religionen« führen. Dieses Übersteigen kann nur existentiell geschehen, d. h. in einem schwindelerregenden Eindringen in das Herz der religiösen Erfahrung, und solange man dieses »Herz«, diesen »Grund« noch nennen kann, beweist man, daß man sich immer noch auf der Ebene der *dvandvas* und *nāmarūpas* befindet, die jeder Mensch vom Auftauchen seines reflexiven Denkens an in sich trägt. Doch gibt es in jeder Religion und in jeder religiösen Erfahrung ein »Jenseits«, und eben dieses »Jenseits« ist das Ziel, das wir anstreben.

Der Sannyāsa ist eben die Anerkennung dessen, was jenseits aller Zeichen ist. Er ist paradoxerweise das Zeichen für das, was immer jenseits des Zeichens ist, das Zeugnis jenes undefinierbaren »Etwas«, das durch nichts bezeichnet werden kann, weder durch einen Ritus noch durch eine Institution noch durch Glaubensbekenntnisse. Und eben darin besteht die Größe des Hindu-*dharma*, daß es schon früh diese Wahrheit erkannt hat, die die kraftvolle Intuition der Upanishaden ausmacht, und in seiner Institution einen Platz freigelassen hat – und zwar den höchsten Platz von allen – für diese auserwählten Zeugen dessen, was es selbst und kein *dharma* letztlich auszudrücken vermag.

In allen großen *dharmas* ist in der einen oder anderen Form der Sannyāsa aufgetreten. Historisch gesehen ist diese Flamme zuerst im Schoß des *sanātana-dharma*[68] Indiens entstanden, und wie sehr sich der Sannyāsa auch im Lauf der Jahrhunderte gewandelt hat und auch degeneriert ist, er bleibt doch, so wie er heute noch in Indien gelebt wird, der radikalste Zeuge jenes Rufes zum Jenseits, der im Herzen jedes Menschen – mit größerer oder geringerer Intensität – vernehmbar ist. In Indien sind auch der Jainismus und Buddhismus ursprünglich als monastische Reformen entstanden. Der Buddhismus hat sich besonders mittels seines *Saṅgha*, der Mönchsgemeinschaft, im ganzen Fernen Osten verbreitet und überall den Ruf zum Erwachen und den Weg zur Erleuchtung verkündet, den Gautama der Buddha gelehrt hatte. Im Westen hat das Christentum seit dem 3. Jahrhundert immer mehr Asketen gekannt, die der Welt entflohen und sich in die Wüste zurückzogen, auf der Suche nach Frieden und Erlösung, und bis heute ist diese Tradition in den Kirchen nicht verlorengegangen. Selbst der Islam hat seine Entsager und während seiner ganzen Geschichte hat die Sufi-Bewegung (die übrigens stark von Indien beeinflußt ist) diesen Ruf zur Transzendenz bezeugt.

Deshalb dürfen uns einfache Formulierungen wie »hinduistischer Sannyāsa«, »christliches« oder »buddhistisches

Mönchtum« nicht täuschen, denn sie haben nur vom phänomenologischen Gesichtspunkt aus einen Wert. Keine Kennzeichnung, nicht einmal eine religiöse, trifft das Wesen dessen, was man in Indien *Sannyāsa* und anderswo *Mönchtum* nannte. Der Ruf zur vollkommenen Entsagung übersteigt die Grenzen der Religionen. Zweifellos gelangt dieser Ruf durch die besonderen Formen ihrer jeweiligen Religionen zu denen, die ihn zu vernehmen wissen, jedoch entspricht er, fast könnte man sagen, einem Instinkt, der in der Tiefe des menschlichen Herzens verborgen ist, und der jeder besonderen religiösen Formulierung vorausliegt. Und in diesem Ruf, der aus der Tiefe des Menschenherzens aufsteigt, treffen sich die großen *dharmas* in Wirklichkeit, in diesem allen gemeinsamen Drang, der sie über sich selbst hinausträgt und ihre eigene innerste Wahrheit entdecken läßt. Dieser grundlegende Aufschwung zu dem Unendlichen kann von den Sinnen und von dem Verstand nicht erreicht werden.

Daher ist es selbstverständlich, daß sich die Mönche aller Bekenntnisse als Brüder erkennen, jenseits der Grenzen ihrer jeweiligen Religionen, in jenem Übersteigen der »Zeichen«, dessen Zeugen sie sind. Es gibt in der Tat einen *»ordo monasticus«*, der alle umfaßt und der überall zu finden ist – nicht so sehr ein »Orden«, der organisiert werden müßte, denn dies wäre gerade der Ruin des Charismas des monastischen Lebens, das jene innere und unstillbare Sehnsucht nach dem Absoluten ist. Es genügt, daß sie sich erkennen, wenn sie einander begegnen, und die echten erkennen sich tatsächlich immer. Jenseits der Formen und der äußeren Regeln, der Unterschiede der Sprachen und Denkweisen, entdecken sie in den Augen des anderen jene Tiefe, die der einzige Geist in ihrem eigenen Herzen gegraben hat. Sie spüren das Licht, die Freude, den unbeschreiblichen Frieden, die sie ausstrahlen, und wenn sie sich oft spontan umarmen, so ist dies das Zeichen dafür, daß sie ihre ursprüngliche »Nicht-Dualität« gespürt und erlebt haben, denn in Wahrheit gibt es in der Welt des »Ungeborenen« (*ajāta*) keinen »anderen«.

Gewiß sind die Forderungen des Übersteigens, die in jedem Mönchtum enthalten sind, nicht überall mit derselben Intensität und mit demselben Grad der Radikalität gelebt worden. Auch in Indien sind im Lauf der Zeit verschiedene Orden von Sannyāsīs entstanden, die sich dem Kult und dem Dienst an bestimmte Gottheiten weihten, oder vielmehr, bestimmte Gestalten (*mūrti*) des einzigen und transzendenten göttlichen Mysteriums verehrten. Andere haben versucht, die rituelle Tradition der Veden und der Brāhmaṇas mit der Transzendenz aller *dharmas* und *karmas* (Riten) in Verbindung zu bringen, die die alten Upanishaden predigen und aus der der Sannyāsa hervorgegangen ist.[69] Keiner hat das Recht, die Meister zu beurteilen, die diese Orden gründeten, aber niemand darf auch anderen das Recht verweigern, sich unverbrüchlich an die große Tradition zu halten, die auf die Ursprünge zurückgeht und die in der eindrucksvollen Reihe der mittelalterlichen Sannyāsa-Upanishaden ihren Ausdruck fand. Das Wesentliche ihrer Lehre besteht gewiß darin, daß der Sannyāsī über jedem Ritus wie über jeder Regel steht (über jedem *karma* wie über jedem *dharma*):

> »Er soll sich nicht an den religiösen Gesängen beteiligen,
> sich nicht unter diejenigen mengen, die den Namen Gottes wiederholen!
> Er soll nicht an den Festen teilnehmen,
> noch einen äußeren Kult darbringen,
> er soll kein *prasāda* (Teil der Opfergabe, die an die Gläubigen verteilt wird) empfangen.«
>
> Sannyāsa Up. 74 – 75 (vgl. Nā. Pa. Up. 7,1)

Gewiß soll man sich an den Kommentar der schon zitierten Nāradaparivrājaka Upanishad halten, daß Riten und die Regeln des Sannyāsa nur solange einen Sinn und Wert haben, bis das höchste Licht (*paraṃjyoti*) in die letzten Abgründe des Herzens eingedrungen ist:

»Dieser Glanz, der im Grund der Höhle (des Herzens) leuchtet,
jenseits des Himmels,
wo nur die Entsager eindringen.« Ma. Nā. Up. 228

Was das christliche Mönchtum betrifft, so ist klar, daß sich die Mehrzahl der Mönche und Nonnen auf der Seite der *bhaktas*, der Frommen, und der *karmins*, der Aktiven der Hindu-Tradition befinden, und daß ihre Orden stark vom Ritus und von den Strukturen geprägt sind. Sie sind im allgemeinen auf das Gemeinschaftsleben und den Gehorsam dem Vorsteher der Gemeinschaft gegenüber ausgerichtet, während der indische Sannyāsa die Einsamkeit (womöglich die äußere, aber auf jeden Fall die innere) betont, die vollkommene Bewegungsfreiheit (Nicht-Stabilität), die Unabhängigkeit von allem und jedem – wobei diese Einsamkeit und diese Freiheit an sich schon ein Zeugnis für das *kaivalyam* sind, für die absolute Abgeschiedenheit des Ātman. Bedeutet jedoch der Verzicht, den die christliche Berufung zum monastischen Leben enthält, nicht wenigstens anfänglich jenes radikale Übersteigen, das die indische Tradition im vollen Lichte zeigt? Zum Beispiel beginnt die Regel des heiligen Benedikt ihre Aufzählung der verschiedenen Arten von Mönchen mit den Eremiten (1. Kap.), und obwohl sie diese Berufung eher als eine Seltenheit betrachtet, zeigt sie doch das Eremitentum als eine Art Gipfel, den nur die besten der Zenobiten anstreben können. Was den Ruf in die Einsamkeit betrifft, der vom 4. Jahrhundert an so viele Christen in die Wüsten Ägyptens, Judäas und Syriens trieb und ein Jahrtausend später in die Wälder im Zentrum und Norden Rußlands, so war er gewiß nicht weniger radikal als der Ruf des Hindu zum Sannyāsa, und an der Grenze führte er sogar zu der Abwesenheit jeder kirchlichen Gemeinschaft und jedes sakramentalen Zeichens.

Dieser Ruf in die Einsamkeit –
allein mit dem Alleinen,
allein in der Abgeschiedenheit des Einen –

wird immer von den Jüngern Christi vernommen werden. Er scheint sogar heute immer intensiver gehört zu werden, in dieser Zeit, in der die Menschen in ihrer Gesamtheit den Versuchungen der Äußerlichkeiten, des Herdentriebes und des Aktivismus nicht mehr widerstehen können. Mehr denn je streben diese Berufungen innerhalb des Christentums zu einem Leben äußersten Verzichtes, das dem strengen Sannyāsa der großen indischen Tradition sehr nahe kommt, wie es die Upanishaden ausgedrückt haben:

> »Feststehend in der Kontemplation seines eigenen Wesens,
> das Herz erfüllt von der einzigen Erfahrung des Selbst.« Nā. Pa. Up. 4,38

In dieser neuen Anziehung, die die Tradition der Wüste ausübt, kann man nicht umhin, die Eingebung des Geistes und sein Ausgießen in Fülle zu erkennen.

Als die Zeit der anfänglichen schweren Verfolgungen vorüber war, begannen die christlichen Asketen scharenweise die Welt zu verlassen (3. und 4. Jh.). Die Kirche begann dann sich mit der vergänglichen Welt zu identifizieren, sie strukturierte sich gesellschaftlich und begrifflich wie eine menschliche Institution und vergaß beinahe ihre eschatologische und überweltliche Berufung. In der gegenwärtigen Stunde der Welt- und Religionsgeschichte, im Osten wie im Westen, breitet sich das Vergessen des Sinnes für das Mysterium wie ein zunehmender und unheimlicher Schatten aus, der sogar jene erfaßt, die inmitten ihrer gläubigen Brüder die Zeugen des *eschaton*[70] bleiben sollten, der Gegenwart der letzten Wirklichkeiten *hic et nunc.* Der Aktivismus ergreift alles. Im Westen verlangen Priester und Mönche von der Gesellschaft einen rein profanen Status und gesellschaftliche Anerkennung. In dem Strom des Säkularismus, der alles von den vorangehenden Epochen geheiligte und aufgezwungene Sakrale mit sich reißt, verlieren sie den Sinn für ihre wahre Identität und vergessen, daß ihre primäre Berufung darin besteht, inmitten der Gesellschaft Zeugen des wahren Sakralen zu sein, das jenseits aller Formen und Definitionen ist. Die falschen Formen des Sakralen wurden durch nicht weniger entfremdende profane Formen ersetzt, anstatt direkt zum Unendlichen vorzustoßen, wie es unsere Zeit verlangt. Die Gesellschaft selbst ist übermächtiger als je zuvor geworden, sie erlaubt es nicht mehr, ihrem infernalen Rhythmus von Produktion und Konsum zu entgehen. Sie anerkennt nicht mehr das Recht, sich abseits von ihr zu halten und von Almosen (*bhikṣā*) zu leben, noch viel weniger erkennt sie es als ihre Pflicht, den Bedürfnissen jener zu dienen, die dazu berufen sind, über ihre Grenzen hinauszugehen, obwohl sie es sind, die in Wahrheit ihre Transzendenz und ihre Reinheit bewahren. Deshalb ist es um so dringlicher notwendig, daß aus den Kirchen und aus der Welt, vor allem aus Indien, *keśīs*[71] hervorgehen – denn Indien war von Anfang an der ständige Bote des Mysteriums der Transzendenz. Nach der großen Tradition der Wüste im Westen und des *parivrāja,* des Wanderasketentums in Indien, müssen sie die Menschen daran erinnern, daß es ein Jenseits und ein *eschaton* gibt, das schon gegenwärtig ist, das durch alles Vergängliche hindurch bleibend ist, tiefer und anders als die Worte und Handlungen und die oberflächlichen Beziehungen der Menschen untereinander. Ihre Devise kann nur jene sein, die der Engel dem großen Arsenius gab, jenem hohen Beamten des Kaisers Theodosius, der mitten in seiner Laufbahn die Welt und den Königshof verließ und sich unter den Einsiedlern des Sketis verbarg: »Fliehe, schweige, bleibe in Frieden!« Indien, die Welt und die Kirchen benötigen mehr als je solche Propheten, die allein dem Menschen sein Recht zu retten vermögen, *er selbst zu sein.* Die Frage, wie das Verhältnis solcher Entsager zu ihrer ursprünglichen Religion aussehen mag, muß hier gestellt werden. In Indien hat die hinduistische Gesellschaft auf verschiedene Weisen versucht, sie wieder für sich zu gewinnen. Nach einigen Spezialisten (vor allem J. Varenne) soll die Mahānārāyaṇa Upanishad nichts anderes als eine Art »Brevier des

Entsagers« sein, die ihn auffordert, zumindest die *mantras* zu rezitieren, wenn er auch den Ritus nur geistig vollzieht.[72] Wie dem auch sei, einige haben das Bedürfnis nach Frömmigkeit (*bhakti*) verteidigt, das so tief im menschlichen Herzen verwurzelt ist, andere haben auf die spirituellen Bedürfnisse der Menschen in der Welt hingewiesen, und schließlich hat man unter dem Vorwand des *dharma* die Freiheit des Entsagers in einem ganzen Netz von Vorschriften eingeengt. Die große Tradition, auf die wir uns im Lauf dieser Seiten immer wieder berufen, kann aber nicht annehmen, daß der *paramahaṃsa*[73] von irgendwelchen Verpflichtungen familiärer, sozialer oder ritueller (in christlichen Begriffen könnte man auch sagen: sakramentaler) Art gebunden wird.

> »Er geht wohin er will, der Unsterbliche,
> der goldene Puruṣa, der einzige Vogel ...
> Man sieht seinen Ruheort,
> aber ihn selbst sieht niemand.« Bṛ. Up. 4,3,12–14

Er gehört dem Reich »jenseits des Zeichens« an, seine eigentliche Rolle ist die, in dieser Welt zu bezeugen, daß »es vollbracht ist«[74] (Joh. 19,30), daß »die Zeit der Gleichnisse vorüber ist« (Joh. 16,25), daß der Schatten der Wirklichkeit Platz gemacht hat (Hebr. 10,1), nicht durch einen neuen Ritus, der den alten ersetzt, sondern durch die Überwindung aller Zeichen, aller Riten: der Durchgang »jenseits des Schleiers« (Hebr. 10,20).

Das einzige Opfer Christi hat den Ritus überwunden, denn es gibt nun nichts mehr zu vollbringen oder zu erreichen (Hebr. 10,14). Der Mönch bezeugt mit seinem ganzen Wesen, daß das *eschaton*, die »letzten Zeiten«, schon gegenwärtig sind: »Die Stunde kommt und sie ist jetzt da.« (Joh. 4,23; 5,25 und I. Kor. 10,11).

Mehr noch als der in Gemeinschaft lebende Mönch ist der Eremit ein »Zeichen« dafür, denn seine Gemeinschaft mit seinen Brüdern ist nicht mehr auf der Ebene des Zeichens menschlicher Beziehung, sondern auf der des *advaita*, der

Nichtdualität des Geistes, in der er nichts mehr als von ihm verschieden betrachet:

»Es gibt nichts anderes, was von mir verschieden ist.«
Nā. Pa. Up. 4,38

Deshalb kann keine Gesellschaft, auch keine religiöse, ihren Eremiten Gesetze vorschreiben, es sei denn, um ihr Recht anzuerkennen – nicht es ihnen zu verleihen – »sie selbst« zu sein und ihre Zustimmung zu ihrem Verlassen dieser Welt zu geben. Sie kann sie zu nichts zwingen, sondern sie nur dem Geist überlassen, wie in der Bṛhadāraṇyaka Upanishad (3,3) Indra die Seelen der verdienstvollen Toten Vāyu, dem Wind-Geist[75] anvertraut. Jedoch kann kein Eremit von seiner Initiation, seiner *dīkṣā* Gebrauch machen, um irgendein Recht für sich zu beanspruchen, nicht einmal das auf seine Freiheit. Es ist nicht die *dīkṣā,* die ihm die Freiheit verleiht. In Wirklichkeit, sobald sich jemand rühmt, die Freiheit zu »besitzen«, ist sie ihm schon entschwunden und der sie zu besitzen vorgab ist in den Bereich der *dvandvas* und infolgedessen der Verpflichtungen des Gesetzes zurückgefallen. Diese Freiheit ist die Frucht des inneren Erwachens, und dieses Erwachen vermag niemand zu »geben«. Was seinem Wesen nach nicht gemacht, nicht hergestellt (*akṛta*), ist, kann nicht das Ergebnis irgendeines Aktes, irgendeines Ritus, irgendeiner Lehre sein. Diese Freiheit wird spontan im letzten Geheimnis des Herzens, in der *guhā*[76] gefunden, wo allein der Geist wohnt.

Es besteht kein Zweifel, daß der christliche Kontemplative mit Jesus selbst den Schleier der Leiblichkeit Jesu durchstoßen hat. Durch den Tod hat er den Tod besiegt und hat entdeckt, daß er mit Christus lebt, ein Leben, das einfach IST, das sich jeder Definition entzieht und alle Kategorien übersteigt, und von dem man weder einen Anfang noch ein Ende aussagen kann.[77]

Initiation (Sannyāsa – dīkṣā)

Der Sannyāsa, durch Generationen bewahrt und überliefert durch die große Tradition der Entsager in Indien, erscheint uns wie ein Zeichen für das, was nicht bezeichnet werden kann, da er in seiner Transparenz seinen eigenen Tod als Zeichen in sich trägt. So erscheint er vor allem denjenigen, in deren Herzen der Ruf zur Entsagung unwiderstehlich wird und denen der Geist schon eine Ahnung von der Unendlichkeit des »Raumes im Grund des Herzens« gegeben hat[78].
Das verhindert jedoch nicht, daß der Sannyāsī in der Welt des Zeichens und der Erscheinung lebt, und daß diese Welt der Erscheinung ihn braucht, der »außerhalb jedes Zeichens« ist, um die fast unmögliche Brücke zwischen den beiden Welten zu verwirklichen. »Der Keśī trägt die beiden Welten« (Rig-Veda 10,136). Er hält sie auseinander und doch ist er der Weg, der von der einen zur anderen führt, ein Zugang zu der »Welt Brahmans« (vgl. Chānd. Up. 9,91; Br. Up. 4,4,22). Eben diese Asketen, die aus der Welt fliehen und die sich sogar weigern von ihr anerkannt zu werden, tragen die Welt. Sie sind wie der vedische *skambha,* der Pfosten, der die *axis mundi* symbolisiert,[79] der die Stabilität des Universums garantiert. Ihr Verzicht wird durch alle Opfer symbolisiert, die die Priester darbringen. In ihnen vollzieht sich das Uropfer des Puruṣa in seiner tiefsten spirituellen Wirklichkeit[80], des Urmenschen, aus dessen Opfer die Welt entsteht und des vollkommenen Menschen in der Fülle seines Seins. An ihrem inneren Feuer, an jenem Agni, den ihre asketischen Übungen zum Ausdruck bringen, entzündet sich jedes Opferfeuer[81]. Ihnen selbst ist es gleichgültig, ob sie erkannt werden oder unerkannt bleiben. »Sie wandeln im Verborgenen«, kein Zeichen hebt sie hervor, denn sie sind *aliṅga*[82]. Aber die Gesellschaft braucht sie und muß sie anerkennen, sie muß wissen, daß sie da sind, als eine Erinnerung an ihre eigene Transzendenz und um sie inmitten dieser vergänglichen Welt zu bewahren.

Aus diesem Grund, und trotz der Gefahr der Erstarrung, die jeder Institutionalisierung droht, ist es doch gut, daß es in der Gesellschaft einen Platz für die Entsager gibt und eine öffentliche Anerkennung ihres »Abgesondertseins«. Mehr noch, im allgemeinen offenbart sich der Geist durch die Institution des Mönchtums und richtet durch sie seinen Ruf an die von ihm Erwählten, wenn auch später dieser Ruf so gewaltig werden kann, daß er ihnen jede Anziehungskraft für das, was dem Bereich der Zeichen angehört, nimmt und sie alle Zeichen transzendieren läßt. Die Initiation in den Sannyāsa kann niemals vorgeschrieben werden, aber sie kann auch niemandem verweigert werden, der sie aufrichtig wünscht, nicht um sich eines »besonderen Standes« zu rühmen, sondern um sich freier und ausschließlich der Suche nach dem Brahman zu widmen.

> »... dem Brahman geweiht, im Brahman festgegründet,
> einzig auf der Suche nach dem höchsten Brahman.«
>
> Praśna Up. 1,1

Eben das ist das *quaerere Deum,* Gott suchen, der Regel des hl. Benedikt.

Es wäre gewiß verfehlt, die *sannyāsa-dīkṣā* für ein Zeichen zu halten, das keinen wirklichen Inhalt hat. Aufgrund ihres Reichtums kann man sie eher ein Symbol nennen als ein Zeichen, um diese Unterscheidung aufzugreifen, die im Denken der Gegenwart schon klassisch geworden ist (vgl. P. Ricoeur und die gegenwärtige christliche Reflexion über das Sakrament als Symbol). Die *sannyāsa-dīkṣā* ist tatsächlich geladen mit der ganzen Dichte des Symbols, dessen Bedeutungswurzeln bis in die Wurzeln des Seins selbst hinabreichen – so tief, daß es in gewisser Weise die Wirklichkeit in sich trägt, die es bedeuten will. Das Zeichen des Sannyāsa – wie auch das der *dīkṣā* – hält sich daher an der unfaßbaren Grenze zwischen den beiden »Welten«, der Erscheinungswelt und der Welt des nicht-manifestierten Absoluten.

So sehr der Mönchsstand den ganzen *dharma* übersteigt, so ist es doch normal, daß das Gelübde, das öffentlich den Eintritt in das Mönchsleben markiert, im Schoß der religiösen Tradition vollzogen wird, in der der jeweilige geboren wurde und in der er sich geistig entwickelt hat. Solange man im Bereichder Zeichen bleibt, sind für jeden die besten Zeichen diejenigen, innerhalb derer er menschlich und religiös erwacht ist und mit denen er gewachsen ist, wenn diese Zeichen auch später gereinigt und von ihren notwendigen Begrenzungen befreit werden müssen. Und doch ist im indischen Sannyāsa eine solche Kraft enthalten, ein brennender Geschmack des Absoluten, daß er diejenigen unwiderstehlich anzieht, die in sich etwas von dem inneren Mysterium der Nichtdualität verspürt haben, von dem die Rishis der Upanishaden ein unvergleichliches Zeugnis abgelegt haben. Deshalb erhebt sich in ihrem Herzen der Wunsch, in die große Hindu-Tradition des Sannyāsa aufgenommen zu werden, gleich welcher Religion sie angehören und noch weit mehr, wenn sie sich zu keiner religiösen Gemeinschaft bekennen. Durch das Zeichen der Kette der Überlieferung *(vaṃśa)* möchten sie mit den großen Rihis der alten Zeit in Verbindung treten, um mit größerer Gewißheit den einzigen Seher zu entdecken, den *ekarṣi,* der in der innersten Tiefe ihres Seins weilt:

> »Der Puruṣa, der im Herzen aller Wesen verborgen ist.«
>
> (Śvet. Up. 3,11).

Untersuchen wir zunächst den Fall der christlichen Mönche, die schon durch ihre Gelübde gebunden – und befreit – sind und die in Indien leben. Im Kontakt mit ihren Hindu Mönchsbrüdern werden sie mit dem kompromißlosen Ideal des Sannyāsa konfrontiert und entdecken in ihrer eigenen Weihe eine Aufforderung und einen Ruf, mehr innerlich als äußerlich, der ihnen keine Ruhe mehr läßt. Es kommt ihnen spontan, das Gewand der indischen Sannyāsīs anzunehmen und auf ihre Weise die wesentlichen Anforderungen des Sannyāsa zu erfüllen, was die Armut, die Enthaltsamkeit, den Frieden *(abhayam)*, die Furchtlosigkeit, die Sicherheit, die man allen Geschöpfen wünscht usw. betrifft.[83]

Noch wesentlicher ist, daß sie sich von der Freiheit tragen lassen, die ihnen der Geist von innen eingibt. Im Fall dieser Mönche wäre ein neuer Ritus der Initiation sinnlos, da sie mit dem Aussprechen ihres monastischen Gelübdes: *Suscipe* ...[84] schon ihre volle Selbsthingabe zum Ausdruck gebracht haben. Ihr Fall ist dem des *paramahaṃsa*[85] vergleichbar, der an dem Tag, wenn in ihm das volle Licht aufleuchtet, ganz natürlich und selbst ohne darüber nachzudenken, in den Zustand – oder besser den Nicht-Zustand – des *turīyātīta* oder des *avadhūta* eingeht.

Ferner gibt es solche, die ohne eine monastische Zugehörigkeit nach Indien kommen und die der Geist im Lauf ihres Aufenthaltes »erweckt«, manchmal beim Hören der heiligen Schriften, aber vor allem im Kontakt mit dem wahren Guru. Die Begegnung mit ihm entfacht in ihnen ein Feuer, das alle Begierden und Wünsche sowie ihre früheren Zielsetzungen verzehrt. Ganz gleich ob sie sich dann in Indien niederlassen oder in ihr eigenes Land zurückkehren, oft empfinden sie das Bedürfnis, ihr Gelübde der Entsagung innerhalb der indischen Tradition öffentlich zu bekennen, und sie suchen die Erlaubnis dies zu tun, um sich außerhalb der Grenzen der Gesellschaft zu stellen, frei von allen Pflichten ihr gegenüber und für immer der inneren Schau allein hingegeben (Nā. Pa. Up. 5,1). Dann stellt sich ein Problem, denn obwohl der Ritus der *sannyāsa-dīkṣā* das Ende aller Riten ist und den Übergang über die Welt der Zeichen hinaus bedeutet, bleibt er so sehr in der Tradition und im Ritual des Hindu-Dharma verwurzelt, daß er praktisch keinen Sinn hat für jemanden, der nicht dem Hinduglauben angehört.

Für einen Hindu ist die monastische Weihe ein Bestandteil der Riten, die die verschiedenen Lebensstadien des *dvija*, des »Zweimalgeborenen« kennzeichnen, von der Zeugung angefangen bis zu der Verbrennung des Toten. Der Sannyāsa ist genau genommen die Vorwegnahme des letzten Feueropfers *(agnihotra)*[86] und die Befreiung von allen Pflichten, die dem Menschen durch seine Geburt in dieser Welt zufallen und auch von denen, die ihm die verschiedenen Übergangsriten auferlegt haben. Es ist daher verständlich, daß die *sannyāsa-dīkṣā* Riten enthält, die das Ende aller Riten bedeuten sollen, und daß der Kandidat als ein Zeichen des Abschieds zu Sonnenuntergang und Sonnenaufgang *(sandhyā)* vor seiner *dīkṣā* tausendmal die Gāyatrī[87] rezitieren soll, den heiligsten *mantra* des Rig-Veda.

Weiter übergibt zum Abschluß der Zeremonie, zumindest im Fall des *krama-sannyāsi*[88], der Guru dem Neugeweihten die Insignien des Sannyāsa: *daṇḍa, kamaṇḍalu, kaupīna* und *kāvi,* d. h. den Stab, die Wasserschale, den Stoff, mit dem man die Geschlechtsteile bedeckt, und das orangefarbene Gewand. Diese Insignien sind nur im kulturellen und sozialen Kontext Indiens verständlich, und trotz ihres Bedeutungsreichtums ist ihre Übergabe durch den Guru an einen nichtindischen Sannyāsī, der nicht gewöhnlich in Indien lebt, wenig verständlich. Wenn ein Nicht-Inder diese Zeichen außerhalb Indiens trägt, läuft er Gefahr, wie ein Sonderling zu wirken, und eine Gesellschaft, die mehr und mehr kategorisch alles künstliche Sakrale ablehnt, unnötig zu provozieren. Außerdem bedeutet das Exportieren der wesentlich indischen Symbole des Sannyāsa nicht, daß man ihn begrenzt und auf einen beschränkten Kontext reduziert, wo doch der Sannyāsa mit der ganzen Dynamik, die er in sich enthält, alle Besonderheiten, alle Begrenzungen, alle *lokas* sprengt, in denen die Menschen versuchen, ihn einzusperren?

Man mag von universalen Symbolen des Sannyāsa träumen, sowohl was den Ritus, als auch was die äußere Erscheinung des Sannyāsī betrifft. Man darf aber nicht vergessen, daß ein Zeichen *per definitionem* nur begrenzt sein kann, denn jedes Zeichen gehört unweigerlich einem bestimmten kulturellen und sozialen Kontext an.

Eben darin besteht die Ambivalenz des Sannyāsa, der im Extrem von jedem Zeichen und jeder Regel entblößt ist und sich in nichts mehr von dem inneren und spontanen Verzicht aller Erleuchteten unterscheidet. Nichts Äußeres kann ein Symbol für den Sannyāsī sein, nicht mehr als für den Lebenderlösten, den *jīvanmukta*. Er kann über Berge und Täler wandern wie der Keśī des Rig-Veda, er kann sich in Höhlen oder im Urwald verbergen oder ebenso sich mitten in der Menge aufhalten und selbst an der Arbeit seiner Menschenbrüder teilnehmen, ohne jemals seine tiefe innere Einsamkeit zu verlieren. Das zerstreute Auge wird ihn nicht bemerken, er wird nur von dem erkannt, der »weiß«, der *evaṃvid*, der selbst im Abgrund des Selbst festgegründet ist. Und doch, jeder der auch nur ein wenig erwacht ist, kann nicht umhin, etwas von der Ausstrahlung wahrzunehmen, einen Geschmack, eine Berührung, ein Licht, das nur die inneren Sinne wahrnehmen und die eine wunderbare Spur hinterlassen.

Wenn aber zu der Unmöglichkeit, universale Symbole für den Sannyāsa zu finden noch der gesellschaftliche Druck kommt, der dem Sannyāsī das Übersteigen aller Zeichen auferlegt, bleibt dann noch irgendein Grund dafür, daß man das Zeichen des Ritus der Initiation bewahrt, da ohnehin sein Wert vom Gesichtspunkt des Wesens des Sannyāsa fragwürdig ist?

Die oben genannten Gründe bleiben bestehen. Zunächst ist es die Gnade, die eine solche Initiation so stark umgibt und durchdringt, wenn dies auch von Intellektuellen bezweifelt werden mag, aber diejenigen, die die *dīkṣā* empfangen haben, bezeugen diese Gnade, die sie im Tiefsten ihres Seins überflutet hat. Was sie sagen – und weit mehr, was sie nie auszusprechen vermögen – wissen sie von innen, aus innerster und unauslöschlicher Erfahrung.

Auch für die Gesellschaft ist es notwendig, daß anerkannte Sannyāsīs in ihrem Schoß als Zeugen einer transzendenten Gegenwart bleiben, selbst wenn die Zeichen für diese Gegenwart nicht im vorhinein festgelegt werden können und vielleicht täglich und in den verschiedenen Umständen von neuem gefunden werden müssen. Man muß an den Geist glauben und annehmen, daß der Mönch, dieser bevorzugte Zeuge des Geistes, andere Weisen der Wirksamkeit und der Kommunikation hat als diejenigen, die den Sinnen zugänglich sind. Eben darin besteht seine wahre Kraft, eine Kraft, die kein Hindernis aufzuhalten vermag.

Ferner ist diese öffentliche Verpflichtung vor berufenen Zeugen gewiß ein äußerst wirksamer Schutz gegen die Gefahren einer Rückkehr. Wenn man einmal die Euphorie der ersten Erfahrungen hinter sich läßt und nicht mehr in einer Umgebung lebt, die die spirituelle Suche und die Übung im Verzicht unterstützt, besteht die reale Gefahr, daß man sich wieder von seinen Wünschen bestimmen läßt, und zwar oft scheinbar unter den besten Vorwänden. Auf der psychischen und neutralen Ebene, wo die unzähligen Begierden zusammenstoßen und gewaltsam versuchen, in das Herz einzudringen, wird die »Erinnerung« an dieses Engagement und an dieses innere Übersteigen, das es bedeutet, gewiß eine große Hilfe sein, um stark und unerschütterlich zu bleiben, »im Geist gefestigt«, wie die Bhagavad Gītā sagt (2,54 f.). Wenn die Versuchungen an die Sinne und an den Geist zu stark sind, wird sich der Sannyāsī an seine Gelübde erinnern; daß, selbst wenn er nicht immer vom Betteln leben kann, von *bhikṣā,* seine Nahrung so einfach wie möglich sein soll, eben das notwendige Minimum, um seinen Körper zu erhalten, nie um des Geschmackes willen; daß, selbst wenn er nicht von einem Dorf zum anderen zieht und keine Hütte im Wald zu seiner Verfügung hat, sein Aufenthaltsort gerade das Notwendige sein soll; daß, selbst wenn er nicht das orangefarbene Gewand oder den Schal trägt, wenn er sich nicht mit »auf dem Weg aufgelesenen Fetzen« begnügen kann, wie die Upanishad sagt, sein Gewand unauffällig sein soll und nur eben was er nötigt hat, um sich zu bedecken, der Sitte des Ortes angepaßt, an dem er lebt. Er wird sich daran erinnern, daß seine wesentliche Pflicht das Schweigen ist, die Einsamkeit, die Meditation (*dhyāna*), die er nie aufgeben kann.

»In der Meditation feststehend
soll er an einem Ort weilen.« Nā. Pa. Up. 4,17

Die Tatsache selbst, daß er kein bestimmtes Zeichen mehr zur Verfügung hat, macht ihn noch aufmerksamer, um seine Hingabe durch alle Umstände und in allen Augenblicken seines Lebens zum Ausdruck zu bringen. Sein bestes Kennzeichen wird letztlich seine wesenhafte Freiheit sein, seine Weigerung, von irgend etwas Äußerem abhängig zu sein oder seine Sicherheit darin zu suchen.
Sein Engagement als Sannyāsī wird auch ein Schutz für ihn sein gegen die Versuchungen durch andere, z. B. Eltern und Freunde, die ihn oft mit den besten Absichten in die Welt zurückführen möchten, wenn auch nicht für immer, so doch zeitweise. Die einen werden ihn ermutigen zu heiraten, andere werden ihn einladen, andere werden ihn auffordern zu schreiben und Vorträge zu halten; man möchte ihm einen Ashram bauen, wo er in Ruhe andere unterweisen kann. Die Stunde wird vielleicht kommen, wo er das weitergeben kann, was er innerlich empfangen hat, aber zuerst muß er lange Jahre, zwölf gemäß der Tradition, des Schweigens und der Einsamkeit, des Vergessenseins und der inneren Vertiefung verbringen, die ihn allein fähig machen werden, aus eigener Erfahrung über das Selbst zu sprechen, denn jede Rede über das Selbst, die nicht spontan aus dem eigenen Grund entspringt, ist Lüge und Täuschung – und diese »Wissenschaft des Selbst« lernt man nur durch die innere Sammlung im Grund des eigenen Selbst. Solange der Geist noch keine unbezweifelbaren Zeichen gegeben hat, daß diese Stunde gekommen ist, wird seine Antwort auf alle Aufforderungen immer die gleiche sein: »Mein Engagement gibt mir nicht das Recht dazu, dies zu tun.« Eines der Zeichen des Geistes wird darin bestehen, daß spirituell Suchende zu ihm kommen, die bereit, fähig und würdig sind (*adhikārī*), die Lehre zu empfangen. Noch eine andere Tatsache muß in Betracht gezogen werden, so sehr sie auch auf einen bestimmten religiösen und kulturel-

len Kontext beschränkt ist. In der gegenwärtigen Verwandlung der Welt und der Welle der Säkularisierung, die die alten Werte ohne Unterscheidung mit sich reißt, geht das abendländische Mönchtum, wie jede religiöse Institution, durch eine Krise hindurch und hat es schwer, seinen Weg zwischen einer erstarrten mittelalterlichen Tradition und einem Modernismus zu finden, der das Mysterium auflöst. Wie es so oft in der Vergangenheit geschehen ist, wird eine echte monastische Erneuerung aus einer Erneuerung des eremitischen Lebens hervorgehen, und es gibt schon zahlreiche Hinweise in dieser Richtung. Es wäre dann möglich sich vorzustellen, daß sich im Abendland eine Art Osmose bildet zwischen der Tradition der Wüstenväter (die auf Johannes den Täufer und auf den großen Elias, den Propheten-Mönch des Alten Testaments zurückgeht) und der Tradition des Sannyāsa, die von den alten Rishis her in Indien überliefert wird. In einem solchen Kontext würden sich die Mönche, die in Indien die berauschende Erfahrung der grenzenlosen Räume des Herzens in der upanishadischen Überlieferung erfahren haben, weniger verloren fühlen, wenn sie in ihr Heimatland zurückkehren. Dort werden sie nicht mehr fähig sein, sich in eine exklusive religiöse Gemeinschaft einzugliedern, und noch weniger in ein traditionelles oder auch modernes Kloster. Ferner gibt es im Abendland gegenwärtig keine Weihe für ein solches Eremitenleben, das als ein Leben »jenseits der Zeichen« verstanden würde. Kann man daher nicht eine Befruchtung des eremitischen Lebens im Westen durch die Gnade der *sannyāsa-dīkṣā* ins Auge fassen, die ihm etwas von dem »großen Abschied« (*mahāprasthāna*) einflößen würde, der die Entsagung in Indien kennzeichnet? Dies könnte nur durch christliche Abendländer geschehen, die in Indien zu Füßen eines wahren Guru gesessen und die in der Advaita-Erfahrung die Fülle des Mysteriums Christi und seiner universalen Gegenwart erfahren haben, und die schließlich auf alles verzichtet haben, wenn sie symbolisch in den Ganges eingetaucht sind und von ihrem Guru das feuerfarbene Gewand empfangen haben, mit dem dringenden Anruf: »Gehe hin zu jenem Ort (*loka*) jenseits aller Orte, zu der Quelle selbst.« Es handelt sich gewiß nicht darum, einen neuen Orden zu gründen, denn der Sannyāsa ist kein »Orden«, und der Geist »gründet« nichts, denn er *ist* der Grund von allem – vielmehr geht es darum, die Zeichen des Geistes zu erkennen und sich von ihm führen zu lassen. Man muß auch denjenigen, die zu einem solchen Leben berufen sind, die Möglichkeit geben, diesem Ruf zu folgen. Es ist klar, daß ein solcher Sannyāsa durch keine Form begrenzt ist und jedem offensteht, der den Ruf dazu empfangen hat, ganz gleich in welchem kulturellen oder religiösen Kontext.

Für diesen Zweck hat man sogar gewagt, falls dieses Engagement zum Sannyāsa in Indien vollzogen wird, eine »ökumenische« *dīkṣa* ins Auge zu fassen, eine Mönchsweihe, die sowohl einen Hindu Sannyāsī wie einen christlichen Mönch zum Zeugen hat. Der erste würde ihm die Initiation weitergeben, die er selbst empfangen hat und die von Guru zu Guru zurückgeht und ihn mit jenen Rishis verbindet, die als erste den Ruf zu der Einsamkeit des Selbst vernommen haben, deren Spur sich in grauer Vorzeit verliert; auf diese Weise würde er von innen in das Mysterium des Sannyāsa aufgenommen, das sich im Lauf der Jahrhunderte in einer unzählbaren Schar von Mahātmas und Sādhus manifestiert hat. Der zweite würde ihn mit jener Reihe von Zeugen verbinden, die die Aufforderung Christ vernommen haben, alles zu verlassen um des Reiches Gottes willen, eine Überlieferung, die durch die Jahrhunderte hindurch bis auf jene Boten der Wüste zurückgeht, einen Antonius, Arsenius, Hilarion und viele andere. Aber jenseits dieser zweifachen Traditionsreihe (*vaṃśa*) würden ihn die beiden Einweihenden untrennbar (*advaita*) zu dem einzigen »Rufenden« hinführen, zu dem Geist, dem inneren Licht, das im Herzen jedes Berufenen leuchtet.

So behält die rituelle Weitergabe des Sannyāsa von Guru zu Schüler trotz allem ihren Wert auf der Ebene des Zeichens – denn, wie immer dem auch sei, niemand kann dieser Welt der

Zeichen entkommen – selbst wenn es unmöglich ist vorauszusehen, in welcher Weise dieser Sannyāsa tatsächlich gelebt werden kann. Aber obwohl sich diese Weitergabe an die große Tradition der Rishis anschließt, sollte sie so weit wie möglich von einer allzu engen Bindung an den vedischen Mythos und Ritus befreit sein. Ebensowenig wie man von vornherein die praktischen Bedingungen des Sannyāsa in einer Umgebung außerhalb der traditionellen indischen festlegen kann, kann man auch nicht a priori bestimmen, welche Form dieses monastische Gelübde annehmen wird.

Auf jeden Fall muß sich dieser Ritus auf ein Minimum an Zeremonien beschränken und die Initiation des *vidvat-sannyāsī* (siehe oben, S. 166) zum Vorbild nehmen, denn der Kandidat, von dem hier die Rede ist, ist, nach der Einteilung der Sannyāsa Upanishad, ein *jñānā*[89] und nicht ein *krama-sannyāsī*. Es ist offensichtlich, daß ein Sannyāsa, dessen Formen so reduziert sind, nur einem Kandidaten verliehen werden kann, der schon von dem Erwachen erfaßt wurde und nicht einem, der die Hilfe einer »Institution« sucht, um dieses Erwachen zu erlangen. In was immer für einer Form diese *dīkṣā* verliehen wird, sie muß sich zweifellos vor allem auf die ursprüngliche upanishadische Tradition stützen. Mehr als jeder andere Text kennzeichnen die alten Upanishaden den Übergang von den Riten und Mythen zu der Erfahrung des Selbst und des Brahman, das »Alles« ist (*sarvam*) und dadurch die Befreiung von allem durch den Menschen gemachten Sakralen, das die vorausgehenden Perioden der Veden und der Brāhmaṇas dem wahren *Menschen*, dem Puruṣa, auferlegt hatten, der nun, zur Zeit der Upanishaden, in all seiner Herrlichkeit erkannt ist.

Auf jeden Fall, und besonders in dem Fall, den wir hier betrachten, kann der Sannyāsa nicht gegeben werden, bevor der Guru sich nicht versichert hat, daß der Schüler wirklich »erwacht« ist oder zumindest einen Vorgeschmack dieser endgültigen Erfahrung besitzt, und daß er die nötige sowohl physische, psychische wie spirituelle Kraft hat, um in allen Umständen den grundlegenden Erfordernissen des Lebens eines Entsagers zu entsprechen. Im allgemeinen soll er seine Fähigkeit durchzuhalten nicht nur in seinem Leben als Schüler, der mit seinem Guru »unter dem selben Dach lebt«[90], bewiesen haben, sondern auch in der Einsamkeit und auf der Wanderschaft, und vor allem bei einem Abendländer, in der ausdauernden Praxis des akosmischen Lebens inmitten einer Welt, die gerade ein solches akosmisches Leben ablehnt. Es wird auch von ihm erwartet, daß diese *dīkṣā* für ihn ein Aufbrechen zu einem Leben der Wanderschaft und des Bettelns[91] bedeutet, das so lange wie möglich dauern soll.

Der Kandidat soll auch allen Besitz aufgeben. Falls ein Aufgeben des Besitzes tatsächlich oder legal nicht möglich sein sollte, muß er anerkennen, daß er von nun an kein Recht auf irgendeinen Besitz mehr hat und bereit sein, alles zu verlassen, wenn die Umstände ihn dahin führen. Nur dann kann der Guru annehmen, vor Himmel und Erde Zeuge der endgültigen Verpflichtung des Kandidaten zu sein.

Die Tage, die der Initiation vorausgehen, werden der Einkehr gewidmet sein, d. h. einer Zeit des Schweigens, der Meditation, der passenden Lektüre, allein oder gemeinsam mit dem Guru. Der Tag des Fastens und die Nachtwache im Gebet unmittelbar vor der *dīkṣā* werden streng eingehalten, wie sie von den Schriften vorgeschrieben sind. Die letzte Nacht wird in schweigender Meditation verbracht und eventuell mit der Lektüre der upanishadischen Texte, die die Erfahrung des zu Weihenden am stärksten geprägt haben.[92]

Im Fall eines christlichen Kandidaten, von dem wir hier sprechen, haben die *homas* und *śrāddhas* (Opferrituale), die traditionsgemäß zu den verschiedenen Wachen dieser Nacht vollzogen werden, keinen Sinn und sie werden ganz natürlich durch die Feier der Eucharistie ersetzt, in der Morgendämmerung des Tages der *dīkṣā,* einer Feier, der die Umstände unweigerlich eine seltene Bedeutung der Fülle und der Wahrheit verleihen werden. Dieser Eucharistie wird die Lektüre und die Meditation der Texte des Evangeliums vorausgehen, gemeinsam mit den schon erwähnten upanishadischen Texten, in denen Jesus seine Jünger zu einem absoluten Verzicht und zum Kreuz aufruft. Viele Texte des Evangeliums stehen tatsächlich in ihrer Radikalität in nichts hinter den der Upanishaden zurück:

> »Der Menschensohn hat nichts, wo er sein Haupt hinlege.
> Gehe hin, verkaufe alles ... dann komme und folge mir nach ...
> Laß die Toten die Toten begraben ...
> Niemand, der seine Hand an den Pflug legt und zurückschaut, ist tauglich für das Reich Gottes ...
> Wenn jemand zu mir kommt und sich nicht von seinem Vater, seiner Mutter, je selbst von seinem eigenen Leben lossagt, der kann nicht mein Jünger sein ...
> Nehmt nichts mit auf den Weg, weder Stab noch Tasche,
> weder Brot noch Geld, auch nicht zwei Röcke
> sollt ihr haben.«
>
> (vgl. Luk. 9,58; Mark 10,21; Luk. 9,62; 14, 26; 9,3, etc.)

Der Kandidat wird sich auch an den Ruf an Abraham erinnern, alles zu verlassen:

> »Verlasse dein Land, dein Haus, deine Familie
> und gehe in das Land, das ich dir zeigen werde.«
>
> (Gen. 12,1)

und ebenso an die Berufung des Elias, des großen Sehers und Sannyāsī des Alten Testaments, zum Horeb, dem Berg Gottes zu ziehen (1. Könige 19).
Die Eucharistie wird schließlich das Zeichen *par excellence* des »großen Abschieds« jenseits aller Zeichen sein. Denn im christlichen Verständnis ist die Eucharistie wirklich jenes einzige Opfer (*yajña*), das Christus, der *Satpuruṣa*, der Mensch

schlechthin, der *Barnasha* oder Menschensohn im Aramäischen, in der Fülle und Vollendung der Zeiten darbrachte, um ein für alle Male[93] alle Opfer und alle Darbringungen zu erfüllen, die je im Lauf der Zeiten unter dem Schleier verschiedener Zeichen gefeiert wurden. In seinem vollkommen dargebrachten Opfer als *Ādipuruṣa* (Ur-Mensch, vollkommener Mensch) geht er in seinem Namen und im Namen aller, die ihren Glauben in ihn setzen, über den Schleier, der sein Körper ist, hinaus (vgl. Heb. 10,19–20) und gelangt in den Schoß des Vaters, jene *guhā,* die zugleich im Innern ist, im Zentrum von allem, und jenseits von allem (Kol. 3,1 ff.).

»Dieses Mysterium der Herrlichkeit,
verborgen im Grund des Herzens
und jenseits des Himmels,
das Unsterbliche, das weder durch
das rituelle Werk, noch durch
Gaben erreicht wird,
in das nur diejenigen eingehen
die auf alles verzichtet haben.« Ma. Nā. Up. 227–228

Dieses vollkommene Opfer des Christus *Satpuruṣa*, die vollkommene Selbsthingabe jenseits aller Zeichen, die totale Aufopferung (Rig-Veda 10,90) seines *śarīram*[94] an Gott und die Menschen, ist es nicht das Mysterium des vollkommenen Entsagers, des vollkommenen *yati*? So enthält für den Christen die eucharistische Feier sowohl den endgültigen Sinn des *prājāpatya,* des Opfers, in dem man allen Besitz aufgibt, des *agneyī*, in dem man von dem Opferfeuer Abschied nimmt und es in seinen inneren Atem aufnimmt[95], des *aṣṭaśrāddha,* in dem man zum letzten Mal die Totenspende für die Vorfahren und auch für sich selbst darbringt, des *virajahoma,* in dem man die drei Eigenschaften der Urnatur[96] übersteigen soll, damit man zuletzt von allem befreit das Gelübde des Sannyāsa aussprechen kann. Für den christlichen Kandidaten wird seine Teilnahme an der Eucharistie und seine sakramentale Kommunion nicht nur bedeuten, daß er sich verpflichtet, alles zu transzendieren, sondern, daß er selbst in vollkommener Selbsthingabe in das eschaton eingeht (vgl. Anm. 70, S. 176), wobei er sogar vergessen soll, daß er sich hingegeben hat.

Die Opfergabe Jesu ist die Hingabe seiner selbst an alle (vgl. RV 10,90,8), sie wird in der Eucharistie durch die Gabe seines Leibes in Form der Nahrung und seines Blutes in Form des Trankes symbolisiert – ein Mysterium, das in den Upanishaden angedeutet ist, wo jedes Wesen *annam* und *madhu*, Nahrung und »Honig«, für jedes andere Wesen ist (vgl. Br. Up. 2,5). Ist nicht darin der tiefe Sinn des Gelübdes der Furchtlosigkeit, *abhayam*, enthalten, das für den Sannyāsa so wesentlich ist?[97]

Die Eucharistie, die unter solchen Umständen gefeiert wird, besitzt eine besonders starke eschatologische Bedeutung; sie ist das letzte Zeichen, das das Erwachen jenseits der Zeichen ankündigt.

Das Eintauchen des Sannyāsī in den Ganges im Lauf der *dīkṣā* findet eine außergewöhnliche Entsprechung in dem Eintauchen Jesu in den Jordan bei seiner Taufe durch Johannes (»Taufe«, *baptisma*, bedeutet im Griechischen »Eintauchen«), den Mönch und Propheten der Wüste. Als er aus dem Wasser stieg, sah Jesus, wie sich der Himmel öffnete, als würde die Trennung zwischen Erde und Himmel, zwischen Gott und Mensch aufgehoben, als der Geist »herabkam« und den ganzen Raum erfüllte (*ākāśa - brahma*). Da ertönte eine Stimme aus dem Innern der göttlichen *guhā*: »Du bist mein Sohn«. Dieses so einfache Wort, das die Propheten im Namen des Volkes Israel so oft von Gott vernommen hatten (z. B. Ex. 4,22; Ps. 2,7) durchdringt das Herz Jesu bis in Tiefen, die bis dahin kein Jude, auch nicht der heiligste, jemals ahnen konnte. Und Jesus antwortet: »Abba« (Vater), er verwendet ein Wort, das in der aramäischen Sprache, die Jesus sprach, nur zu dem Mann gesagt werden kann, von dem man in der Einheit der Natur gezeugt wurde. »Sohn« – »Vater« sind im semitischen Kontext die nächste Entsprechung

zu dem *tattvamasi – aham brahmāsmi*[98], das der Geist selbst im Moment der *dīkṣā* sowohl durch den Mund und im Herzen des Guru wie auch durch den Mund und im Herzen des Schülers aussprechen wird, jenseits aller Dualität.
Dieses Erwachen Jesu am Jordan wird sein ganzes Leben bestimmen, alle seine Worte, alle seine Handlungen, sein ganzes Bewußtsein; eben dies will er mit seinen Jüngern teilen, indem er ihnen die Feuer- oder Geisttaufe verleiht, ihr »Eintauchen« in den Geist.
In seiner Verklärung offenbarte sich seine volle Herrlichkeit als *tejomaya-puruṣa*, der aus Glorie bestehende Mensch, selbst nach außen seinen drei Jüngern. Selbst der Tod konnte dieses Erwachen nicht beeinträchtigen. Denjenigen, die noch ein menschliches Zeichen nötig hatten, um gewiß zu sein, daß er lebt, zeigt sich Jesus am Ostertag in verschiedenen Gestalten. Zu Pfingsten und danach wird er sich in den verschiedenen Erscheinungen des Geistes zu erkennen geben. Aber diejenigen, die er auf besondere Weise erwählt hat, nicht mehr, um die Boten seines Wortes und die sichtbaren Träger seines Geistes in der Welt zu sein, sondern um einfach zu *sein,* so wie er selbst IST *(ego eimi)*, »Ich bin«[99], im wesentlichen Geheimnis seines ewigen Erwachens zu sich selbst, diese nimmt er mit sich in seinem »großen Abschied«[100] *(mahāprasthāna),* jenseits aller *lokas* und aller Zeichen, bis in die *guhā* des Vaters, die sich durch eine Stimme am Jordan und am Tabor offenbarte, im Grund seines Herzens und »im höchsten Himmel«[101], in der Nichtdualität des Geistes, dort, wo »Gott alles in allem ist« (1. Kor. 15, 28).

»Indem er über alle Welten und alle
Wesen hinausging, wie über den Raum
und seine ganze Weite,
der Herr von allem was ist,
der Erstgeborene der Wahrheit,
erlangte er durch sich selbst sein Selbst.«

Ma. Nā. Up. 63–64

Alle Vorbereitungen sind nun vorüber und der Ritus der *dīkṣā* muß nur mehr in seiner Symbolik abrollen. Alle Zeichen werden ihre Erfüllung in jenem letzten Zeichen finden, das den Erwählten jenseits von allem eintaucht, bis zu der letzten Entdeckung des Selbst. »Es ist vollbracht«[102] war das letzte Wort Jesu am Kreuz (Joh. 19,30). Alle Gnaden werden sich in dieser endgültigen Gnade auflösen und erfüllen, über die hinaus es nur mehr das Mysterium der einzigen und nichtdualen Gnade selbst gibt. Dieser Ritus ist das höchste Symbol für den inneren Aufbruch von sich selbst, bis hin zu dem Erwachen zum Selbst, das allein einen befähigt, in Wahrheit das *aham brahmāsmi,* » Ich bin Brahman« auszusprechen.

Das ganze Leben des Kandidaten gelangt an sein Ende und von allen Hindernissen und Verbindlichkeiten befreit, wird er sich zu der Unendlichkeit des Selbst aufschwingen, wie es der *mantra* der Chāndogya-Upanishad sagt, den er bald rezitieren wird, und wie es Jesus am Vorabend vor seinem »großen Abschied« ausdrückte: »Die Stunde ist gekommen, zum Vater zu gehen.«

Guru und Schüler begeben sich an den Fluß, wenn möglich zum Ganges, der im Lauf der Zeiten und an allen Etappen seines Herabfließens von der Höhe des Himalaya so oft der Zeuge solcher Weihen war. So ist der Ganges das Wasser auf Erden und im Himmel Agni, das Feuer der aufgehenden Sonne – Wasser und Feuer sind die beiden sakralen Elemente, in denen alles, was konsekriert werden muß, dargebracht wird.

Sie singen zuerst die Hymne an *Dakṣiṇāmūrti*[103], den höchsten Guru. In Wirklichkeit ist es nicht nur ein Mensch, der die Initiation erteilen wird; in den Augen des Schülers, in dem das innere Licht erschienen ist, ist dieser Mensch nur die gegenwärtige und vorübergehende Gestalt des einzigen Guru, der sich zu allen Zeiten und an allen Orten offenbart, jedes Mal, wenn ein Menschenherz sich innerlich dem Ruf der Gnade öffnet.

»OM! Ehre sei allen Gurus!
»OM! Ehre sei dem einzigen Guru!«

Alle Gurus sind hier gegenwärtig, alle Erleuchteten sind hier gegenwärtig, denn in Wirklichkeit gibt es nur ein einziges Erwachen und nur einen einzigen Erleuchteten.
Dann geht der Novize bis zum Gürtel ins Wasser, er nimmt etwas Wasser in seine hohle Hand und schlürft es (*ācamana*), ein Ritus, der den Mund reinigt, der das unwiderrufliche Gelübde aussprechen wird.
Nach Osten gewendet wiederholt er nach dem Guru die Formeln der Gelübde, die nicht so sehr einen Entschluß ausdrücken, den man gegenwärtig für die Zukunft faßt, sondern vielmehr das bezeugen, was in der Seele des Kandidaten schon gegenwärtig ist und das Vergangenheit und Zukunft transzendiert:

OM! *bhur bhuvaḥ svaḥ saṃnyastam mayā*[104]
»OM! Ich habe auf alle Welten verzichtet!«,

auf diese irdische Welt, auf das was man die himmlische Welt nennt, und auf alle denkbaren Welten zwischen den beiden, auf alle *lokas*, Bereiche, wo ich mich ausruhen und Sicherheit finden könnte[105], sei es im materiellen oder intellektuellen Bereich, im Bereich menschlicher Beziehungen, oder sogar im sogenannten »spirituellen« Bereich. Meine Anbetung, meine totale Hingabe (*upāsana*) gehört ganz dem einzigen Selbst, dem Brahman, das *ich bin*!

putraiṣaṇāyāśca vittaiṣaṇāyāśca
lokaiṣaṇāyāśca vyutthito'ham

»Ich habe mich erhoben über den Wunsch nach
Kindern, über den Wunsch nach Besitz, über
den Wunsch nach Welten!«
(Vgl. Bṛ. Up. 3,5; Nā. Pa. Up. 4,38)

abhayam sarvabhūtebhyo
mattaḥ sarvam pravartate

»Kein Geschöpf möge Furcht vor mir haben,
denn alles ist von mir ausgegangen!«
(Nā. Pa. Up. 4,38)

Der neugeweihte Sannyāsī taucht nun vollkommen in das Wasser des Flusses ein und der Guru zieht ihn heraus, gleich dem Puruṣa der Aitareya Upanishad (1,3) mit den Worten:

uttiṣṭha puruṣa
uttiṣṭhata jāgrata prāpya varān nibodhata

»Erhebe dich, Puruṣa!
Erhebe dich, erwache,
du hast die Gaben empfangen,
bleibe erwacht!« (Vgl. Kaṭha Up. 3,14)

Indem sie sich beide zu der aufgehenden Sonne wenden, singen sie mit einer einzigen Stimme die Hymne des Puruṣa des Uttara-Nārāyaṇa:

vedāham etam puruṣaṃ mahāntam
ādityavarṇaṃ tamasaḥ parastāt
tam eva viditavā'ti mṛtyum eti
nānyaḥ panthā vidyate L'yanāya

»Ich kenne ihn, den höchsten Puruṣa,
von der Farbe der Sonne, jenseits der Finsternis.
Wer ihn kennt überwindet den Tod,
es gibt keinen anderen Weg, der zum Ziel führt.«
(VS 31,18; Śvet. Up. 3,8 und Ma. Nā. Up. 25–26)

Anschließend rezitieren sie den heiligen *mantra* der Chāndogya Upanishad, in dem das ganze Mysterium enthalten ist, das sich eben vollzieht:

atha ya eṣa saṃprasādo' smāccharīrāt
samutthāya paraṃ jyotirupasaṃpadya
svena rūpeṇābhiniṣpadyate
sa uttamaḥ puruṣaḥ
sa ātmā tad brahma

tad amṛtaṃ tad abhayam
tad satyaṃ tad sarvaṃ
sa eva ajātaḥ
so'ham asmi.

»In vollkommener Abgeklärtheit erhebt er sich
aus diesem Körper und erreicht das höchste Licht,
und offenbart sich in seiner eigenen Gestalt.
Dies ist der höchste Puruṣa,
das Selbst, das Brahman,
das Unsterbliche, Furchtlose,
das Wahre, das All;
er ist ungeboren,
und *ich bin Er*!« Chānd. Up. 8,3,4 und 8,12,3

Der neue Sannyāsī löst dann alle Stoffteile, die ihn noch bekleiden und läßt sie in der Strömung forttreiben. Dann ruft ihn der Guru ans Ufer zurück und nimmt ihn in seine Arme, von Wasser triefend und nackt, wie er aus dem Schoß seiner Mutter kam. Er hüllt ihn in einen feuerfarbenen Stoff, die Farbe des Puruṣa, des »Schwanes« *(haṃsa)*, die Farbe des Goldes (Bṛ. Up. 4,3,11). Alles ist nun verbrannt, alles ist vollzogen, er ist ein neuer Mensch, oder vielmehr der wahre Mensch, der einzige Puruṣa, der einzige Geist, den kein Gewand mehr bedecken soll außer einem feurigen Gewand; der sich selbst verzehrt im Schmelztiegel der wesenhaften Nacktheit des Ur-Puruṣa, des nicht-dualen Geistes.
Der Guru läßt ihn nun vor sich hinsetzen und erteilt ihm seine letzten Unterweisungen. Er erinnert ihn an die Einzigkeit des Ātman, an seine vollkommene Freiheit, daran, daß er keinerlei Verpflichtungen mehr hat außer der dem einzigen Geist gegenüber, schließlich seine letzte Pflicht, die darin besteht, für immer in der Schau seines eigenen Selbst, im inneren Mysterium des nichtdualen Brahman versunken zu sein, sein Bewußtsein völlig absorbiert im Murmeln der heiligen Silbe OM, die ununterbrochen mit dem Rhythmus jedes Atemzuges und jedes Herzschlages ausgehaucht werden soll.

Der Guru hält sich ganz nahe bei ihm und er übergibt ihm mit der ganzen Kraft, die aus seinem inneren Erwachen entspringt, das OM und die *mahāvākyas,* die »großen Sätze«, von Mund zu Ohr, und noch viel mehr von Herz zu Herz:

OM! *prajñānam brahma* (Aitareya Up. 5,3)
»OM! Brahman ist Bewußtsein.«

und der Schüler wiederholt es.

OM! *ayam ātmā brahma* (Maṇḍ. Up. 2)
»OM! Dieses Selbst ist Brahman«,

und wieder spricht es der Schüler dem Guru nach. Aber wenn er zu dem »großen Satz«, der eigentlich der *mantra* der Initiation ist, kommt, der *upadeśa-mantra* der Chāndogya Upanishad (6,8,7 ff.):

OM! *tat tvam asi*
»Om! Das bist du!«

antwortet der Schüler unmittelbar mit dem Ur-Mantra der Bṛhadāraṇyaka Upanishad (1,4,10), das nun spontan aus seiner eigenen Tiefe hervorbricht:

OM! *aham brahmāsmi*
»OM! Ich bin Brahman!«
OM! *aham asmi*
»OM! Ich bin!«
OM! *aham*
»OM! Ich«
OM!

Nun ist auch das letzte Zeichen vollzogen. Die Stunde für den »großen Abschied« ist gekommen, »von wo es kein Zurück gibt«. Auch der Guru hat nun kein Recht mehr, ihn zurückzuhalten:

Gehe hin, mein Sohn, in der Freiheit des Geistes,
durch die grenzenlosen Räume des Herzens,

gehe hin zur Quelle, gehe zum Vater,
gehe zum Ungeborenen, der du selbst ungeboren bist
(*ajāta*),
»zu der Welt Brahmans,
die du selbst gefunden hast
und von der niemand zurückkehrt.«
(*na punar āvartate*)[106]

Und der neue Sannyāsī macht sich sofort auf seinen Weg, der nichts anderes ist als der Weg des Selbst, »der enge Weg des Ursprungs« (Bṛ. Up. 4,4,8),

in dieser Welt, aus dieser Welt,
»den Unsichtbaren schauend«[107],
wandelt er im Verborgenen, unerkannt,
verrückt von der Verrücktheit der Wissenden,
frei in der Freiheit des Geistes,
glücklich in der wesenhaften Freude,
feststehend im nichtdualen Mysterium,
frei von jedem Gefühl der Andersheit,
das Herz erfüllt von der Erfahrung des Selbst,
für immer vollkommen *erwacht* ...

AUM

Anhang I

Die Trinität ist im Herzen des Seins selbst eingeschrieben. Die Trinität, aber zweifellos nicht in der Form, in die sie die Theologen eingekleidet haben – denn die Theologen wissen alles, außer dem Wesentlichen: nicht zu wissen (Kena Up. II,3 und 1. Kor. 8,2) – und die von den semitischen und griechischen Denkformen abhängig ist, die sie ererbt haben, sondern als das unaussprechliche Mysterium gleichzeitig zu sein und nicht *a se* zu sein. Dieses Mysterium ist wunderbar ausgedrückt in der Formel: das Wort empfängt vom Vater, *principium sine principio,* selbst Prinzip zu sein (*a principio*). Es ist auch die Tatsache, daß die Fülle Gottes aus dem Vater hervorströmt, wenn man zu sagen wagt, über Gott hinausfließt. Und der Geist ist das Mysterium dieser lebendigen Einheit zwischen dem Sohn und dem Vater.

Dies ist das Geheimnis des Grundes des Geschöpfes, das Mysterium des Seins selbst. In Jesus hat sich die menschliche Natur in ihrer Erfüllung in der Gottessohnschaft offenbart: Der Menschensohn ist vollendet als Sohn Gottes, er ist letztlich die Befreiung, könnte man zu sagen wagen ...

Die Trinität ist die Dualität, die in die Einheit zurückkehrt, *advaita,* wenn der Kreis einmal im Geist geschlossen ist, aber ein *advaita* schon vom Ursprung, bevor sich der Schoß des Vaters öffnet. Doch gibt es in Wahrheit weder ein Vorher noch ein Nachher im Sein: Es gibt einzig und allein ewig das Mysterium der Öffnung des Seins im Sohn, im Schoß des Vaters, in dieser Öffnung selbst, dieser Ausdehnung, die sich im *advaita* des Geistes vollendet.

Tagebuch, Z 56, S. 14

Anhang II

Das Thema des Eingangs und des Ausgangs

Das Problem der Beziehung zwischen dem Ātman, oder dem Puruṣa – und den Funktionen des menschlichen Körpers und Geistes wird auf anschauliche Weise im Mythos des Eingangs und des Austritts dargelegt.

Als die Schöpfung vollendet war, suchte der Schöpfer Prajāpati (Puruṣa, Ātman etc.) seinen Platz in dem Menschen, der eben entstanden war. Alle Rollen sind ausgefüllt, alle Plätze sind besetzt. Wo soll er eintreten?

»Wie könnte dies ohne mich sein?« fragt der Ātman, das Selbst, in der Aitareya Upanishad, »Wer bin ich dann?« (3,11).

Im folgenden Vers heißt es: »Nachdem er den Scheitel (die Fontanelle) durchstoßen hatte, trat er durch die Pforte (in den Körper) ein.« Wie die Bṛ. Up. 1,4,7 erklärt:

> »Er ist selbst in ihn eingegangen bis zu
> den Fingerspitzen ..., er manifestiert sich
> als Atem wenn er atmet, als Stimme wenn er
> spricht, als Auge wenn er sieht, als Ohr wenn
> er hört, als Geist wenn er denkt ...«

Der Ātman ist so verborgen in seinen Funktionen, daß er schwer zu erkennen ist (*durvedam*). Wie es in der Bṛ. Up. 3,7,11 heißt:

> »Der in allen Wesen wohnt, doch von
> allen Wesen verschieden ist, den die
> Wesen nicht kennen, dessen Körper
> alle Wesen sind, der die Wesen von
> innen lenkt, er ist dein Selbst,
> dein Ātman, der innere Lenker, der
> Unsterbliche.«

Das Thema der ganzen Kena Upanishad zeigt eben diese Unfähigkeit der *devas*, den Ātman zu erkennen; er offenbart sich Indra, dem König der Götter, nur indem er verschwindet, er ist verborgen, aber nichtsdestoweniger offenbar.

»Er ist offenbar in seiner Stätte[1]
und bewegt sich doch in Verborgenheit
(im Grunde des Herzens)[2]...
leuchtend.« Muṇḍ. Up. 2,2,1–2

Er wohnt, ruht und bewegt sich im Verborgenen, er ist in den tiefsten Grund eingegangen.[3]
Diesem Thema des Eintretens entspricht das der Geburt. Die *guhā* wird zum Mutterschoß, wie in der Mahānārāyaṇa Upanishad 27:

»Prajāpati regt sich im Mutterschoß[4],
ungezeugt wird er geboren und
breitet sich vielfältig aus.«[5]

Er wird ständig geboren: Er ist geboren, er wird noch geboren, er wird vielfach geboren. Er ist der Einzige, der ewig Geborene, der in allem geboren wird, was geboren wird. Und paradoxerweise ist er *aja,* ungeboren. Auf der Ebene der Erscheinung wird er geboren und vergeht er, auf der Ebene seines inneren Mysteriums *ist* er einfach, und diese Entdeckung, diese Verwandlung ist das Heil, *mukti.*
Dem Mythos des »Eingehens« entspricht dann das Geheimnis des »Austretens«. Um sich zu entdecken, um sich zu verwirklichen, muß man diesen Körper, *śarīram,* abschütteln »wie ein Pferd seine Mähne schüttelt« (Chānd. Up. 8,13). Man muß sich aus dem *śarīram* erheben, um das höchste Licht zu erreichen *(paramjyotir upasampadya),* und dort offenbart sich das Sein, der Ātman, der Puruṣa, in seiner ihm eigenen Gestalt (Chānd. Up. 8,3,4 und 8,12,3):

»Dieser Abgeklärte erhebt sich aus
seinem Körper und erreicht das

höchste Licht, dort offenbart er sich
in seiner eigenen Gestalt:
Dies ist der Ātman (der höchste Puruṣa),
die Unsterblichkeit, die Furchtlosigkeit,
das Brahman; der Name dieses
Brahman ist die Wahrheit.«

Anhang III

Annam, die Nahrung

Eines der Worte, das in den Upanishaden am häufigsten vorkommt ist *annam*, Nahrung. Alles kommt von der Nahrung, alles wird durch sie erhalten und wächst durch die Nahrung:

> »Die Nahrung ist wahrlich der Herr
> der Geschöpfe. Davon stammt der Same,
> aus dem die Geschöpfe entstehen.« Praśna Up. 1,14

> »Von der Nahrung werden die Geschöpfe geboren ...,
> durch die Nahrung allein leben sie.« Taitt. Up. 2,2

Mehr noch, die Taittirīya Upanishad setzt fort: »am Ende kehrt alles zur Nahrung zurück«. Daher die Aufforderung: »Man verehre die Nahrung als Brahman.«[1] Die Nahrung ist so ein Urphänomen, daß die Erschaffung oder Herstellung der Nahrung oft ein Bestandteil der Kosmogenesen ist. In der Bṛhadāraṇyaka 1,2 manifestiert sich der Schöpfer als »Hunger«, was zu dem Paradox führt, daß er sich als Tod (*mṛtyu*) manifestiert, als derjenige, der seine Schöpfung verschlingt. Wie es in der Bṛhadāraṇyaka 1,4,6 heißt:

> »Diese ganze Welt ist nur Nahrung
> und Nahrungsesser. Soma[2] ist die
> Nahrung, Agni[3] ist der Esser.«

Der Akt der Ernährung hat eine rituelle und kosmische Bedeutung. Entsprechend den schon erwähnten Korrelationen kommt die Nahrung, die den Körper erhält, auch den *devas* zugute, die gleichzeitig im Körper und im Universum sind. Wenn der innere *prāṇa* (Atem) gesättigt ist, ist das ganze Universum gesättigt, wie die Chāndogya Upanishad sagt. Die Nahrung wird von Agni verzehrt, der gleichzeitig der Verschlingende und der Mund der *devas* ist. Denn auch die *devas* benötigen Nahrung: »Der Mensch ist im Dienst der Götter wie viele Haustiere im Dienst des Menschen sind.« (Bṛ. Up. 1,4,10).

Die Sonne ist eine andere Form von Agni Vaiśvānara, dem universalen Feuer:

> »Wenn die Sonne aufgeht, betritt sie
> die östliche Himmelsgegend. Dadurch
> erfaßt sie die östlichen Lebenshauche ...
> Sie erleuchtet alles und erfaßt alle
> Lebenshauche (*prāṇa*) mit ihren Strahlen.«
>
> Praśna Up. 1,6

Von diesem Nektar ernähren sich die *devas* wie mit Honig: »Sie sättigen sich (an dem Nektar) durch bloßes Anschauen.« (Chānd. Up. 3,6,1, etc.). Das Symbol der Nahrung geht also über die bloß physiologische Funktion hinaus, von der es seinen Ausgang nimmt. Es bedeutet die Tatsache, daß alle Dinge und alle Wesen im Universum im Dienst der anderen stehen (vgl. die »Honiglehre«, *madhu-vidyā* von Bṛ. Up. 2,5).

Eine analoge Idee wird mit den Begriffen *graha* und *atigraha* ausgedrückt, die bedeuten »das Ergreifende, Erfassende« (Bṛ. Up. 3,2). Siehe auch Vāyu-Prāṇa als der universale Hinwegraffer, der den Menschen plötzlich ergreift; Vāyu, der Wind im kosmischen Bereich und *prāṇa,* der Atem im individuellen Bereich.

Jeder bedient sich eines anderen oder eines anderen Dinges, jedes Wesen dient irgendeinem anderen. Es muß daher einen universalen Hinwegraffer[4] geben, wie es Raikva in der Chāndogya Upanishad 4,3,1–2 lehrt. Yājñavalkya seinerseits unterweist Uddālaka, daß

> »der Faden durch den diese Welt und
> die andere Welt und alle Wesen zusammen-
> gehalten werden, der Wind (Vāyu) ist.«
>
> Bṛ. Up. 3,7,2

Dies ist ein anderes Symbol für die Vorstellung vom Universum als Kreislauf, *saṃsāra*[5]. Es geht darum, die unbewegliche Mitte des Rades zu erreichen, um diesem Kreislauf, diesem Wirbel zu entkommen. In Wirklichkeit muß man vor allem das Zentrum seiner selbst erlangen, dort wo man nicht mehr im Dienst von irgendjemandem oder irgendetwas steht, denn an diesem Punkt des Selbst gibt es keine Dualität. Das erklärt die Bṛhadāraṇyaka 1,4,7, wenn sie sagt: »Im Ātman ist die Einheit.« Wer sich sowohl in seiner innersten Mitte wie in seiner äußersten Universalität erkannt hat, entdeckt *brahma aham asmi* (»ich bin Brahman«) indem er Alles wird, erkennt er sich als der Ātman von allem, das Selbst von allem. Die Folge davon ist, daß nichts mehr Macht über ihn hat, er ist nicht einmal mehr von den *devas* abhängig, denn er ist ihr Selbst geworden, »denn er ist ihr Ātman« (Bṛ. Up. 1,4,10). Wer diese Ausweitung der Symbolik des *annam* nicht erkennt, kann von der ständigen Erwähnung der Nahrung in den Upanishaden verwirrt werden.

Anhang IV

Eine allgemeine Bemerkung über den Sinn der Worte in den Upanishaden: Wie wir oben gesehen haben, bedeutet *upaniṣad* Entsprechung, Korrelation. Die Korrelation, die Beziehung ist die zugrundeliegende Struktur des ganzen upanishadischen Denkens. Schon vorher hat das vedische Denken den innerkosmischen Strukturen viel Aufmerksamkeit geschenkt: Tag und Nacht, die Jahreszeiten, die Mondphasen, der Durchgang der Sonne durch die Tierkreiszeichen, der von Norden nach Süden gehende Lauf der Sonne. Die Riten mußten zu dem genauen Zeitpunkt des Übergangs vollzogen werden. Auch hier sind diese Zusammenhänge zwischen den Dingen von größter Bedeutung, die Funktion der Dinge im Ganzen ist viel wichtiger als die Dinge selbst. Die Erfahrung, die die Upanishaden vermitteln wollen, ist eben der Sinn dieser Zusammenhänge. Die Namen und Formen (*nāmarūpa*) haben immer nur eine sekundäre Bedeutung. Sie existieren nur in ihren Beziehungen zum Ganzen, zum zentralen Mysterium. Dasselbe trifft auch besonders auf die Bedeutung der Worte zu. Infolgedessen muß man den genauen Sinn der Worte, die die geistigen Funktionen bezeichnen, im Kontext suchen; es gibt gewiß eine grundlegende Bedeutung, aber die Implikationen ändern sich ständig.

Anmerkungen

Anmerkungen zur Einführung

[1] Zwei dieser Texte: »Sannyāsa« und »Einführung in die alten Upanishaden« sind 1975 in englischer Fassung unter dem Titel »*The Further Shore*« in Delhi (ISPCK) erschienen. Wir haben noch weitere vom Autor überarbeitete Texte über dasselbe Thema hinzugefügt, die er zu verschiedenen Zeiten verfaßt hat.

[2] Brief an O. B. vom 23. 1. 69

[3] *Sannyāsī*: Asket, Mönch, Entsager.

[4] Henri Le Saux, *Sagesse hindoue – mystique chrétienne, du Vedānta à la Trinité*, Paris (Ed. du Centurion), 1965 pp. 45–46 (Deutsch: *Indische Weisheit, christliche Mystik*, Luzern, Rex, 1968).

[5] Henri Le Saux, *La rencontre de l'hindouisme et du christianisme*, Paris (Ed. du Seuil), 1966, p. 39.

[6] OM: heilige Silbe des Hinduismus, lautliches Symbol des Absoluten.

[7] Jules Monchanin, *Mystique de l'Inde, Mystère chrétien*, Paris (Fayard), 1974, Vorwort von S. Siauve, p. V.

[8] Dem Ashram steht heute Swami Dayananda (P. Bede Griffiths) vor.

[9] J. Monchanin, Henri Le Saux, *Die Eremiten von Saccidānanda*, Salzburg (O. Müller), 1962.

[10] Henri Le Saux, *Souvenirs d'Arunāchala*, Paris (Ed. EPI), 1978, p. 27.

[11] *Darśana:* Schau, Vision, das Von-Angesicht-zu-Angesicht mit Gott oder mit einem Heiligen.

[12] Unveröffentlichtes Manuskript, in Vorbereitung.

[13] »Ich bin auferstanden und nun bei dir«, Psalm 139, 18 und Introitus der Ostermesse.

[14] Sri Gñānānanda starb im Januar 1974. Henri Le Saux hat über ihn ein Buch geschrieben: *Gñānānanda, un Maître spirituel du pays tamoul*, Ed. Présence, 1970 (Deutsch: *Das Feuer der Weisheit*, München, O. W. Barth, 1979), das eine ausgezeichnete Einführung in die Spiritualität des Vedānta darstellt.

[15] Mauna Mandir: Zelle (wörtlich Tempel) des Schweigens.

[16] *Rencontre de l'hindouisme et du christianisme*, op. cit.

[17] *Sādhu:* Mönch, Gottgeweihter, Eremit.

[18] *Guru:* geistlicher Meister.

[19] Das heißt, die höchste Entsprechung: Ātman-Brahman. Siehe Kap. III.2.

[20] H. Le Saux dachte an eine mögliche Veröffentlichung in Französisch und hatte die Absicht, den Text zu überarbeiten im Hinblick auf einen westlichen Leserkreis. Er kam nicht mehr zu der Ausführung dieses Vorhabens, daher unterscheidet sich der hier gebrachte Text nicht von der englischen Fassung, mit Ausnahme

einiger Upanishad-Zitate, auf die dort nur hingewiesen wurde, die wir hier voll wiedergeben, um das Verständnis des Textes zu erleichtern.

21 *Dīkṣā:* rituelle Einweihung, Initiation.

22 *Śarīram:* Körper, Leib, bestehend aus dem physischen Körper und den geistigen Organen.

23 Brief an O. B. vom 12. 1. 74.

24 *Puruṣa*: der Ur-Mensch, der kosmische Mensch; Geist.

25 Heinrich Seuse, Büchlein der Wahrheit, in: *Deutsche mystische Schriften,* hrg. G. Hofmann, Düsseldorf (Patmos), 1966, p. 345.

26 *Rencontre de l'hindouisme et du christianisme,* op. cit., p. 128.

Anmerkungen zu I. Das andere Ufer

1 *Upanishad:* heilige Schrift, Abschluß und philosophische Krönung der Veden.

2 Anspielung auf den Titel eines Buches von Jean Sulivan, *Le plus petit abîme.*

3 Arunāchala: heiliger Berg in Südindien, bei der Stadt Tiruvannamalai. P. Le Saux verbrachte zwischen 1952 und 1956 lange Perioden als Einsiedler in den Höhlen von Arunāchala. Dieser Text stammt aus dieser Zeit und wurde 1965 vom Autor überarbeitet. Siehe H. Le Saux, *Souvenirs d'Arunāchala,* op. cit.

4 OM: heilige Silbe, Symbol des Absoluten.

5 *Brahman:* die letzte Wirklichkeit, höchstes Prinzip, Grund, das Absolute.

6 Introitus der Ostermesse.

Anmerkungen zu II. Innerlichkeit, Die Gnade Indiens.

1 Le Saux, *Ermites du Saccidānanda,* op. cit. S. 81.

2 *Gñānānanda,* op. cit., S. 83.

3 Der Text ist vom Verfasser überarbeitet.

3 »*Guhāntara*«: Bewohner der *guhā,* einer Höhle, und symbolisch verstanden, des Grundes seines Herzens, ist der Titel einer unveröffentlichten Schrift, 1952–1953 im Ashram von Shantivanam verfaßt, wo P. Le Saux mit P. Monchanin lebte. Die wesentlichen Teile wurden 1952 und 1953 während eines Aufenthalts in der Einsamkeit der Grotte Arutpal am Abhang des Arunachala geschrieben. Sie spiegeln die grundlegende geistliche Erfahrung, die ihm dort zuteil wurde, wider. Darauf anspielend schreibt er später: »Für mich ist *Guhāntara* der unmittelbare Ausdruck der ersten Erleuchtungserfahrungen.«

4 *Brahmā, Viṣhṇu, Śiva*: der Schöpfer, der Erhalter und Beschützer, der Zerstörer der Welt,

die drei Formen, die das Göttliche in seinen Bezügen zur Welt annimmt. Man nennt sie *Trimūrti.*

[5] *Guru:* geistlicher Lehrer.

[6] *Veda:* Wissen, Wissenschaft; Name der heiligen Schriften des Hinduismus.

[7] *Ātman:* die letzte Wirklichkeit im Menschen; das höchste Selbst.

[8] *Maitreyī*: Name der Frau des Weisen, der hier spricht.

[9] *Māyā*: im Sinne von Illusion; gilt von der Welt nur, wenn man sie als von dem sich in ihr manifestierenden Absoluten getrennt betrachtet.

[10] in Indien.

[11] Philosoph des 8. Jh., Vertreter des Advaita-Vedānta.

Anmerkungen zu II. Innerlichkeit, Die Quelle der inneren Erfahrung

[1] Der Text ist vom Verfasser überarbeitet. 1954

[2] *Saguṇa-Brahman,* das Brahman mit Attributen, zu unterscheiden vom Nirguṇa-Brahman, dem Brahman ohne Attribute, dem undifferenzierten Absoluten.

[3] *Gopāla*: ein Name Krishnas.

[4] Vgl. *Indische Weisheit – Christliche Mystik,* S. 199. Dort gibt P. Le Saux seine Erfahrung folgendermaßen wieder: »In meiner letzten Tiefe, im verborgensten Spiegel meines Herzens, habe ich das Bild dessen zu entdecken gesucht, von dem ich bin, dessen, der im unendlichen Raum meines Herzens lebt und herrscht. Doch der Widerschein ist allmählich verblaßt und bald im wesentlichen Glanz versunken. Von Stufe zu Stufe bin ich in das hinabgestiegen, was mir als die aufeinanderfolgenden Tiefen meines wahren Ichs, meines Seins, meines Seinsbewußtseins, meiner Freude am Sein erschien. Endlich blieb nur noch Er, der Einzige, Alleine, unendlich Alleine, das Sein, die Erkenntnis, das Glück, Saccidānanda. Im Saccidānanda war ich zu meinem wesentlichen Ursprung zurückgekehrt. *Tat tvam asi*: »das bist Du«, war das letzte Wort, das mein Herz vernahm, und ich entschlief im Schlaf des Seins. »*Ego dormivi et soporatus sum.*« (Ps. 3,6).

[5] Anspielungen auf die plotinische Formel *monos pros monon.*

[6] *Advaita*: P. Le Saux schreibt in seinem Tagebuch am 3.11.1971: »Advaita ist nicht ein Begriff, der bedeutet, daß Gott und die Schöpfung Eins sind. Das ist auf jeder Ebene sinnwidrig. Sobald es begriffliche Aussagen gibt, tritt das Widerspruchsprinzip in Kraft. Gott und Schöpfung sind korrelative Begriffe. Advaita ist eine Erfahrung und als solche weder heilig, noch religiös, noch übernatürlich, noch göttlich. Es ist eine Erfahrung, die über alles erhaben ist. *Es ist* einfach, jen-

seits aller Kategorien.«

[7] *Devas:* vedische Götter. Personifizierte Manifestationen der göttlichen Kraft, die im Universum wirkt.

[8] *Turīya*: vierter Bewußtseinszustand jenseits der Zustände des Wachens, des Schlafes mit Träumen und des Tiefschlafes.

[9] Kol. 3, 1.

[10] Joh. 8, 5: »Er wird den Tod nicht schauen.«

[11] Bhagavad Gītā 12, 13 ff. (Übersetzung S. Lienhard).

[12] ebd. 5, 21.

[13] ebd. 5, 24.

[14] Bhagavad Gītā 6, 29 (Übersetzung S. Lienhard).

[15] ebd. 6, 30, 31.

[16] Kaṭha Up. 6, 15.

[17] Muṇḍ. Up. 3, 3.

[18] »Es geht um die Vollendung des Augenblicks des Todes, in der vom *jñānī* erreichten Erfahrung des Selbst, des Selbst in seiner absoluten Unbedingtheit, die zugleich akosmisch und pankosmisch ist, des Selbst in seiner grundlegenden Beziehung zum Universum. Der *jñānī* hat seinen Tod vorweggenommen.« Tagebuch Z. 63.

[19] Vgl. Meister Eckhart, Predigt *»Beati pauperes spiritu«* in: Josef Quint, *Meister Eckhart, Deutsche Predigten und Traktate,* München 1955, S. 307: »Allhier in dieser Armut erlangt der Mensch das ewige Sein (wieder), das er gewesen ist und das er jetzt ist und das er ewiglich bleiben wird.«

[20] *Rishi:* ein Weiser der Vorzeit, der die Wahrheit geschaut hat.

[21] In seinem Tagebuch schreibt P. Le Saux am 5. 10. 67: »Das andere Ufer erreicht der Mensch nur durch die Spaltung seiner selbst, das Aufbrechen seiner selbst in seiner Tiefe. Und das ist inkommensurabel mit jedem Ritus, jeder Formel, jedem Gebet und jedwedem Gesetz. Jesus ging zu Gott hinüber, als er sprach: »Eloi, Eloi, lama sabachthani?« »Mein Gott, mein Gott, warum hast Du mich verlassen?« Allein in diesem Akt der Entsagung gegenüber allem Ich, wird alles wiedergefunden, gerettet. Aber solange man diese Entsagung auf sich nimmt in dem Gedanken, sich wiederzufinden, gibt es weder Selbstverlust noch Selbstfindung.«

Anmerkungen zu III. Upanishaden

[1] *Prajñānam:* L. Silburn bemerkt dazu: »Es drückt diesen bleibenden Grund aus, auf dem alle geistigen Fähigkeiten des Lebens beruhen: Weisheit, Bewußtsein, Intelligenz, Erkenntnis.«

[2] Ungefähr zwischen dem 10. und 6. Jh. v. Chr.

[3] *Tejas:* Licht, Glanz des inneren *Ātman,* des Selbst.

[4] Vgl. *Gñānānanda. Un maître spirituel au pays tamoul,* op. cit.

(deutsch: *Das Feuer der Weisheit,* op. cit.), autobiographische Erzählung über den Aufenthalt des Autors bei diesem Weisen in den Jahren 1955 und 1956.

Anmerkungen zu 1. Die Upanishaden und die Advaita-Erfahrung:

1 Der ursprüngliche Text wurde auf Englisch verfaßt für den Kongreß in Bangalore 1973 über »Die christlichen Mönche angesichts der asiatischen Religionen«. Auf Englisch erschinene in »The Clergy Monthly«, Delhi, Dezember 1974.

2 Über die Lehre der Upanishaden vgl. das Kapitel »Die Intuitionen der Rishis« in H. Le Saux, *La rencontre de l'hindouisme et du christianisme,* op. cit., S. 101–150.

3 *Guru:* geistlicher Meister.

4 Symbolische Geste, mit der man sich einem Meister näherte mit der Bitte, als Schüler angenommen zu werden.

5 *Brahmaniṣṭha:* im Brahman (dem Absoluten) festgegründet (*niṣṭha*).

6 *Puruṣa:* die »Person«, der Ur-Mensch, der ganze Mensch in der Fülle seines Seins, das Selbst.

7 Praśna Up. 1,2.

8 *Prajāpati:* »der Herr der Geschöpfe«, der Vater der Götter und aller Wesen.

9 *Devas:* die verschiedenen Götter, himmlische Lichtwesen, personifizierte Erscheinungen der göttlichen Macht im Universum und im Menschen.

10 Śvet. Up. 6,18.

11 *Hṛdayagranthi.*

12 *Pratibodha viditam,* Kena Up. 2,4.

13 Kena Up. 4,4.

14 *Saṃsāra:* die Werdewelt, die sich in ständiger Entwicklung befindet, der Kreislauf, der Geburten.

15 *Asti:* »Es ist«, es geschieht, aber es kommt von nirgendwo her. *Tat tvam asi Śvetaketu!* (Chānd. Up. 6,8). Es geschieht, aber nur vom Gesichtspunkt der Zeit, die vergeht. Indem es sich in der Zeit vollzieht, läßt es den Augenblick zur »Gegenwart« werden, fixiert es die Zeit in der Ewigkeit, oder besser gesagt, befreit es das Ewige in der Zeit, di vorübergeht. Es ist ganz einfach: *asti* (Kaṭha Up. 6,13).
»Das was ist kommt nicht und geht nicht,
was ist wird weder geboren noch stirbt es.« Kaṭha Up. 2,18
»Diese umwerfende Entdeckung des *asti* ist das Ankommen an dem Pol, wo die Nadel des Kompasses keine Richtung mehr anzuzeigen vermag.« Aus: »Appel à la contemplation«, unveröffentlichtes Manuskript, das H. Le Saux 1970 verfaßte, S. 6.

16 Vgl. »... sie (die innere Fähigkeit) gelangt zu dem, was das Sein ist. Es war nur ein Blitz, vor den geblendeten Augen.« Augustinus, *Confessiones* (»*Confes-*

sions«, Trad. L. Mondanon, Paris 1947, p. 157).

17 *Ātman:* das »Selbst«, das innerste Prinzip des Menschen, der letzte Grad der Innerlichkeit.

18 *Puruṣa*: die Person, der Geist, zugleich der kosmische Urmensch und der »innere Mensch«, der spirituelle Mensch im Menschen.

19 *Sannyāsa:* Leben des völligen Verzichtes.

20 Aus sich selbst seiend, aus sich selbst geboren (der Schöpfer).

21 *Sannyāsa:* siehe Anm. 19.

22 *Pretya:* Absolutiv: »hinweggegangen seiend«; der Hinweggang von dieser Welt, durch den physischen Tod oder durch den »großen Tod« in der Schau des Selbst.

23 *Saṃjñā:* Selbstbewußtsein.

24 *Ekam eva advitīyam* (6,2,1).

25 Es handelt sich nicht um ein Bewußtsein *von* etwas, sondern um reine Bewußtheit ohne Objekt.

26 *Nāmarūpa:* Name und Form, die äußeren Erscheinungen der Dinge, die Welt der Phänomene und der Vielfalt.

27 *Āshram*: Ort, an dem ein Mönch oder Weiser von seinen Schülern umgeben lebt, »Kloster«.

28 *Śrotriya.*

29 Vgl. 1. Kor. 2,10 und Röm. 8,14. »Zutiefst im Innern des Menschen ist der Geist Gottes, der den Menschengeist bewegt. Zutiefst im Innern des Menschen ist die Innerlichkeit Gottes, sein Geist, der Geist, der den Menschen in die Tiefen Gottes einsenkt.« *Indische Weisheit – christliche Mystik,* op. cit., S. 127.

30 *Die Dunkle Nacht,* übers. von P. Aloysius ab Immac. Conceptione, München 1938, S. 48.

31 Vgl. *Gñānānanda,* op. cit., S. 20.

Das Feuer der Weisheit, S. 30: »Die Erfahrung des Selbst entzieht sich dem Vermögen der Sprache wie auch allem Experimentieren. Es ist eine totale Erfahrung, die in die Tiefe des Seins hinabreicht oder genauer, die aus dieser Tiefe des Seins entspringt und dabei gewissermaßen die Tiefe selbst erlöst und den ganzen, in seinem Ursprung berührten Menschen verwandelt ... Sein *Ich* äußert sich nun in der Tiefe seines Wesens, die dem Denken unzugänglich ist und jeder Beschreibung widersteht. Sein begrenztes und in sich verschlossenes *Ego* ist von dieser unerbittlichen Flamme der Selbsterfahrung verzehrt worden. In ihm ist nun kein Raum mehr für die geringste Selbstsucht und Egozentrik.« S. 32: »(Die Befreiung) ist das Zusammentreffen des Menschen mit seinem wahren Wesen, die Berührung mit dem »Ort seines Ursprungs«, wie Ramana Maharshi zu sagen pflegte, die den Menschen ganz und gar frei und für den Geist verfügbar macht.«

32 »Wenn wir Gott durch unser Schweigen ehren sollen, so ist es nicht weil wir über ihn nichts zu sagen oder zu erforschen wüßten, sondern weil wir verstehen, daß er unser Begreifen übersteigt.« Thomas v. Aquin, *Boet. de Trinit.*, XI a (ad 6).

[33] *Mantra:* sakrale Formel, ein Vers des Veda, Zauberspruch.

[34] »Man darf jedoch nicht vergessen, daß diese Methoden erst in den relativ späten Upanishaden auftauchen. In den großen alten Upanishaden scheint es, als seien das Herz und der Verstand der Schüler so frei und offen gewesen, daß das Erwachen spontan in der Seele des Hörenden aufbrach, wenn der Meister das Wort der Wahrheit aussprach.« H. Le Saux, »L'expérience de Dieu dans les Religions d'Extrême-Orient.«

Anmerkungen zur 2. Einführung in die alten Upanishaden

[1] Z. B. Joh. 8,28: »Ihr werdet erkennen, daß Ich Bin«, und Joh. 8,57: »Bevor Abraham war, Bin Ich.«

[2] »Die Taufe Jesu war für ihn die fundamentale Erfahrung, die sein ganzes Leben bestimmte (vgl. die Erfahrung Ramana Maharshis). Er hatte die Erfahrung, daß der Geist Gottes von ihm Besitz ergriff, jener Geist Jahwes, den das Alte Testament verkündet hatte (»Auf ihm wird der Geist Jahwes ruhen«, Is. 11,2; vgl. Is. 61,1). Gleichzeitig hat er die Erfahrung, Sohn Gottes zu sein: *Tu es filius meus,* die Erfahrung Gottes als Vater. Sicher hat sein menschliches Denken diese Erfahrung nicht in griechischen Begriffen ausgedrückt, wie es die Kirche später tat. Und Jesus ging in die Wüste.« (Tagebuch, 21. Oktober 1966).

[3] In seinem Tagebuch beschreibt der Autor den Glauben folgendermaßen: »Im Grunde ist es die hell-dunkle Erfahrung, daß ich von *einem anderen* ergänzt werden muß, *der kein anderer ist.«* (22. 10. 1966).

[4] *Dharma:* im weiten Sinn, in dem es hier verwendet wird: Religion als organisiertes Ganzes bestehend aus Riten, Gesetzen und Lehren.

[5] *Nāmarūpa:* Name und Form; alles, was dem Bereich der Erscheinung angehört, der Ausdruck in Begriffen, Mythen, usw.

[6] *Veda:* die ältesten offenbarten Schriften des Hinduismus.

[7] Vgl. Śaṅkara, Brahma-Sūtra-Bhāṣya I, 1, 1.
Die Upanishaden kennen auch den positiven Wunsch *(kāma,* Begierde), der zur Erlösung führt: Bṛ. Up. 4, 4, 6. Derjenige, der das Selbst begehrt *(ātmakāma)* ist folglich »der von dem Wunsch Befreite, dessen Wünsche erfüllt sind, der nur den Ātman begehrt«, und Bṛ. Up. 4, 3, 21: »Denn so wie einer, von einem geliebten Weibe umschlungen, kein Bewußtsein hat von dem, was außen oder innen ist, so auch hat der Geist, von dem erkenntnisartigen Selbste umschlungen, kein Bewußtsein von

dem, was außen oder innen ist. Das ist die Wesensform desselben, in der er gestillten Verlangens, selbst sein Verlangen, ohne Verlangen ist und von Kummer geschieden.« (Übers. Deussen).

[8] Śāntiparvan 12. Das Mahābhārata ist ein Epos, in dem auch die Bhagavad-Gītā enthalten ist.

[9] Vgl. H. Le Saux, *Souvenirs d'Arunāchala*, recit d'un ermite chrétien en terre hindoue. Op. cit. (der Eremit ist P. Le Saux selbst).

[10] Kaṭha Up. 6, 12 (frei übersetzt).

[11] Śaṅkara: Philosoph, der um 700 n. Chr. gelebt hat. Vertreter des Nicht-Dualismus (*advaita*).

[12] »(Der Ausruf) Ah! wenn es geblitzt hat.« (Kena Up. 4, 4). »Dieser Puruṣa, den man im Blitz sieht, ich bin er!« (Chānd. Up. 4, 13, 1), und Bṛ. Up.. 4, 3, 9: »Er wird selbst Licht.«

[13] *Ātman-Brahman:* das Selbst – das Absolute; Ausdruck der letzten Erfahrung der Nicht-Dualität zwischen der innersten Mitte des Menschen (*ātman*) und der innersten Mitte des Universums (*brahman*). »Dieses Selbst im Innern meines Herzens ist Brahman« (Bṛ. Up. 2, 5, 10).

[14] S. 82

[15] »Wie eine Flamme ohne Rauch.« Kaṭha Up. 4, 13.

[16] Vgl. Anm. 14

[17] *Māyā:* der undefinierbare Zustand der Erscheinungswelt, die weder wirklich noch unwirklich genannt werden kann; in gewissem Sinn »Illusion«, aber »dieses Wort täuscht, Schein wäre besser, wenn einem bewußt ist, daß es die Wirklichkeit ist, die darin erscheint.« (Brief an M. C.).

[18] *Puruṣa:* der Ur-Mensch, der kosmische Mensch in seiner Fülle, »alles was ist, alles was war, alles was sein wird, der Herr der Unsterblichkeit.« (Rig-Veda 10, 90, 2).

[19] In seinem Tagebuch schreibt H. Le Saux am 28. 12. 71: »Der Puruṣa der Upanishaden ist nicht-duale Innerlichkeit des Menschen und Gottes.«

[20] Chānd. Up. 5, 3, 10.

[21] Kau. Up. 1, 1.

[22] Bṛ. Up. 5, 3, 7.

[23] »Sein Wissen und sein Werk folgen ihm nach, ebenso seine frühere Erfahrung.« (Bṛ. Up. 4, 4, 2). Vgl. Kau. Up. 1, 2; Kaṭha Up. 5, 7 *(karma und śruta).*

[24] »Der seine Freude im Ātman (Selbst) hat, der sein Spiel mit dem Ātman hat, der seine Vereinigung mit dem Ātman hat, der seine Seligkeit im Ātman hat, er ist sein eigener Herr, er genießt Freiheit in allen Welten.« (Chānd. Up. 7, 25).

[25] *Dharma:* religiöses Gesetz, in dem sich die kosmische Ordnung ausdrückt. Weltliche oder religiöse Pflicht, die dem höchsten Gesetz entspricht. Im weiteren Sinn bedeutet es Religion als organisiertes Ganzes von Riten, Gesetzen und Lehren.

[26] *Hṛdayagranthi:* im Sinn der Identifizierung des unbegrenzten Selbst mit dem Begrenzten, die Übertragung der *nāmarūpas* (Namen und Formen) auf das Selbst, die den Menschen an einen bestimmten Bereich (*loka*)

binden, obwohl er seinem Wesen nach frei ist.

27 *Aty-āśrama:* Lebens- und Bewußtseinsweise jenseits der vier Stadien des Hindu-Lebens: Student, Familienvater, Waldeinsiedler und Wandermönch (Sannyāsī im institutionalisierten Sinn).

28 *Avadhūta:* derjenige, der auf alles verzichtet hat, selbst auf die äußeren Kennzeichen des Mönches (Sannyāsī).

29 Chānd. Up. 5,3,10.

30 *Soma:* Saft einer Pflanze desselben Namens, Opfertrunk, der den Göttern mittels eines komplizierten Rituals dargeboten wurde, Unsterblichkeitstrank, Nektar.

31 Der Autor gibt hier eine provisorische Aufzählung der wichtigsten Verben mit der Bemerkung, daß sie unvollständig ist.

32 Brahmanisch: mit diesem Begriff ist die Epoche der Brāhmaṇas gemeint (ca. 12. bis 8. Jh. v. Chr.), jener heiligen Texte, die rituelle Vorschriften für die Opfer, mythologische Erzählungen und mystisch-spekulative Partien enthalten.

33 Siehe Anhang I, S. 202

34 »Der Mensch ist wahrlich gut gemacht« (Ait. Up. 1, 2, 3). Im Zusammenhang mit dem Selbst des Universums sagt die Taitt. Up.: »... man nennt es ›wohlgemacht‹. Was das Wohlgemachte ist, ist in Wahrheit die Essenz ...« (2, 7).

35 Vgl. *Hymnes spéculatifs du Véda,* trad. Louis Renou, Paris (Gallimard), 1956, S. 97.

36 Die kosmische Ordnung (*ṛta*) entsteht aus dem Ungeordneten (*anṛta*). »Als er den (kosmischen) Menschen aus den Wassern zog, verlieh er ihm eine Gestalt« (Ait. Up. 1,1,3).

37 Dasselbe Verhältnis von eins und drei findet sich auch im Rig-Veda (1,164) in bezug auf das Wort: *vāk,* von dem nur ein Viertel dem Menschen zugänglich ist.

38 *Pada,* das verborgene Geheimnis im Veda, *guhā* in den Upanishaden, d. h. die geheimnisvolle Stätte, ein symbolischer Ort für das Mysterium (Vgl. L. Silburn, *Instant et Cause,* Paris 1955, S. 16).

39 *Agre:* am Anfang: siehe unten S. 122 f.

40 Eine solche Ansicht setzt voraus, daß Gott schon durch das Denken dem Sein entzogen und der noch nicht existierenden geschaffenen Welt gegenübergestellt wurde.

41 *Pada*: die »Fußspur«, der höchste Ort.

42 *Ātmā puruṣa-vidhaḥ.*

43 *Nidhāna:* Verbindung in der buddhistischen Terminologie.

44 *yajñena yajñam ayajanta.*

45 *Sūkta:* Hymne des Veda.

46 Die *devas* verschwinden daher im Augenblick des großen Erwachens, wenn der Ritus seine Bedeutung verliert.

47 *Śarīram:* der Körper mit den Sinnesorganen und psychischen Organen.

48 Vgl. Chānd. Up. 3,13, Bṛ. Up. 1,3 und 3,2,13:
»Die fünfzehn Elemente des Körpers verschwinden, die Sin-

nesorgane kehren alle zu ihren entsprechenden Gottheiten zurück.« Muṇḍ. Up. 3,2,7.

49 Diese *devas* entsprechen sicher, wenn auch mit wichtigen Unterschieden, den *theoi* oder *dii* der antiken Mittelmeerwelt, doch trifft dies vor allem auf die Phase der Veden zu und weniger auf die der Upanishaden. Wollte man sie sich ausgehend vom *Deus, Theos* der griechischen Philosophie oder vor allem der jüdisch-christlichen Theologie vorstellen, so wäre dies völlig verfehlt.

50 Vgl. Kena Up. 1; Bṛ. Up. 1,4,1; Bṛ. Up. 3. »Er allein ist es, der denkt, spricht, usw.«

51 *Dvandva:* Gegensatzpaar, Antinomie.

52 *Loka:* Ort, Bereich, Ebene.

53 Vgl. Īśa Up. 7; Bṛ. Up. 5,4 usw.

54 Der Autor notierte am Rand: »Hier das Thema des Eingangs«, wahrscheinlich mit Bezug auf eine handschriftliche Notiz, die wir im Anhang II bringen.

55 Eine Randbemerkung des Autors bezieht sich auf eine Notiz über *annam,* die wir im Anhang III abdrucken.

56 D. h.: Raum, Wind, Feuer (Licht), Wasser und Erde.

57 Chānd. Up. 7,12,1.

58 *Evaṃvid:* »der es so weiß«, der Wissende.

59 »Wahrlich, der Atem ist Brahman«, Bṛ. Up. 4,13. »Er (der Puruṣa) ist selbst (in die Schöpfung) eingegangen, bis zu den Nagelspitzen ... In Wirklichkeit zeigt er sich nur teilweise, als Atem wenn er atmet, als Rede wenn er spricht, als Auge wenn er sieht, als Ohr wenn er hört, als Geist wenn er denkt. Dies sind nur seine Namen und seine Tätigkeiten. Wer sie einzeln betrachtet, kennt ihn nicht.« Bṛ. Up. 1,4,7.

60 Vgl. Bṛ. Up. 3, 9, wo alle Götter aufgezählt werden und in Vers 9 die Frage gestellt wird: »Wer ist der eine Gott? – Der Atem, er ist das Brahman, das man *tyat* (»das«, das Transzendente) nennt.«
Prajñā: Intelligenz, Erkenntnis, Weisheit.

61 *Vijñāna:* »Unterscheidende Erkenntnis, die eine Art Intuition und unmittelbare Gewißheit impliziert.« (A. Esnoul), siehe später S. 116f.

62 *kevalatvam.*

63 *Sāṃkhya:* eines der indischen philosophischen Systeme, das die geschaffene Welt durch zwei wesentlich verschiedene Prinzipien erklärt: *prakṛti,* die Urnatur, und *puruṣa,* der Geist, die Seele.

64 »Wenn alle Begierden, die er in seinem Herzen trug, gelöst sind, dann wird der Sterbliche unsterblich, schon hier erfährt er das Brahman.« Bṛ. Up. 4,4,7.

65 »Wer glaubt, hier Vielfalt zu sehen, der geht von Tod zu Tod.« Bṛ. Up. 4,4,19.

66 *Karma:* Handlung, Werk; das Resultat der guten und schlechten Handlungen, das sich von früheren Existenzen angesammelt hat.

67 Vgl. die *simplex apprehensio* der Scholastik, oder vielleicht den *sensus communis.*

68 *Kośas:* die fünf Hüllen, die die

Seele umgeben. Sie bilden der Reihe nach den physischen Körper, den vitalen Körper, den psychischen Körper, den geistigen Körper und den aus Glückseligkeit bestehenden Körper.

[69] Wir geben diese Anmerkung im Anhang IV wieder.

[70] Die Vorsilbe *pro-* im Griechischen; *pro-phemi.*

[71] *Prāṇo brahma iti.*

[72] *Prajñā-ātman.*

[73] *Prajñānam brahma.*

[74] Vgl. die Paralleltexte in Śvet. Up. 4,20 und Ma. Nā. Up. 21–22.

[75] *Tejasābhibhūtaḥ:* vom Glanz überwältigt.

[76] *Satā saṃpannaḥ:* mit dem Sein vereinigt.

[77] Vgl. 8,12,3, was mit den Worten endet: »Eine solche Person (*puruṣa*) ist der höchste Puruṣa.«

[78] *Ātmanā ātmānam abhisambabhūva.* (Vgl. Vājasaneyī Saṃhitā 32,117.)

[79] Vgl. *Rencontre de l'hindouisme et du christianisme,* S. 106–107: »Brahman, dieses letzte Mysterium des Seins, diese unfaßliche Wirklichkeit, die sich hinter allem verbirgt und gleichzeitig alles durchdringt, die am Ursprung von allem Seienden ist, das Absolute jenseits und im Herzen des Relativen, das Unbegrenzte jenseits und im Herzen des Begrenzten, das Heilige, das Lichtvolle, das man im letzten Geheimnis aller Dinge entdeckt.«

[80] Vgl. Muṇḍ. Up. 1,1,4.

[81] *Antaryāmin:* der innere Lenker, der Ātman als innere Gegenwart im Menschen und als der Führer aller Wesen, von dem die Bṛ. Up. 3,7,1–23 spricht. »Der in allen Wesen wohnt, von allen Wesen verschieden ist, den die Wesen nicht kennen, dessen Leib die Wesen sind, der alle Wesen von innen antreibt, der innere Lenker, Unsterbliche ...« (3,7,15). »Er ist sehend nicht gesehen, hörend nicht gehört, ... erkennend nicht erkannt. Nicht gibt es außer ihm einen Sehenden ...« (3,7,23, Übers. Deussen). »Wer diesen inneren Lenker kennt, der kennt das Brahman, er kennt alles.« (3,7,1).

[82] *Brahmavādin:* Theologe; *brahmavid:* Kenner des Brahman, der das Brahman unmittelbar erfahren hat.

[83] Wurzel *kṛ-*.

[84] *Samāhita, sam-ā-dhā-.*

[85] *Ātmanvi syām iti.*

[86] Vgl. Bṛ. Up. 4,3,9: »Wenn er schläft, zieht er alle Elemente des Universums in sich hinein, er zerstört und schafft sie nach freiem Belieben, er bewahrt im Schlaf sein eigenes Leuchten, ... er ist dann sein eigenes Licht.«

[87] Die drei ersten Zustände des Wachens, Träumens und Tiefschlafes.

[88] *Sarvam hy etad brahma, ayam ātmā brahma.*

[89] *Saṃbabhūva.*

[90] *Hṛdayagranthi.*

[91] *Rāhu:* Dämon, der während der Mondesfinsternis den Mond verschlingt.

Anmerkungen zu Kapitel IV

1 *Dharma:* hier im Sinn von Religion als organisiertes Ganzes, das die Riten, Gesetze, Institutionen und Lehren umfaßt.

2 Das orangefarbene Gewand des Sannyāsī, des Entsagers.

3 *A-kṛta:* nicht-gemacht.

4 *Yajña, homa* und *pūjā* aller Arten.

5 Ṣaṇkara: Philosoph und Heiliger um 800 n. Chr.

6 *Karma:* »Die Handlung, die sich aus der Begierde nährt und die ein ständiges Werden erzeugt.« (L. Silburn).

7 *Pensées,* Mystère de Jésus (ed. Brunschwieg), No. 553.

8 *Parivrājya.*

9 *Sādhu:* religiöser Mensch, Mönch, Wanderasket.

10 *Saṃpratti.*

11 *Saṃskāra:* »Sakramente«, die jedes Lebensstadium eines Angehörigen der drei oberen Kasten durch ein Ritual heiligen.

12 *Brahmacārī, gṛhastha, vanaprastha.*

13 *Svārtha.*

14 Nā. Pa. Up. 4, 38.

15 *Nirmamo nirahaṃkāraḥ,* Bhagavad Gītā 12, 13.

16 Das wichtigste Gebet, bestehend aus einem Vers des Rig-Veda; eine Anrufung der Sonne mit dem Namen Savitṛ, der »Antreiber, Erleuchter«: »Meditieren wir über das herrliche Licht des göttlichen Savitṛ, möge er unseren Geist erleuchten!« (RV III, G2, 10).

17 *Jñānī:* der Weise, der zur Wirklichkeit Erwachte, der »Realisierte«.

18 *Mahātmā*: »die große Seele«. Ehrentitel.

19 »Was sollen wir mit Nachkommen, die wir im Ātman den wahren Ort haben?« (Vgl. Übers. L. Silburn).

20 »Niemand kann ihn erlangen, der nicht von einem anderen unterwiesen wird.« Katha Up. 2, 8. »Um dies zu erkennen soll er mit Brennholz in der Hand zu einem Guru gehen, der gelehrt ist und im Brahman feststeht. Er nähert sich ihm mit friedvollem Geist und bezähmten Sinnen, und der Weise lehrt ihn die Erkenntnis des Brahman wie sie in Wahrheit ist.« (Muṇḍ. Up. 1, 2, 12–13).

21 *Puruṣa:* die höchste Person, der Geist, der Ur-Mensch; »sein Name ist die Wirklichkeit der Wirklichkeit« (Br. Up. 2, 3, 6); der innere Mensch.

22 *Vairāgya* und *viveka.*

23 *Pratyāhāra.*

24 *Dhāraṇā, ekāgratā.*

25 *Yajña.*

26 *Puruṣamedha.*

27 *Tapas:* wörtl. Hitze, Askese.

28 Kloster.

29 *Dvandva:* Gegensatzpaar, Antinomie.

30 *Rishi (ṛṣi):* vedischer Seher, der die Wirklichkeit »geschaut« hat.

31 *Brahmavidyā.*

32 *Parama-ātman:* höchstes Selbst, Gott.

33 *Dvija:* Initierter, Angehöriger der drei oberen Kasten.

[34] *Brahmacarya, gṛhastha, vanaprastha.*

[35] *Vana, āraṇya.*

[36] Vgl. Bṛ. Up. 6, 2, 15 und Chānd. Up. 5, 10.

[37] *Brahmavidyā.*

[38] Das Verhältnis gehört derselben Ordnung an wie das zwischen dem vierten schweigenden Bestandteil der Silbe OM, des *praṇava,* der in AUM zerlegt wird, mit den drei ersten Elementen, A, U, M. Vgl. Māṇḍ. Up.

[39] *Vanaprastha.*

[40] *Suṣupti.*

[41] Vgl. Bṛ. Up. 1, 4, 10: »Ich bin Brahman, ich bin alles«, und Praśna Up. 4, 5: »Er sieht alles als das All.«

[42] Vgl. die *sahajasthiti,* der »natürliche Zustand« von dem Ramana Maharshi spricht, und die Betonung der ursprünglichen Natur bei den Zenmeistern.

[43] Kaṭha Up. 2, 18.

[44] *Svarāj* und *kāmacāra.*

[45] Vgl. Bṛ. Up. 1, 4, 10: Der Erwachte wird sogar zum Ātman der *devas.*

[46] *Dharma:* soziale, religiöse und rituelle Lebensregeln.

[47] Bṛ. Up. 1, 4, 7.

[48] Chānd. Up. 7, 23; Taitt. Up. 2, 7.

[49] *Piṇḍa.*

[50] *Pretya.*

[51] *Avyaktaliṅga, avyaktācāra,* Jābāla Up. 6.

[52] *Śikhā:* Haarschopf, der auf dem rasierten Kopf übrigbleibt.

[53] *Dīkṣā:* Initiation.

[54] *Vivitsu* oder *vividiṣā-sannyāsī.*

[55] *Upanayana saṃskāra.* Man nennt sie *vairāgya-sannyāsī.*

[56] *Saṃskāras:* die Riten, die zu den vorausgehenden Lebensstadien vollzogen wurden.

[57] Die »großen Sätze«, in denen die gesamte Lehre der Upanishaden zusammengefaßt ist.

[58] [59] und [60] Nā. Pa. Up. 4, 38.

[61] Angefangen vom *kuṭīcaka* und aufsteigend zu den drei höchsten Stufen: *paramahaṃsa, turīyātīta, avadhūta.*

[62] *A-niyama.*

[63] Nā. Pa. Up. 5, 1.

[64] *Na namaskāraḥ.*

[65] Nā. Pa. Up. 3, 90.

[66] Jenseits der *dharmas,* der Religionen.

[67] Vgl. 1. Kor. 12, 4 ff.: »Es ist derselbe Gott, der alles in allem wirkt.«

[68] *Sanātana-dharma:* die traditionelle Bezeichnung der von den Veden abstammenden Religion, d. h. die ewige Religion oder Ordnung. Der Ausdruck »Hinduismus« wurde von Ausländern geprägt.

[69] »Wenn sie den Ātman erkannt haben, begehren die Brahmanen weder Söhne noch Reichtum noch Welten und sie ergreifen den Lebenswandel von Mönchen.« Bṛ.Up. 3, 5. Vgl. auch 4, 4, 22.

[70] *Eschaton:* Griechisch: das Ende, das Ende der Zeiten, es bezieht sich auf die überweltlichen Wirklichkeiten.

[71] *Keśī*: akosmischer Asket.

[72] *Manasā.*

[73] *Paramahaṃsa:* wörtl. »der höchste Schwan«; derjenige, der die höchste spirituelle Verwirklichung erlangt hat; Symbol des Ātman des Erlösten.

74 *Tetelestai.*

75 Vāyu ist hier der Pneuma.

76 *Guhā*: der innerste Ort im Menschen, wo sich das letzte Mysterium der Seele und Gottes auf unaussprechliche Weise als nichtdual (advaita) offenbart; tiefster Seelengrund.

77 Vgl. »Der Geist wird weder geboren noch stirbt er.« Kaṭha Up. 2,18.

78 »Der Ātman ist kleiner als das kleinste und größer als das größte, er wohnt im innersten Herzen aller Wesen.« Kaṭha Up. 2,20.

79 Vgl. Atharva-Veda 10,7 und 8.

80 Rig-Veda 10,90.

81 *Tapas.*

82 Nā. Pa. Up. 4,17–18.

83 Andererseits kann man das Verhalten jener Abendländer nicht genug bedauern, die, ob christliche Mönche oder spirituelle »Nomaden«, das orangefarbene Gewand der indischen Entsager anziehen, ohne sich um die Forderungen zu kümmern, die es impliziert, wie z. B. eine rein vegetarische Ernährung. Ebenso nennen sich viele Institutionen »Ashram«, ohne Sorge zu tragen, daß die notwendigen Voraussetzungen eines wahren Ashram erfüllt sind, wie vor allem die Anwesenheit eines wahren Guru und ein sowohl äußerlich wie innerlich indischer Lebensstil.

84 »Nimm mich auf, Herr nach deinem Wort und ich werde leben und enttäusche nicht meine Erwartung.«

85 *Paramahaṃsa:* siehe oben, Anm. 73. Derjenige, der die volle innere Freiheit erlangt hat.

86 Vgl. Chānd. Up. 5,9,2: »Wenn er hinübergegangen ist, tragen sie ihn zu Agni (dem Opferfeuer und dem göttlichen Feuer).«

87 Vgl. oben, Anm. 32.

88 *Krama-sannyāsī*: derjenige, der sich auf den Weg des Verzichtes als letzte Stufe des Lebens begibt, mit der Absicht, die endgültige Befreiung zu erlangen. Vgl. oben, S. 166

89 *Jñāna-sannyāsī: jñāna:* Erkenntnis, Weisheit, höchste Intuition, Selbstverwirklichung; daher derjenige, der Mönch wird, weil er die höchste Erkenntnis besitzt.

90 *Antevāsin.*

91 *Bhikṣācarya.*

92 Z. B. die Texte der Sannyāsa-Upanishaden, deren wichtigste hier zitiert wurden; die Texte über den Verzicht wie Bṛ. Up. 3,5; 4,4,22; Muṇḍ. Up. 1,2; über die Begierdelosigkeit: Bṛ. Up. 4,4,6; über den großen Abschied von Yājñavalkya, Bṛ. Up. 4,5. Die Texte, die die »großen Sätze« (*mahāvākya)* enthalten, wie Chānd. Up. 7 mit dem Höhepunkt im *bhūman* (Fülle, Unendlichkeit). Über die Entdeckung der Wirklichkeit im Grund des Herzens, Chānd. Up. 8,1; die Jubelgesänge des Befreiten, Chānd. Up. 8,13–14 und Taitt. Up. 1,1,4 und 10. Schließlich die ersten drei Kapitel der Kaṭha Up., denn ist der Novize nicht wirklich der junge Naciketas, der dem Tod sein Geheimnis entlockt hat und sich selbst gefunden hat, jenseits von Geburt und Tod?

93 *Ephapax.*

[94] *Śarīram:* Körper und Sinnesorgane.

[95] *Prāṇa.*

[96] *Guṇas: sattva:* Güte, Reinheit, das lichtvolle Prinzip; *rajas:* Aktivität, Leidenschaft; *tamas:* Dunkelheit, Trägheit. Diese drei sind die Wesensqualitäten der Urnatur, *prakṛti,* nach dem Sāṃkhya. Die verschiedenen Wesen sind das Ergebnis ihrer verschiedenen Verbindungen.

[97] Vgl. *abhayam,* »das Versprechen der Sicherheit an alle Wesen. Dies ist die kosmische Dimension des Erwachens, die Kommunion inmitten der Nichtdualität, denn kein Geschöpf kann mehr »anders« sein im Verhältnis zu mir, sobald man das Selbst in allen Wesen sieht.« (Swami Ajatananda).

[98] »Das bist du« – »Ich bin Brahman.«

[99] Joh. 8,24 und 58, usw.

[100] Eph. 4,8.

[101] Taitt. Up. 2,1.

[102] *Tetelestai.*

[103] *Dakṣiṇāmūrti:* eine Manifestation Śivas, die Offenbarung Gottes als Guru, der durch das Schweigen lehrt und den Geist unmittelbar vermittelt.

[104] Der eigentliche *mantra* der Entsagung, der *praiṣa-mantra* genannt wird (Nā. Pa. Up. 4,38).

[105] *Pratiṣṭhā.*

[106] Vgl. für die drei letzten Zeilen: Bṛ. Up. 4,4,23; Chānd. Up. 8, Ende.

[107] Heb. 11,27.

Anmerkungen zum Anhang II

[1] *Āviḥ saṃnihitam.*

[2] *Guhāhita, guhācara, guhāśaya.*

[3] *Gūḍham anupraviṣṭhaḥa* (Kaṭha Up. 1, 29)

[4] *Prajāpatiścarati garbhe antaḥ.*

[5] *Bahudhā vijāyate.*

Anmerkungen zum Anhang III

[1] *Annam brahma upāsīta.*

[2] *Soma:* Saft einer Pflanze desselben Namens, Nektar, Elixier der Unsterblichkeit.

[3] *Agni:* das heilige Feuer, vedische Gottheit als Personifizierung des Feuers, Vermittler zwischen Menschen und Göttern.

[4] Vgl. die Übers. von P. Deussen: »Der Wind fürwahr ist ein An-sich-Raffer. ... Nun in bezug auf das Selbst. Der Odem fürwahr ist der An-sich-Raffer.« (Chānd. Up 4,3,1 und 3).

[5] *Saṃsāra:* Die Erscheinungswelt, die Welt des Werdens, der Kreislauf der Geburten und Tode.

Glossar

abhayam	Furchtlosigkeit; Versprechen der Sicherheit an
	alle Geschöpfe
abhikḷpta	in der Vorstellung geschaffen
ācamana	das Schlürfen von Wasser aus der hohlen Hand,
	ein Ritus für die Reinigung des Mundes
adharma	Irreligiosität, Sünde
adhikārī	der für die Initiation Geeignete, Würdige, dem
	die Autorität zukommt
adhyāsa	Übertragung
ādipuruṣa	der Ur-Mensch, der kosmische, vollkommene
	Mensch
advaita	Nicht-Dualität, Nichtzweiheit (von Ātman und
	Brahman); zentrale Lehre der Upanishaden
āgneyī	Zeremonie des Abschiednehmens von dem rituel-
	len Feuer
Agni	Opferfeuer; vedische Gottheit, Vermittler zwi-
	schen der Welt der Menschen und der Götterwelt
agnihotra	Feueropfer, tägliche Darbringung in das Feuer
agre	im Anfang
aham	Ich
aham asmi	ich bin
aham brahma asmi	»ich bin Brahman«
ahaṃkāra	Ego, begrenztes Ichbewußtsein, Egoismus
aja, ajāta	ungeboren
ajñānī	der Unwissende
akāma	ohne Begierde, wunschlos
ākāśa	der leere Raum, das subtilste Element des Univer-
akṛta	sums
aliṅga	nicht gemacht, ungeschaffen
aloka	ohne Kennzeichen
amṛta	ohne Ort
anāma	unsterblich, Nektar der Unsterblichkeit
ānanda	namenlos
ānandamātra	Seligkeit, höchste Freude
aneka	aus reiner Seligkeit bestehend
animitta	viele
aniyama	ohne Grund oder Zweck
annam	ohne Regel
antaryāmin	Nahrung
antevāsin	der innere Lenker (Ātman)
anubhava	der Schüler, der mit seinem Guru zusammen lebt

	Erfahrung
aparokṣa-dṛṣṭi	unmittelbare Vision, direkte Schau (des Selbst)
	der, dessen Wünsche erfüllt sind
āpta-kāma	Wald
araṇya	ohne Form, gestaltlos
arūpa	Sitz, Körperstellung im Yoga
āsana	frei von Anhänglichkeit
asaṅga	Nicht-Sein, Unwirklichkeit
asat	Lebensstadium, nach der Gesellschaftsordnung
āśrama	des Hinduismus gibt es vier *(brahmacarya,*
	gṛhastha, vānaprastha, sannyāsa)
Ashram *(āśrama)*	Einsiedelei, wo ein Weiser mit seinen Schülern
	lebt, Kloster
asmi, asi, asti	ich bin, du bist, er ist
	Ritus für die verstorbenen Vorfahren, in dem man
	sich selbst einschließt
aṣṭa-śrāddha	Dämon, Feind der Götter
ati-dharma	jenseits der religiösen Gesetze
asura	inneres Licht
ātma-buddhi-prakāśa	das Selbst begehrend
ātmakāma	das Selbst, innerste Mitte des Menschen; das We-
	sen des Seelengrundes ohne seine Fähigkeiten;
ātman	höchstes Selbst
ātman-brahman	höchste Intuition der Upanishaden: es gibt keine
	Dualität zwischen dem Ātman, dem Prinzip des
	persönlichen Lebens, und dem Brahman, dem
	Prinzip des Universums.
atyāśrama	jenseits aller Lebensstände
avadhūta	der Asket, der auf alles verzichtet hat, der alles
	abgeworfen hat, selbst die klassischen Insignien
	des Sannyāsī
avyakta	unmanifestiert, unoffenbar
	avyaktācāra: der im Verborgenen wandelt
	avyaktaliṅga: ohne sichtbares Zeichen
	der den Weg der Gottesliebe geht, Gottesverehrer
bhakta	Gottesliebe, Hingabe an Gott
bhakti	Furcht
bhayam	Betteln, Almosengang der Mönche
bhikṣā	von Almosen leben, Lebensweise des Bettelmön-
bhikṣācarya	ches
bhūman	Fülle, Unendlichkeit
bhūtāni	die Elemente, die Wesen
bhūtātmā	das aus Elementen bestehende Selbst
Brahmā	der Schöpfergott

brahmacārī	der Student, Brahmanenschüler, der in Keuschheit lebt, Angehöriger des ersten Lebensstadiums *(brahmacarya)*
brahmaloka	die Welt Brahmans, Paradies
Brahman	das höchste Prinzip, das Absolute, die alldurchdringende göttliche Wirklichkeit. *nirguṇa brahman:* Brahman ohne Attribute oder Qualitäten *saguṇa brahman:* Brahman mit Qualitäten, das manifestierte Absolute, Gott
brāhmaṇa	Brahmane, Angehöriger der Priesterkaste
Brāhmaṇas	heilige Texte, zum Veda gehörig, die rituelle, mythologische und mystische Themen enthalten, wobei das vedische Opfer im Mittelpunkt steht.
brahmaniṣṭha	im Brahman feststehend, im Absoluten gegründet oder verwurzelt
brahmavādin	einer der über den Veda (das Brahman) spricht, »Theologe«
brahmavid	einer, der das Brahman kennt bzw. erfahren hat
brahmavidyā	Erkenntnis des Brahman, »Theologie«
Buddha	der Erwachte
buddhi	Intellekt, höchste Erkenntnisfähigkeit des Menschen
cela	Schüler
cit	Bewußtsein, Geistigkeit, eine der drei Charakteristiken des Brahman (siehe *sat, ānanda*); Geist
cinmātra	reine Geistigkeit
Dakṣiṇāmūrti	eine der Manifestationen Śivas: der göttliche Guru, der durch sein Schweigen lehrt
daṇḍa	Stab, eines der klassischen Insignien des Sannyāsī
darśana	Schau, Vision Gottes, eines Heiligen oder eines Götterbildes; die Gnade der Gegenwart Gottes oder des Heiligen; auch: Weltanschauung, philosophisches System
deva	himmlische Wesen, Götter im Veda, Lichtwesen (*dii*); personifizierte Erscheinungen der göttlichen Macht im Universum; psycho-physiologische Fähigkeiten im Menschen
devaloka	Götterwelt, Himmel
devatā	Gottheit
dharma	kosmische Ordnung, moralisches, religiöses, soziales und rituelles Gesetz, gesellschaftliche und religiöse Pflichten; Religion im Sinn eines Organismus aus Riten, Gesetzen und Lehren.

dharmātīta	jenseits der religiösen Gesetze
dhyāna	Meditation, Innenschau, Konzentration der Aufmerksamkeit, die zum inneren Schweigen und zum reinen Bewußtsein führt. Yoga Stufe
digambara	»mit Luftraum bekleidet«, nackt
dīkṣā	Initiation, rituelle Weihe eines Asketen
dṛṣṭi	Schau
duḥkham	Leid als universale Wirklichkeit, zentraler Begriff im Buddhismus und Yoga
durvedam	schwer zu erkennen
dvandva	Gegensatzpaar, Antinomie, wie z. B. Hitze und Kälte, Freude und Leid, usw.
dvija	»Zweimalgeborener«, Angehöriger der drei oberen Kasten, der die Initiation erhalten hat
eka	eins, das Eine
ekāgratā	Konzentration der Aufmerksamkeit auf einen einzigen Punkt
ekam eva advitīyam	»eines ohne ein zweites« (das Brahman oder der Ātman), Chānd. Up. 6, 2, 1
etad vai tat	»dieses ist das«, Kaṭha Up. 2, 4
ekarṣi	der einzige Seher (Rishi), mythische Gestalt oder die Sonne
evaṃvid	»der es so weiß«, der Wissende, der die letzte Wahrheit erfahren hat (auch *evaṃvidvān)*
gārhasthya	zweiter *āśrama,* Lebensstand des Familienvaters
gāyatrī	Vers des Rig-Veda (III, 62, 10), das wichtigste Gebet des Hindu, das vor der aufgehenden Sonne rezitiert wird.
Gopāla	Name Krishnas als Kuhhirte
gopī	Kuhhirtin
graha	der Ergreifende, Hinwegraffer *atigraha:* der stark Ergreifende
grāma	Dorf
gṛhastha	Familienvater, Angehöriger des zweiten *āśrama*
guhā	Höhle, Grotte, verborgener Ort; im spirituellen Sinn die »Höhle« des Herzens, die innerste Seelenmitte
guhācara, guhāhita, guhāśaya	in der Höhle, im Innern verborgen
guhānta	in der Höhle wohnend
guṇa	Eigenschaft, Qualität; es gibt drei Eigenschaften der Urnatur (*prakṛti*), deren Verbindung die Vielfalt der Erscheinungswelt ausmacht: siehe *sattva, rajas, tamas.*

guru	Meister, spiritueller Lehrer *mokṣada guru:* Guru, der die erlösende Erkenntnis vermittelt
haṃsa	Schwan (eig. Wildgans), vedisches Symbol des Ātman und der befreiten Seele, die sich frei bewegen kann
hiraṇyagarbha	der goldene Keim der vedischen Kosmologie, identifiziert mit Prajāpati und Brahmā
homa	Opfer, Darbringung ins Feuer
hṛdaya granthi	die »Knoten des Herzens«, die inneren Komplexe, die ein Hindernis auf dem spirituellen Weg bilden und die den Ātman verdecken, sie verstrikken die Seele in die Welt
idam	»dieses«, die Welt, im Gegensatz zum Absoluten (*tat*)
Indra	der König der Götter, der göttliche Krieger, der die Dämonen besiegt
Īśvara	der Herr, Gott; Brahman mit Eigenschaften
jāgrat	der Wachzustand
japa	Gebet, bestehend in der ständigen Wiederholung des Namens Gottes oder eines *mantra,* um den Geist zu konzentrieren
jīvanmukta	der Lebenderlöste, der alle Kategorien der Erscheinungswelt überstiegen hat
jīvanmukti	Zustand der Erlösung oder Befreiung in diesem Leben
jñāna	Weisheit, erlösende Erkenntnis, »Gnosis« im Sinn einer spirituellen Erkenntnis
jñānī	Weiser, der zur Wirklichkeit Erwachte, der Wissende
jyoti	Licht *paraṃjyoti:* höchstes ungeschaffenes Licht
kaivalya	absolute Abgeschiedenheit des Alleinen, losgelöster Zustand der befreiten Seele von absoluter Reinheit
kāma	Begierde, Wunsch *akāma:* von Begierde frei, wunschlos
kāmacāra	frei, sich überall zu bewegen (Eigenschaft der befreiten Seele)
kamaṇḍalu	Wassergefäß aus Holz oder Ton, das Sannyāsīs tragen
kāraṇa	Ursache, Instrument
karma	Handlung, Werk, Tat, kultischer Akt; die Ergebnisse der guten und schlechten Handlungen, die

	sich in verschiedenen Existenzen ansammeln und das Leben des Menschen bestimmen; Schicksal
kaupīnam	Stoffstreifen, der die Geschlechtsteile bedeckt
kāvi	orangefarbenes oder ockerfarbenes Gewand der Sannyāsīs
Keśī	der langhaarige Asket, mythische Gestalt im Rig-Veda, der akosmische Mönch
kevala	der Alleine, Abgeschiedene, der die Bloßheit des Seins erlangt hat
kevalatvam	Zustand der Abgeschiedenheit, der Bloßheit des Seins
kīrtana	religiöse Gesänge
kośa	Hüllen, die den Ātman bedecken; fünf »Schichten« des Körpers: der physische Körper (aus Nahrung bestehend), der vitale Körper (aus Atem bestehend), der aus den Sinnen und geistigen Fähigkeiten bestehende Körper, der »Erkenntniskörper« und der aus Seligkeit (*ānanda*) bestehende Körper.
krama-sannyāsī	einer, der als letztes Lebensstadium Sannyāsī wird, nach den drei normalen *āśramas*, um die Befreiung zu erlangen.
Krishna	eine Inkarnation (*avatāra*) Viṣṇus, der göttliche Hirtenknabe und der Wagenlenker Arjunas, der ihm die Bhagavad Gītā offenbart.
kṛta	gemacht, geschaffen *akṛta:* nicht gemacht, ungeschaffen *sukṛta*: gut gemacht
kṛtātmā	einer, dessen Selbst vollendet ist, der Vollkommene,
kṛtakṛtya	derjenige, der alles vollbracht hat, was zu tun war, dem keine Pflicht mehr bleibt.
kṣatriya	Krieger, Angehöriger der zweithöchsten Kaste der Adeligen und Prinzen
kuṭīcaka	eine Kategorie von Asketen, die in einer Hütte leben
kuṭīra	Hütte, Einsiedelei eines Asketen
līlā	das göttliche Spiel in und mit der Schöpfung
liṅga	Zeichen; Symbol Śivas in Form eines konischen Steines
loka	Ort, Welt, Bereich, Ebene *aloka:* ortlos *sarvaloka:* seinen Ort überall habend *paraloka:* der höchste Ort, das Jenseits

madhu	Honig, Nektar
mahābhāga	Gesegneter
Mahābhārata	großes Epos, in dem die Bhagavad Gītā enthalten ist
mahāprasthāna	»großer Aufbruch«, Abschied, vollkommene Entsagung, Tod
maharṣi	großer Seher, Weiser
mahāsamādhi	»große Ekstase«, Tod eines Heiligen
mahātmā	großes Selbst, große Seele; Titel von Asketen
mahāvākya	»großer Satz«, die vier wichtigsten Sätze der Upanishaden und Grundlage des Vedānta
mahiman	Größe, Herrlichkeit
manas	Denkorgan, Geist *mānasa:* geistig
mantra	Vers des Veda; Gebetsformel, heiliges Wort
maṭha	Kloster
mauna	Schweigen, Schweigegelübde
mauna-dīkṣā	Initiation durch das Schweigen
māyā	göttliche Macht; Illusion; der unbestimmbare Zustand der Welt der Erscheinung, die weder wirklich noch unwirklich ist.
mokṣa	letzte Befreiung, Erlösung, Heil als das Ende des Kreislaufes der Geburten
mṛtyu	der Tod
mukti	Befreiung (siehe *mokṣa)*
mumukṣutva	Der Wunsch nach Befreiung, die alleinige Suche nach Erlösung (Bedingung für ein spirituelles Leben)
muni	der Asket, der schweigende Mönch
mūrti	Gestalt, Bild, Götterbild
nāma	Name
nāmajapa	das Gebet des Namens, ständige Wiederholung des Namens Gottes
nāmarūpa	Name und Form, die Kennzeichen der Erscheinungswelt; alle Zeichen, die der Mensch verwendet, um das Mysterium jenseits aller Erscheinungen auszudrücken
namaskāra	Begrüßung, Verehrung
neti neti	»nicht so, nicht so«, negative Beschreibung des Ātman
nidhāna	Verbindung in buddhistischer Terminologie
nihitaṃ guhāyām	verborgen in der Höhle (im Innern des Herzens)
nimitta	Grund, Zweck, Ursache *animitta:* unverursacht, freier Akt

nirguṇa	eigenschaftslos, das Brahman jenseits aller Qualitäten
nirvāṇa	Auslöschen der Daseinsfaktoren im Buddhismus, Befreiung, Heil
nirvikalpa samādhi	kontemplative Versenkung, bei der jede Tätigkeit der Sinne und der Gedanken aufgehoben ist,
OM	die heilige Silbe des Veda, Symbol des Absoluten in Lautgestalt, »Ausdruck des Urlautes, der unaussprechlich und zeitlos ist, in dem alles seinen Ursprung hat, was ins Dasein gerufen wurde, existiert und sein wird, jenseits der drei Zeiten«; bestehend aus drei Elementen: A U M
OM *tat sat*	OM, dieses, das Sein, *mantra* der Upanishaden
pada	Fußspur, Fuß; das verborgene Mysterium
para	das höchste, jenseits
paraloka	die andere Welt, das Jenseits
paramātman	das höchste Selbst, Gott
paramahaṃsa	»der höchste Schwan«, höchste Kategorie von Asketen
paraṃjyoti	das höchste Licht
parivrājya	das Wanderasketentum
piṇḍa	Reiskugeln, die den Verstorbenen und Ahnen dargebracht werden
pitṛ	Vater, Ahne, die verstorbenen Vorfahren
prabodha	Erwachen
praiṣa mantra	Formel des Verzichtes
Prajāpati	Herr der Geschöpfe, Schöpfer
prājāpatya	ritueller Akt, in dem der werdende Sannyāsī allen Besitz aufgibt
prajñā, prajñāna	Erkenntnis, Bewußtsein, Einsicht
prajñānam brahma	»Brahman ist Bewußtsein«, eines der *mahāvākyas*
prajñātmā	das Bewußtseinsselbst
prakṛti	die Urnatur als Gegenpol des Geistes (*puruṣa*) im Sāṃkhya
prāṇa	Atem, Lebenshauch, Lebensprinzip, *pneuma, spiritus*
prāṇava	die heilige Silbe OM
prāṇāyāma	Atemkontrolle, Disziplin des Yoga
prārabdha karma	der Rest der Folgen der Handlungen, die man in früheren Existenzen vollbracht hat und die man im gegenwärtigen Leben ausleben muß
prasāda	Gnade, Gunst; Teil der Opfergabe, der an die Gläubigen verteilt wird; Gabe eines »Heiligen«

pratibodha viditam	im Erwachen, in der Erleuchtung erkannt
pratiṣṭhā	Grund, Fundament, Stütze
pratyāhāra	Zurückziehen der Sinne von den wahrgenommenen oder vorgestellten Gegenständen, eine der acht Disziplinen des Yoga
prayāga	Zusammenfluß von zwei Flüssen, der als heiliger Ort angesehen wird
pretya	die Welt verlassen habend, durch den physischen Tod oder durch den mystischen Tod in der Schau des Selbst
pūjā	Kult, Verehrung, Anbetung der Götterbilder, bestehend in der Darbringung von Blumen, Wasser, Reiskörnern, Butterschmalz, Licht und Weihrauch, begleitet von Gebeten
Purāṇa	heilige Texte nach den Veden, vor allem mythologischen Inhalts
pūrṇam	Fülle
puruṣa	der Mensch (der Mann), der Urmensch, der kosmische und der innere Mensch, der vollkommene Mensch in seiner Seinsfülle, Manifestation des einzigen Mysteriums des Ātman-Brahman *ādi-puruṣa:* Urmensch, archetypischer Puruṣa *sat-puruṣa:* der wahre Mensch; Gott *puruṣa-medha:* Menschenopfer
Rāhu	Dämon, der zur Mondesfinsternis den Mond verschlingt
rajas	Aktivität, Leidenschaft: eine der drei Qualitäten der Urnatur (*prakṛti*), vgl. auch *sattva, tamas*
Rāmānuja	Vedānta-Philosoph und Heiliger des 11.–12. Jhdts.
Rāmāyaṇa	Epos, das das Leben Rāmas, einer Inkarnation (*avatāra*) Viṣṇus zum Gegenstand hat, gilt als heilige Schrift
Rishi (*ṛṣi*)	vedischer Seher, der die Wahrheit »geschaut« hat, Weiser, Prophet
ṛta	kosmische Ordnung, Wahrheit *anṛta:* das Ungeordnete, die Lüge
sadguru	der wahre Guru
sādhanā	spiritueller Weg, geistige Disziplin, geistliche Übung, Askese
sādhu	Mann Gottes, Gottgeweihter, Wandermönch, Entsager oder Asket
saguṇa	mit Qualitäten, Attributen *saguṇa brahman:* Brahman mit Eigenschaften,

	Gott, im Gegensatz zu *nirguṇa brahman*, dem undifferenzierten Absoluten
sahaja	natürlich, angeboren *sahaja samādhi:* der ursprüngliche, angeborene Zustand
sahaja sthiti	natürlicher Zustand, Ursprünglichkeit
sākṣāt	unmittelbar, direkt
samādhi	kontemplative Versenkung, Ekstase oder vielmehr Enstase, höchste Stufe der yogischen Meditation
samāhita	gesammelt, konzentriert
samaṣṭi	Gesamtheit, Totalität
samjñā	Selbstbewußtsein
Sāṃkhya	philosophisches System, das einen Dualismus zwischen der Natur (*prakṛti*) und dem unveränderlichen geistigen Prinzip (*puruṣa*) vertritt.
sampanna	vollkommen, eingegangen in, versunken
samprasāda	vollkommene Ruhe, Verklärung, Gelassenheit
sampratti	rituelle Übergabe alles materiellen und geistigen Besitzes durch einen Sterbenden oder Entsagenden an seinen Sohn
saṃsāra	die Erscheinungswelt, der Kreislauf der Existenzen
saṃskāra	»Sakrament«, die Riten, die die verschiedenen Lebensstadien eines Hindu (siehe *dvija*) heiligen
sanātana dharma	der traditionelle Name der von den Veden abstammenden Religion; die ewige Ordnung oder Religion; der Ausdruck »Hinduismus« wurde von Ausländern geprägt.
saṅga	Verbindung, Gemeinschaft
sanmātra	reines Sein
Sannyāsa	Leben vollkommenen Verzichtes, Asketentum, letztes Stadium eines Hindulebens
Sannyāsī	Entsager, Wandermönch, Asket
sarvam	alles, das Ganze
sarvaloka	die ganze Welt, alle Orte
sat	das Sein
satsaṅga	Gemeinschaft mit »Heiligen«, Versammlung der Frommen
sattva	Reinheit, Güte, eine der Eigenschaften (*guṇa*) der Urnatur (vgl. *rajas, tamas*)
satyam	Wahrheit, Wahrhaftigkeit
setu	Brücke, Damm
sevā	selbstloser Dienst

śakti	göttliche Energie, die sich in der Schöpfung manifestiert, personifiziert als weibliches Prinzip oder Göttin
Śaṅkara	Philosoph und Heiliger des 8. Jhdts., Vertreter des Advaita
śānta	friedvoll
śānti	Frieden
śarīram	Körper, bestehend aus physischem Körper, Sinnesorganen und geistigen Fähigkeiten
śāstra	heilige Schriften, Lehrbücher
Śiva	als Adjektiv: gütig, gnädig; der höchste Gott, auch der Zerstörer der Welt und der große Yogī
śraddhā	Glauben, Vertrauen
śrotriya	gelehrt, in den heiligen Schriften bewandert
śruta	Kenner der heiligen Schriften
śruti	die Offenbarung des Veda, wörtl. »das Gehörte«
śūnya	Leere, die Substanzlosigkeit der Welt in buddhistischer Terminologie
skambha	Pfosten, Stütze, vedisches Symbol der *axis mundi,* des allem immanenten und transzendenten Mysteriums.
soma	Saft einer Pflanze desselben Namens, berauschender Trank, der den Göttern dargebracht wird, Nektar der Unsterblichkeit (*amṛta*)
sthirabuddhi	einer, dessen Geist fest ist, unerschütterlich
sthitaprajña	in der Weisheit feststehend
sukṛta	gut gemacht
sūkta	vedische Hymne
Sūrya	Sonnengott
suṣupti	traumloser Tiefschlaf
sūtra	Faden; Leitfaden, Aphorismus
svabhāva	die eigene Natur, das Eigenwesen
svapna	Traumschlaf
svarāj	frei, sein eigener Herr, autonom
svarga	Himmel, Paradies der Götter; Ort der Vergeltung für die guten Taten, von dem man wieder auf die Erde zurückkehrt
svārtha	Eigennutz, Egoismus
svarūpa	die Eigenform, das Eigenwesen
svayambhū	der Selbstseiende, der aus sich selbst Entstandene (der Schöpfer)
tat	Dieses (das Brahman)
tamas	Dunkelheit, Trägheit, eine der drei Eigenschaften (*guṇa*) der Urnatur (*prakṛti*), vgl. *sattva, rajas*

tapas	innere Glut, Askese, die Energie, die bei der Askese frei wird
tat tvam asi	»Das bist du«, einer der vier »großen Sätze« der Upanishaden
tāraka	»Fährmann«, derjenige, der ans andere Ufer führt, daher der Erlöser (Gott oder der Guru)
tattva	Wesenheit, Element, Prinzipien, aus denen sich die Erscheinungswelt zusammensetzt.
tejas	Glanz, Licht, feurige Energie, Ausstrahlung des inneren Ātman
tejo-bindu	»Tropfen der Herrlichkeit«, Lichtpunkt des Ātman
tejomaya puruṣa	der aus Lichtglanz bestehende Puruṣa
turīya, turya	das vierte; der transzendente Zustand jenseits der drei psychischen Zustände Wachen, Traum und Tiefschlaf
turīyātīta	jenseits des vierten Bewußtseinszustandes, endgültiger Zustand des Erwachens ohne Beziehung zu irgendeinem psychischen Zustand
-tya	»jenes«, das Transzendente
udgītha	Gesang des Sāma-Veda, die Hauptmelodie; die Silbe OM
upanayana	Einweihung eines Angehörigen der drei oberen Kasten mit der heiligen Schnur, durch die er zu einem *dvija* (Zweimalgeborenen) wird
Upanishad	heiliger Text, philosophisch-mystischer Abschluß der Veden; wörtl. »Nahe-dabei-Sitzen« (bei dem Guru), Geheimlehre, mystische Entsprechungen
upāsana	Verehrung, Meditation, Betrachtung
vairāgya	Loslösung, Verzicht, Entsagung, Leidenschaftslosigkeit
vāk	Wort, Rede; das heilige, schöpferische Wort; Wort des Veda, Urwort
vaṃśa	Stammbaum, Lehrer-Schüler-Reihe
vana	Wald
vanaprastha	Einsiedler (dritter *āśrama* eines Hindulebens)
Vāyu	Wind, kosmischer Atem; vedische Gottheit
Veda	wörtl.: Wissen. Die älteste Heilige Schrift des Hinduismus (*śruti*, Offenbarung), bestehend aus vier Sammlungen: Rig-Veda, Yajur-Veda, Sāma-Veda und Atharva-Veda. Im weiteren Sinn enthält der Veda Saṃhitās, Brāhmaṇas, Āraṇyakas und Upanishads

Vedānta	»das Ende des Veda«, die Lehre der Upanishaden, die im philosophischen System des Vedānta systematisiert wurde und die sich auf die Erfahrung der Nichtdualität (*advaita*) gründet
videha-mukta	der ohne Körper, Erlöste, Befreite, der im Moment des Todes die Erlösung erlangt.
vidvān	der Wissende, der Gelehrte
vidvat-sannyāsī	der spontan Entsagende, der die Erkenntnis des Selbst erlangt
vidyā	Erkenntnis, Weisheit, Wissen
vijñāna	unterscheidende Erkenntnis, Einsicht
virajāhoma	ein Ritus, mit dessen Hilfe man die drei *guṇas* (Eigenschaften der Urnatur) übersteigen soll
Viṣṇu	höchster Gott, der Beschützer und Bewahrer der Schöpfung, er inkarniert sich in den *avatāras* (Krishna, Rāma, usw.), um die Menschen zu retten
viśvam	das All
viveka	unterscheidende Erkenntnis, Unterscheidung zwischen dem Vergänglichen und dem Dauerhaften usw.
vivitsu-sannyāsī	der aus dem Wunsch nach Erkenntnis Entsagende, Sannyāsa als Mittel zum Heil
vyaṣṭi	Individualität
yajña	vedisches Opfer
Yajur-Veda	der Veda der Opfersprüche
Yama	Personifizierung des Todes
yati	Asket
Yoga	von der Wurzel *yuj-*, verbinden, anjochen; physische und geistige Disziplin zur Erlangung der Freiheit und Integration; der klassische Yoga Patañjalis (Rāja-yoga) besteht aus acht Stufen, deren Ziel die vollkommene Versenkung (*samādhi*) und Loslösung (*kaivalya*) ist; im weiteren Sinn kann jeder Heilsweg Yoga genannt werden (z. B. *jñāna-yoga, bhakti-yoga, karma-yoga*); der Haṭhayoga ist eine psychosomatische Methode, die später entstanden ist

Verzeichnis der Abkürzungen

Ait. Up.	Aitareya Upanishad
Bṛ. Up.	Bṛhadāraṇyaka Upanishad
Chānd. Up.	Chāndogya Upanishad
Kau. Up.	Kauṣītaki Upanishad
Māṇḍ. Up.	Māṇḍūkya Upanishad
Ma. Nā. Up.	Mahānārāyaṇa Upanishad
Muṇḍ. Up.	Muṇḍaka Upanishad
Nā. Pa. Up.	Nāradaparivrājaka Upanishad
RV	Rig-Veda
Śvet. Up.	Śvetāśvatara Upanishad
Taitt. Up.	Taittirīya Upanishad
Up.	Upanishad
VS	Vājasaneyī Saṃhitā (Yajur-Veda)

Die Transkription des Sanskrit folgt den internationalen Regeln der wissenschaftlichen Transkription, mit Ausnahme einiger häufig vorkommender Worte, um deren Aussprache zu erleichtern (z. B. Upanishad statt Upaniṣad, Rishi statt Ṛṣi, Krishna statt Kṛṣṇa).

Inhalt

Einführung 5

I Das andere Ufer 25
»Sie fanden ihn am anderen Ufer« 25
Das andere Ufer – Gedicht 29

II Innerlichkeit 33
Die Gnade Indiens 34
Die Quelle der inneren Erfahrung 41

III Upanishaden 49
1. Die Upanishaden und die Advaita-Erfahrung 50
Weitergabe und Empfang der Lehre 51
Das Erwachen 55
Die Suche nach dem Selbst 60
Die Advaita-Erfahrung und die christliche Theologie 66
Das Gebet des Schweigens 70

2. Einführung in die alten Upanishaden 73
Der Zugang zu den Upanishaden 75
Der Kontext der Upanishaden 85
Schlüsselworte 96
Die Aktualität der Upanishaden 133

IV Sannyāsa
Das Hindu-Mönchtum
nach den Sannyāsa-Upanishaden 137

Sannyāsa oder der Ruf in die Wüste 137
Das Ideal 140
Transzendenz des Sannyāsa 159
Sannyāsa und Religion 169
Die Initiation 180

Anhang I 202
Anhang II 203
Anhang III 206
Anhang IV 209

Anmerkungen 210

Glossar 225

Verzeichnis der Abkürzungen 238